KB266407

동네 책방
지속 탐구

출판평론가 한미화의
동네책방
어제오늘 관찰기
+내일의 안녕 염원기

혜화
11
17

동네책방, '지금 이 순간'의 기록

"저 책방 시작해요!"

10년 가까이 소식이 없던 김소정 씨가 갑자기 연락을 해왔다. 충남 내포신도시에서 동네책방을 시작한다고 했다. 시인 박연준의『소란』이 인생책이라 책방 이름도 '소란서림'으로 정했다며 웃었다. '책방연희' 행사에 참여했을 때다.

2018년 '하자센터'에서 인사를 나눈 L선생과 다시 만났다. 그는 "오늘 책방 공간을 계약하러 갑니다"라며 말문을 열었다.

2020년『동네책방 생존 탐구』를 출간했을 때부터 지금까지 여기저기서 동네책방을 하겠다는 이들을 만난다. 2024년『유럽 책방 문화 탐구』를 펴내고 만난 독자들 중에도 많은 수가 언젠가 책방을 하겠다고 했다.

*

동네책방을 찾아다니기 시작한 건 2015년경부터다. 서울 홍대 인근 '땡스북스'를 시발점으로 국내에 큐레이션 책방이 여럿 등장했다. 이전에는 본 적 없는 형태의 책방이었다. 호기심이 생겨 눈에 띄는 대로 책방을 찾아다니며 대표를 만나 인터뷰를 했다. 이 인터뷰를 근간으로 삼아 여기에 뜨거운 논란이 진행 중이던 도서정가제와 출판 유통 현안을 함께 살펴『동네책방 생존 탐구』를 썼다. 어느새 6년 가까이 지났다.

이만큼 시간이 흐르고 나니 편집자가 개정판을 내자고 제안을 했다. 쇄를 거듭할 때마다 수정을 해두긴 했으니 조금은 수월하지 않을까 싶었다. 막상 뚜껑을 열어보니 어디서 어떻게 손을 대야 할지 엄두가 나지 않았다. 그 사이 폐업한 책방도 있었고, 이전하거나 지점을 낸 곳도 있었다. 무엇보다 서점의 개념에 대한 정의 자체가 달라지고 있었다. 유통 역시 시스템이 재편되었다. 부분 수정만으로는 달라진 모습을 도저히 모두 담을 수 없다는 사실이 분명했다. 아예 책방에 관한 책을 새로 쓰기로 마음먹었다. 처음부터 계획한 책은 아니었지만 그렇게『동네책방 지속 탐구』를 쓰게 되었다.

*

작업을 시작할 때는 언제나, 막연하지만 거창한 기대를 품는다. 2010년대 중반부터 만난 책방들이 어느덧 10년 차를 넘기고 있었다. 10년을 버틴 책방이라면 그들이 그동안 느낀 소회와 철학을 책에 담아볼 수 있지 않을까 생각했다. "책방은 천천히 성장한다"지만, 10여 년의 시간이라면 책방을 지속해온 비법의 실마리를 찾아볼 수 있지 않을까 기대했다. 기회가 닿는 대로 이들에게 인터뷰를 청했다. 그렇게 오랜 시간 책방을 꾸려온 책방지기를 하나둘 만나기 시작했다.

나는 원하는 답을 찾았을까. 결론부터 말하자면 아니다. 인터뷰를 하면 할수록 동네책방 지속의 비결은 결코 정량화할 수 없다는 걸 알게 되었다. 대신 분명히 알게 된 것도 있다. 내가 만난 책방지기들은 하나같이 책방을 하는 이유가 분명했다. 누가 이 일을 하라고 시킨 것도 아니고, 힘들면 그만둘 수도 있다. 그럼에도 그들은 계속 책방 문을 열고 닫으며 그 공간에서 수많은 시간을 쌓아갔다. 시간이 쌓이는 만큼 책방 일의 보람을 알아채고, 느꼈다. 그럴수록 자신이 왜 이 일을 하고 있는가에 대해 분명한 답을 가질 수 있었다. 책방지기들은 애환을 털어놓았는데 듣고 있노라면 그들의 긍지를 확인할 수 있었다. 그들의 이야기를 듣는 시간은 그 자체로 귀했다. 작업을 이어갈수록 이 책의 가장 큰 의의는 지속의 '비결'을 밝히는 데 있지 않고, 힘들지만 가치를 찾아 지속을 해나가고 있는 서점인의 '이름'을 호명하고 '기록'하는 데 있지 않을까 생각했다.

*

한국의 서점 문화는 해방과 휴전 이후 본격적으로 시작되었다. 다른 산업과 마찬가지로 서점업 역시 수백 년의 역사를 지닌 유럽과 비교하면 압축성장했다. 해방 후 국내 1세대 서점은 책을 진열하고 판매하는 일을 가장 중요한 가치로 여겼다.

그러다 1990년대로 들어서면서 문화공간 역할을 자임하는 서점들이 하나둘 등장했다. 부산 '영광도서', 진주 '진주문고', 대전 '계룡문고', 충주 '책이있는글터' 같은 곳들이다. 도서관도 많지 않던 시절, 서점의 중대형화가 이루어지면서 이들 지역의 거점서점들이 자연스럽게 문화 중심지 역할을 담당했다. 2000년대 이후 많은 지역의 거점서점이 문을 닫았지만 지금도 명맥을 유지하는 서점들은 대개 이런 역할을 자임해온 곳들이다. 이들을 '1.5세대 서점'이라 불러도 좋겠다. 서부경남을 대표하는 진주의 '진주문고'는 2026년 창립 40주년을 맞는다.

2010년대 등장한 동네책방은 이전의 지역서점과는 운영 방식이 확연히 달랐다. 책방지기가 고른 한정된 책을 중심으로 큐레이션하며, 취향을 제안하는 공간으로 독자의 호응을 얻었다. 공간이 협소하고 전시도서가 제한적인 만큼 굿즈나 커피를 팔고, 북스테이를 하는 등 다양한 시도를 병행했다. 2세대 책방은 2011년 '땡스북스'를 시작으로 2014년 괴산 '숲속작은책방', 통영 '봄날의책방', 제주 '소심한책방' 그리고 서울의 '북바이북'·'북티크'·'다시서점' 등으로 이어졌다. 2015년에는 강화 '국자와주걱', 고양 '미스터버티고', 서울 '고요서사'·'책방무사' 등이 탄생했다. 2016년에는 김포 '꿈틀책방', 광주 '책과생활', 순천 '책방심다', 대전 '우분투북스', 원주 '터득골북숍', 파주 '쩜오책방' 그리고 서울 '위트앤시니컬'·'서점리스본'·'최인아책방'·'사적인서점'·'밤의서점'이 문을 열었다. 이들이 모두 어느덧 10년을 넘어섰다.

*

1세대에서 2세대 서점으로 이행하는 데 걸린 시간은 약 70년이다. 그 사이 꽤 큰 변화가 있긴 했지만 본질은 크게 달라지지 않았다. 그런데 2세대 책방이 등장한 지 10여 년 만에 한쪽에서 3세대 책방이 등장하고 있다. 변신의 속도가 과거와 달리 무척 빠르다. 코로나19팬데믹 이후 특히 두드러지게 나타난 현상이다. 바로 유료화다. 책방이 공간의 이용료를 받기도 하고, 임대 서점 형태를 시도하기도 하는 등 이전과는 전혀 다른 새로운 모델이 등장하고 있다. 이러한 변화는 결과적으로 서점의 개념과 정의 자체를 다시 정립하고 있다.

3세대 서점의 특징은 한마디로 단순한 판매를 넘어 콘텐츠를 생산하는 공간이다. 혹은 창작자나 생산자가 콘텐츠를 재생산하는 커뮤니티 공간이자 전시장, 쇼룸으로 기능한다. 책을 인테리어 장식으로 활용하는 카페나 바와는 전혀 다른 방식이다.

제주 '북살롱이마고'는 동네책방이지만 제주의 지역문화를 발굴·기록·전시하는 아카이브 센터로 기능한다. 조수용 디자이너가 설립한 브랜드 컨설팅 회사 'JOH'는 브랜드 이야기를 담은 잡지 『매거진 B』를 10여 년 가까이 발행해왔다. 2023년에는 같은 이름으로 책방 겸 카페를 열어 잡지를 전시하며 독자와 만나는 홈그라운드로 삼았다. 인터뷰 잡지 『IVE』를 만드는 '아이브 코퍼레이션'은 뮤지션 요조와 함께 2025년 서울 신촌에 '책방무사' 시즌3의 문을 열었다. 잡지 콘텐츠를 다른 형식으로 재생산하는 공간이다. 이런 변화의 조짐이 오늘의 동네책방을 어떤 모습으로 만들어나갈 것인가는 두고두고 관찰해볼 지점이다. 말하자면 이 책은 2세대의 책방이 쌓아온 10년을 살피는 동시에 3세대 책방의 발아發芽를 지켜보는 바로 '지금 이 순간'의 기록이다.

*

“책방에 미래가 있는가?”

이 질문에 쉽게 낙관할 수는 없다. 그러나 지난 시간 동네책방이 이루어낸 변화와 성장의 모습을 돌아보면 비관은 확실히 성급하다. 미래의 책방이 어떤 모습일지 단정할 수는 없다. 그러나 수많은 책방이 지난 10여 년 동안 생존을 넘어 지속을 위해 분투했고, 그 걸어온 길 속에서 여전히 다양하고 새로운 가능성을 찾고 있다는 사실은 분명하다. 동네책방의 지속을 탐구하는 이 책의 끝에 감히 희망을 언급하는 건 지난 10여 년 동안 없던 길을 만들어온 그들이 있기 때문이다.

*

마지막으로 바쁜 서점의 일상 속에서 시간을 내어 인터뷰에 응해주고, 깊은 속내를 들려준 책방지기들에게 감사의 마음을 전한다. 간혹 여행 일정 탓에 휴무일에 책방을 찾은 적도 있었는데, 부산 광안리의 그림책방 '티티새와나무' 강나영 대표는 쉬는 날임에도 문을 열어주었다. 지역 서점과 동네책방을 찾을 때마다 환대해준 전국의 수많은 책방지기가 없었다면 이 책은 나오지 못했을 것이다. 이 책은 지금껏 내가 가본 책방을 기록하고, 만나온 서점인을 호명하기 위해 세상에 나왔다.

2026년 4월

한미화

차례

감사합니다

책의 출간을 앞두고 동네책방을 대상으로 다음과 같은 프로젝트를 진행했습니다.

프로젝트명 : 동네책방 지속을 응원하는 동네책방 동시다발 메시지

〈프로젝트 참여 내용〉
2026년 2월 2일(월)~2월 13일(금) 2주 동안 각 책방의 외부 사진 촬영.
동네책방 지속을 향한 응원 메시지 참여(15글자 내외)

같은 기간 전국의 많은 책방이 한마음으로 동네책방의 지속을 응원하는
프로젝트에 참여해주셨습니다. 프로젝트에 참여해주신 사진과 응원 메시지는
동네책방의 지속을 응원하는 이 책을 함께 만들어간다는 취지에 따라
본문에 수록했음을 밝힙니다.
참여해준 책방들의 이름을 밝힘으로써 감사의 뜻을 전합니다.

〈참여책방(가나다 순)〉

근근넝넝, 꿈틀책방, 다다르다, 땡스북스, 뜻밖의여행, 마리서사, 바름책방, 버찌책방, 보배책방, 봄날의산책, 서울의시간을그리다, 서촌그책방, 소심한책방, 어떤바람, 인스크립트, 자작나무책방, 잘익은언어들, 종이골짜기, 진주문고, 쩜오책방, 책거리, 책과생활, 책방사춘기, 책방연희, 최인아책방, 터득골북숍, 평산책방, 포도책방 목포, 포도책방 강화, 포도책방 광주

[일러두기]

1. 이 책은 출판평론가 한미화가 2011년 이후부터 생기기 시작한 동네책방을 다니며 관찰하고 책방지기들과 직접 인터뷰한 내용을 근간으로 삼았다. 저자의 본격적인 취재는 2015년 무렵부터 시작했고, 이후 약 5년 간의 관찰기는 2020년 『동네책방 생존 탐구』에 담은 바 있다. 이후 쇄를 거듭할 때마다 동네책방의 변화에 대해서는 꾸준히 업데이트했다. 이 책은 그후로도 멈추지 않고 약 10여 년에 걸쳐 이어진 취재와 관찰의 기록을 담은 것이다.

2. 책방과 서점은 의미상 큰 차이가 없으나 이 책에서는 다소 구분을 두었다. '책방'은 주로 소규모 공간에서 지역을 기반으로 운영하는 이른바 '독립서점'이나 '동네책방'을 지칭할 경우 사용했고, '서점'은 이외의 거의 모든 곳, 즉 체인서점이나 온라인서점 등을 지칭할 경우 사용했다 . 다만 '독립서점'의 경우 객관적 명칭이나 데이터 등의 대상으로 거론할 때는 책방이 아닌 서점으로 표시했다. 또한 해외에서 독립서점으로 표현했으나 이 책에서 사용하는 동네책방을 뜻하는 경우에는 동네책방으로 옮기고, 필요한 경우 원어를 병기했다. 이밖에 원어를 한국말로 옮길 때 책방과 서점을 혼용하기도 했고, 때로는 '북숍'으로 표시하기도 했다. 의미의 차이가 없음으로 엄밀한 기준을 적용하기보다 문맥에 맞게 적용하여 사용했다.

3. 모든 상호는 작은 따옴표(' ')로 표시했다. 작은 따옴표는 모임이나 단체명에도 사용했고, 단어나 문장 등을 강조할 때도 사용했다.

4. 인명 및 지명, 상호명을 외래어 그대로 표시할 때는 외래어표기법을 지키되 이미 그렇게 사용하고 있거나 익숙한 것을 따르기도 했고, 소리나는 대로 표시하기도 했다. 필요한 경우 원어를 병기하기도 했다.

5. 본문에 언급한 책의 경우 한국에 번역된 책은 한국어 제목으로 표시했고, 그렇지 않은 경우 한국어로 뜻을 옮기고 원어를 병기했다.

6. 출처 및 보완할 부분은 '주'를 통해 밝혔고, 이밖에 참고한 문헌은 '주요 참고문헌'으로 따로 정리했다.

7. 본문에 언급한 책방의 주소 및 관련 정보는 2026년 현재를 기준으로 정리하여 책 뒤에 따로 모아두었다.

8. 본문에 사용한 사진 및 이미지는 대부분 저자가 직접 촬영한 것이다. 취재의 기간이 10여 년에 걸쳐 있어 때로 2026년 현재의 모습과 다른 부분이 있을 수 있다. 또한 이 책의 출간을 준비하면서 진행한 '동네책방 지속을 응원하는 동네책방 동시다발 메시지' 프로젝트에 참여한 동네책방들이 보내온 사진은 캡션 끝에 ©표시를 했다. 촬영의 시기는 모두 2026년 2월 3~13일까지 동일하다. 프로젝트 관련 내용은 본문 시작 전 '감사의 글'에 밝혀두었다. 아울러 각 책방의 초창기 사진 및 관련 사진을 제공받은 경우에는 캡션 끝에 ©표시를 했다. 이밖에 제공자가 따로 있는 경우에도 같은 방식으로 표시했다. 소수의 사진은 위키미디어, 각 책방의 공식 소셜미디어 계정 등에서 가져왔으며 이런 경우 출처 및 소장처를 함께 밝혀두었다. 이밖에 미처 출처를 밝히지 못한 자료는 추후 확인이 될 경우 적법한 절차를 밟겠다.

9. 이 책의 출간을 준비하면서 진행한 '동네책방 지속을 응원하는 동네책방 동시다발 메시지' 프로젝트는 2026년 1월 말 완성한 원고를 기준으로 수록한 책방을 대상으로 진행한 것으로, 이후 원고의 보완 및 수정에 의해 추가한 책방들의 경우 애초 대상에 포함하지 않아 참여를 요청할 수 없었음을 밝힌다.

책방, 같은 이름 다른 얼굴

동네책방,
불가능을 가능으로

"신기하게도 하지 말라고 해도, 벌이가 시원찮다고 말려도 한 사람, 두 사람이 책방을 연다. 앞서 생긴 책방을 등대 삼아 다음 책방이 문을 열고 그 빛 아래 또 새로운 책방이 불을 밝힌다. 그 시작을 거슬러 올라가면 2011년 홍대에서 처음 동네책방을 시작한 '땡스북스'를 만나게 된다."

도쿄 진보초에 김승복 대표가 운영하는 한국책방 '책거리'가 있다. 2024년 이곳에서 이시바시 다케후미石橋毅史 선생과『동네책방 생존 탐구』일본어판 출간 기념 북토크를 했다. 이시바시 다케후미 선생은『서점은 죽지 않는다』의 저자이자 서점평론가로,『동네책방 생존 탐구』의 일본어판에 세심한 해설을 달아주었다. 그 인연이 일본에서 이어져 만난 자리였다.

일본의 서점에 관한 책은 국내에 여러 권 출간되었다. 일부러 일본 서점 탐방을 떠나는 이들도 적지 않다. 하지만 한국의 책방 이야기를 일본 독자에게 들려주는 기회는 흔치 않다. 이왕 자리가 마련되었으니 일본의 독자에게 강렬한 인상을 남기고 싶었다. 한국의 동네책방을 어떻게 설명할까 고민하다 이런 문장이 떠올랐다.

"한국은 전직 대통령과 노벨문학상 수상자가 책방을 하는 나라입니다."

북토크에는 일본의 출판사 관계자·출판 잡지 기자도 독자로 참석했는데, 이 말을 하자 작은 탄성이 일었다.

2024년 도쿄 진보초의 한국책방 '책거리'에서 열린 『동네책방 생존 탐구』 일본어판 출간 기념 북토크 현장.
'책거리' 김승복 대표와 서점평론가 이시바시 다케후미 선생과 함께 독자들을 만났다. ⓒLEE

> "동네책방에 켜켜이 쌓인,
> 작고 빛나는 이야기를
> 지켜주세요."

도쿄 진보초의 한국책방
'책거리'. ⓒ책거리

그렇다. 불과 10여 년 사이 국내의 동네책방은 무섭게 성장했다. 그뿐만 아니라 문재인 전 대통령이 '평산책방'을 열고, 한강 작가가 '책방오늘,'을 운영했다. 이런 나라가 또 있겠는가. 서점을 즐겨 찾은 대통령이야 몇 사람 떠올릴 수 있으나 퇴임 후 개인 재산을 털어 책방을 마련한 전직 대통령은 한 사람 빼고는 없다. 다만 노벨상 수상자 중에는 책방과 관련 있는 작가가 있다. 캐나다 출신 노벨문학상 수상자 앨리스 먼로Alice Munro였다. 캐나다 빅토리아에 '먼로스북스'Munro's Books가 있다. 1963년 첫 번째 남편 짐 먼로와 함께 설립했다. 하지만 1972년 둘은 이혼했고 당연히 앨리스 먼로는 오래전부터 서점과 직접적인 관련이 없다. '먼로스북스'는 전 남편 먼로가 운영하는 독립서점일 뿐이다. 하지만 2013년 앨리스 먼로가 노벨문학상을 받고 난 이후 '먼로스북스'는 지금껏 빅토리아의 명소로 자리매김하고 있다. 이제 앨리스 먼로가 세상을 떠났을 뿐 아니라 서점 주인도 바뀌어 '먼로스북스'에서 일하던 직원들이 서점을 인수했다. 그럼에도 '먼로스북스'는 여전히 노벨문학상 수상자의 책방으로 독자를 맞고 있다.

노벨상 수상 이전에 한강 작가는 책방에 나와 일할 때가 많았다. 수상 소식이 전해진 후 독자들은 한강 작가를 볼 수 있을까 싶어 책방 앞에 줄을 섰다. 얼마 지나지 않아 한강 작가는 책방 운영에서 손을 뗀다는 공지가 나왔다. '평산책방' 역시 문을 열자마자 독자들이 앞다퉈 방문하며 화제에 올랐다. 두 곳은 평범한 책방은 아니지만, 오늘날 한국에서 책방이 어떤 의미가 있는지를 잘 보여주는 사례다. 적어도 동네책방이 필요하다고 느끼고, 실제로 책방을 운영하겠다고 마음먹는 사

캐나다 빅토리아의 '먼로스북스' 안팎.

람이 평범한 직장인부터 노벨상 수상자와 전직 대통령에 이르기까지 생각보다 많고 층위가 넓다는 사실을 잘 보여준다.

이쯤에서 사회적 관심만큼 서점의 현실이 개선되었느냐 질문하지 않을 수 없다. 짐작하겠지만, 그렇지는 않다. 책방 대표들은 여전히 책방 문을 닫을까, 직장에 다시 취직할까, 이번 달 임대료는 어떻게 할까를 고민한다. 국내의 모든 자영업자가 비슷한 고민을 하고 있다는 걸 모르지는 않으나, 동네책방의 사정에는 특수성이 있다. 동네책방 중에 책을 팔아 번 돈만으로 자립할 수 있는 곳은 거의 없기 때문이다. 지금 껏 만난 책방 대표들은 하나같이 이렇게 말했다.

"책방을 하겠다고 하자 가족과 주변 지인들이 모두 한목소리
로 반대를 했어요."

나이와 성별을 불문하고 예외가 없다. 아버지가 은퇴한 뒤 자신이 평생 일해 번 돈으로 집을 짓고 책방을 하겠다 해도 자식들이 반대한다. 현직 서점 대표도 예비 책방지기를 말린다. 성산동에서 '책방사춘기'를 운영하는 유지현 대표는 책방창업학교에서 '이음책방' 조진석 대표를 만났다. 조심스럽게 선배 책방지기에게 책방을 하고 싶다고 조언을 구했다. 조 대표는 하지 말라고 말렸다. 그런데도 책방을 시작했다. 대체로 이런 식이다. 그동안 만나온 책방 대표들 가운데 예비 책방지기에게 "책방을 해보라"며 격려를 한 사람은 딱 둘이다. 김포 '꿈틀책방'의 이숙희 대표와 전주 '잘익은언어들'의 이지선 대표다.

신기하게도 하지 말라고 해도, 벌이가 시원찮다고 말려도 자발적으로 한 사람, 두 사람이 책방을 연다. 앞서 생긴 책방을 등대 삼아 다음 책방이 문을 열고 그 빛 아래 또 새로운 책방이 불을 밝힌다. 그 시작을 거슬러 올라가면 2011년 홍대 인근에서 처음 동네책방을 시작한 '땡스북스'를 만나게 된다. 오늘날 국내의 거의 모든 동네책방을 견인했다고 해도 과언이 아닌 곳이다.

어떤 지역에 처음 생겨나 골목 상권을 일궈낸 가게를 앵커스토어 Anchor Store라고 부른다.

수원 화성은 1997년 유네스코 세계문화유산으로 등재되었다. 하지만 정작 화성 인근의 수원 팔달구 성안 마을 행궁동은 도시 개발이 제한되었고 살기 불편해졌다. 시간이 흐르며 집은 낡고 마을은 쇠락해 갔다. 오늘날 우리가 만나는 행궁동의 변화는 한 가게로부터 시작되었다. 행궁동 입구 '정지영로스터즈 행궁본점'이다. '정지영로스터즈'는 행궁본점을 시작으로 수원에서만 총 일곱 개의 매장을 운영한다. 지점 중 한 곳인 '장안문점'은 수원성곽길의 아름다움을 느낄 수 있는 곳이다. 이곳에 가면 "행리단길의 시작이 되어주신 정지영 님께 감사합니다"라고 적힌 수원시장의 감사패를 만날 수 있다. 행궁동의 오늘을 있게 한 앵커스토어에 대한 감사다. '정지영로스터즈' 이후 행궁동은 다양한 가게들이 자리 잡은, 가고 싶은 골목길로 변했다.[1] 서울시도 '땡스북스'에게 '동네책방의 시작이 되어주셔서 감사합니다'라는 문구를 넣은 감사패라도 전해야 하지 않을까.

"'이렇게 해도 정말 책이 팔리나?' 싶어 의구심을 품었다. 시간이 흐르면서 조금 달라졌다. 예상치 않은 불가능과 곤란을 맞닥뜨렸을 때 책방지기들이 보여주는 창의적 태도, 어려움을 전혀 다른 방식으로 헤쳐나가는 모습을 볼 때마다 감탄한다."

'땡스북스' 이후 생겨난 책방들 가운데 상당수가 이 책을 쓰고 있는 2026년 기준으로 10여 년을 넘기고 있다. 2014년에 문을 연 책방으로는 괴산 '숲속작은책방', 통영 '봄날의책방', '제주 라이킷'(폐점)·'소심한책방' 그리고 서울의 '북바이북'·'북티크'·'다시서점' 등을 꼽을 수 있다. 2015년에는 강화 '국자와주걱', 고양 '미스터버티고', 서울 '고요서사' 등이 문을 열었다. 2016년에는 김포 '꿈틀책방', 광주 '책과생활', 순천 '책방심다', 대전 '우분투북스', 원주 '터득골북숍', 파주 '쩜오책방' 그리고 서울의 '위트앤시니컬'·'슈뢰딩거'(폐점)·'서점리스본'·'최인아책방'·'사적인서점'·'밤의서점' 등이 대열에 합류했다. 혹시 책방에 조금이라도 관심이 있는 독자라면 아마 이 이름들을 한 번은 들어보았을 테다.

책방은 이름대로 흘러가나 싶게, '미스터버티고'는 여러 번의 이사를 거쳐 지금은 고양시 덕양구 향동 천변길에 있다. '미스터버티고'의 신현훈 대표의 말처럼 "이 정도 시간이면 동네책방은 둘 중 하나의 운명을 맞는다. 유명해지거나 혹은 문을 닫거나." 실제로 이 시기에 문을 연 책방이 모두 유명세를 얻은 건 아니다. 이미 문을 닫은 곳도 있다. 살아남았다고 해도 계약 기간이 만료되거나 임대료를 인상해달라는 요구로 여러 번 이사하며 부침을 겪은 곳도 있다. 또 책방지기가 번아웃이 와

오늘날 국내의 거의 모든 동네책방을 견인했다고 해도 과언이 아닌 '땡스북스'의 홍대 시절 초창기 모습.
©땡스북스

2014년에 문을 연 통영
'봄날의책방' 안팎.

지금은 문을 닫은 제주 '라이킷'.

오늘날의 자리로 이전하기 전 제주 '소심한책방' 초창기 모습. ©LEE

2015년에 문을 연 고양
'미스터버티고'의 초창기
모습. ©LEE

2016년에 문을 연 대전의
'우분투북스'는 10년 가까이
이 모습으로 있다가
2026년 초 건물 옆쪽까지
공간을 확장했다.

김포 '꿈틀책방'. ©꿈틀책방

광주 '책과생활'.

원주 '터득골북숍'.

서울 '최인아책방'. ©최인아책방

서울 '서점리스본'.

서울 '밤의서점'.

김포 '꿈틀책방'은 여전히 그 자리에서 놀라울 만큼 다양한 활동을 이어가고 있고
2호점인 운양점까지 내면서 활동의 반경을 확장해왔다.
광주 '책과생활'은 처음 문 연 곳에서 이전을 했다.
원주 '터득골북숍', 서울 '최인아책방'과 '서점리스본'도 같은 해 문을 열어 같은 자리에서
어느덧 10년이 되어 간다. 서울 '밤의서점' 이전하기 전 초창기 모습도 반갑다.

서 잠시 쉬어가는 일도 있다. 그러다 보니 드라마나 예능 프로그램처럼 책방 역시 시즌제로 운영하기도 한다. 혹은 책방의 지속성을 위해 과감하게 자가책방을 시도한 곳들도 여럿 생겨났다.

동네책방을 볼 때마다 매번 감탄한다. 오래된 지역서점의 전형성에 익숙했던 터라 동네책방을 처음 접한 뒤로 언제나 그랬다. 책방 내부가 아기자기해서, 혹은 새로 지은 책방 건물의 아름다움 때문만은 아니었다. 2015년 무렵 처음 동네책방을 찾았을 때는 예상치 못한 풍경에 '책방을 이렇게도 할 수 있구나' 하고 무릎을 쳤다. 동시에 '이렇게 해도 정말 책이 팔리나?' 싶어 의구심을 품었다. 매번 이런 양면적인 감정을 느꼈다. 그러다 시간이 흐르면서 감탄의 지점은 조금 달라졌다. 예상치 않은 불가능과 곤란을 맞닥뜨렸을 때 책방지기들이 보여주는 창의적 태도, 어려움을 전혀 다른 방식으로 헤쳐나가는 모습을 볼 때마다 감탄한다.

'책방심다'는 2016년 순천역 건너편 역전시장 근처에 있는 작은 공간에서 시작했다. 이후 순천역까지 도보로 접근 가능한 조곡동으로 이전했다. 과거 여인숙이었던 동천 앞 오래된 집이 지닌 정취를 살려 정감 있는 책방으로 꾸몄다. 1층은 책방이고 2층에서 가족이 산다. 알다시피 자영업을 하면 대표는 업장에 몸이 매인다. 좀처럼 밖으로 나갈 수 없다. 여행을 좋아하던 '책방심다'의 김주은 대표 부부는 책방을 시작하고는 먼 곳으로 훌쩍 떠날 수 없었다. 책방을 시작한 뒤 자녀가 태어났고 6~7년이 지났을 무렵이었다. 자라는 아이들은 언제나 나가서 뛰어놀고 싶은 법이다. 그럼에도 김 대표는 책방을 지켜야 했고, 아이

순천 '책방심다' 안팎.

책방 앞 노란 다마스가
와온 해편으로 가면
이동식 책방
'와온책방'으로 변신했다.
ⓒ책방심다 인스타그램

들과 마음껏 놀아주지 못해 늘 가슴이 아렸다. 어느 날 문득 이런 생각
이 떠올랐다.

> "아이들과 함께 바다 구경도 하고 책도 팔아보자! 안 팔려도
> 좋은 추억이다."

새로운 책방의 시작이었다. 차에 책을 싣고 노을이 아름다운 순천
의 와온 해변으로 향했다. 해변에서 아이들은 뛰어놀고, 차는 이동식
책방이 되었다. 이름하여 '와온책방'이다. '책방심다'에 가면 서점 앞에
주차된 노란 다마스를 볼 때가 있는데, 이 차가 팝업책방으로 변신하는
'와온책방'이다.

처음 가는 길이야 무섭고 두렵지만, 누군가 먼저 걸어간 발자국이
있다면 우리는 힘을 내 가볼 수 있다. '책방심다'의 '와온책방'을 눈여겨
본 책방지기가 있었다. 대전 '버찌책방'의 조예은 대표다. 조 대표는 대
전 우산봉 아래 주택을 겸한 책방 건물을 짓기로 마음먹었다. 집을 짓
는 동안 책방은 휴점 상태였다. 집을 짓는 시간이 한없이 미뤄지자 뭐
라도 해야지 싶어 조 대표는 경차 레이에 이동식 책방을 차렸다. '와온
책방'이 와온 해변으로 갔다면, '찾아가는버찌책방'은 동네의 카페·문구
점·꽃집·빵집 등을 찾았다. 마치 푸드트럭이 오늘의 장소를 공지하듯,
오늘은 어떤 가게 앞에서 이동식 책방을 연다고 공지했다. 오늘 찾아
갈 가게와 어울리는 책을 골라 이동식 책방 안에 그야말로 좌판을 벌였
다. 현대판 책보부상의 등장인데, 조 대표는 '찾아가는버찌책방'을 하며

'버찌책방'이 경차 레이를 끌고 다니며 차린 이동식 책방 '찾아가는버찌책방'. ©버찌책방

대전 우산봉 아래 자리를 잡은 '버찌책방'. ⓒ버찌책방

많이 배웠다고 했다. 그동안은 혼자 먹고사는 것만 힘들게 느껴져 책방 운영에만 급급했는데, 이동식 책방을 하며 이웃 가게를 발견했다고 했다. 처음으로 이웃 가게를 진지하게 바라볼 수 있었다는 고백이다. 이동식 책방을 하며 '버찌책방'은 진짜 동네책방이 될 수 있었다.

책방 건물을 다 짓고 '버찌책방' 시즌2를 시작한 후에도 '찾아가는 버찌책방'은 이어졌다. 대전의 중·고등학교로 향했다. '버찌책방'이 있는 유성구는 경제적 여유가 있는 신도시다. 양육자는 네 권이든 다섯 권이든 어린이가 원하면 얼마든 사줄 태세다. 이 모습이 당연하지 않다는 걸 이동식 책방을 끌고 간 대전 구도심의 중학교에서 알았다. 대전 중구 '넉점반그림책방' 김영미 대표가 지적했듯 이 지역의 청소년은 도서관 없이 자라고 있다. 상대적으로 낙후된 원도심의 청소년들이 어른의 보살핌을 받지 못하고, 심지어 평생 자기 소유의 책 한 권을 가져보지 못한 채 자라고 있다는 걸 처음 알았다. 조 대표는 이동식 책방을 하며 이번에는 서점의 사회적 역할을 깨달았다고 했다.

"이렇게는 도저히 안 되겠다" 싶어 깊이 절망할 때마다 책방지기들은 궁리를 하고 작은 돌파구를 찾으며 오늘에 이르렀다. 지금껏 살아남은 동네책방들은 모두 불가능을 창의성을 발휘해 가능으로 바꾼 곳들이다. 책방의 진화도 결국은 불가능한 시대에 책방을 하려는 몸부림이 아닐까 싶다.

크기와 성격에
따라 서로 다른
이름과 역할

"동네마다 새로 생긴 작은 책방들을 되도록 동네책방이라고, 지역의 전통적인 중소형 책방은 지역서점이라고 부르기로 한다. 지역서점은 학교 앞·버스 정류장·도심에서 만나던, 잡지와 참고서와 단행본을 파는 서점이자, 해방 이후부터 국내에 존재했던 전통적인 서점을 말한다."

"가장 추천하고 싶은 책방은 어디인가요?"

가장 많이 받는 질문 중 하나다. 질문의 뜻은 이것이다.

"당신이 가장 사랑하는 책방이 어디냐?"

책방이 한둘도 아니어서 늘 고민을 한다. 초기에는 건물이나 인테리어 등 보이는 아름다움이 빼어난 곳을 손꼽았다. 책방은 아날로그 공간이고, 공간이 주는 분위기가 무엇보다 중요하다고 여겼다. 시간이 흐를수록 꼭 그런 것만은 아닐지도 모른다는 생각이 더해졌다. 독자로 자주 찾아가 책방과 맺은 경험이 켜켜이 쌓여야만 진짜로 아름다운 곳으로 여겨졌다. 두 번째로 많이 받는 질문은 이것이다.

"우리나라 동네책방은 모두 가보셨지요?"

이 질문을 받으면 우선 잠시 숨을 들이쉰다. 2011년 서서히 등장하기 시작한 이후 지난 10여 년 사이 전국 방방곡곡에 책방이 얼마나 많이 생겼는지 짐작도 못할 질문자에게 설명할 말을 찾아야 하기 때문이다.

지금 이 순간에도 어딘가에서는 새로운 책방이 문을 열 준비를 하고 있다. 동네책방이 마련한 창업스쿨이나 책방 대표들이 모이는 포럼 자리에 가보면 언제나 이제 막 상가를 계약하고 왔다는 예비 책방지기를 만날 수 있다.

우선 전국 방방곡곡에 동네책방이 얼마나 생겨났는가를 짚고 넘어가야겠다. 책방 통계에 관한 자료는 앞서 펴낸『동네책방 생존 탐구』에도 수록했으나 여기에서도 다시 한 번 언급한다. 전국의 서점 수를 확인할 수 있는 가장 대표적인 자료는 '한국서점조합연합회'가 2년마다 펴내는『한국서점편람』이다. [표 1-1]

[표 1-1] 2003~2023 전국 서점 수 현황(단위: 개)

	2003	2005	2007	2009	2011	2013	2015	2017	2019	2021	2023
지역서점	3,589	3,429	3,247	2,846	2,577	2,331	2,116	2,050	1,976		
기타서점							49	301	344		
합계							2,165	2,351	2,320	2,528	2,484

출처: 『한국서점편람』 한국서점조합연합회.

다른 집계로는 독립서점만 따로 조사하는 '동네서점 지도'의 결과다. 2015년 웹 지도 '함께 만드는 동네서점 지도'를 공개하며 동네책방 데이터를 발표하고 있다. 이에 따르면 2025년 말 기준으로 운영 중인 동네책방은 887곳이고, 지금까지 문을 닫은 곳은 256곳이다. 2016년부터 2025년까지 문을 연 동네책방의 누계는 1,143곳이다. [표1-2]

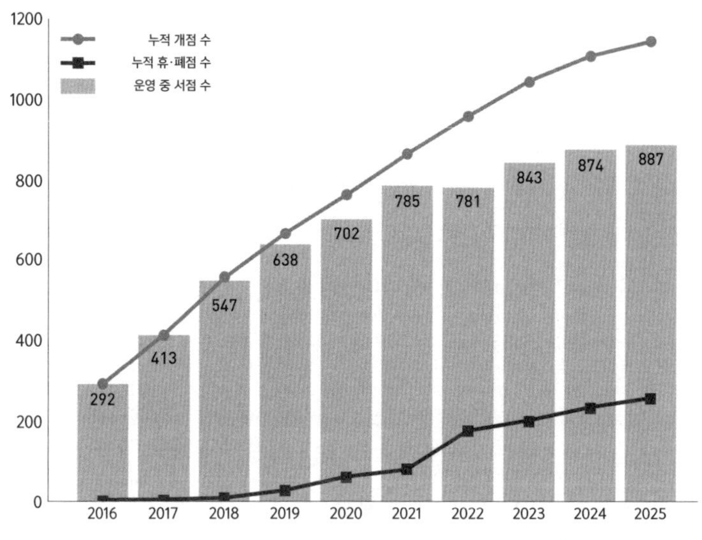

구분 \ 연도	2016	2017	2018	2019	2020	2021	2022	2023	2024	2025
운영중	292	413	547	638	702	785	781	843	874	887
연 증감 수		121	134	91	64	83	-4	62	31	13
누적 등록	293	414	557	665	763	865	957	1043	1107	1143
누적 휴·폐점	1	1	10	27	61	80	176	200	233	256

출처: 2025 동네서점 트렌드 보고서. 2022년 누적 휴·폐점 수 급등은 과거 휴·폐점 내역이 한꺼번에 반영된 결과임.

이런 자료들은 각각 동네책방을 서로 다른 이름으로 부르고 있다. '동네서점 지도'에서는 2015년 이후 생긴 곳들을 '독립서점'이라고 부른다. '유어마인드', '스토리지북앤필름'처럼 독립출판물을 다루는 책방으로부터 비롯한 용어다. 실제로 이런 독립서점들이 동네책방 문화를 견인한 공이 크다. 하지만 이제 '유어마인드', '스토리지북앤필름'처럼 독립출판물만 다루는 책방은 드물다. 지역에 기반을 둔 독립서점도 소수의 독립출판물과 상업출판물을 함께 판매한다. 어쨌거나 새로 생긴 책방을 독립서점, 독립책방, 동네책방, 동네서점 등으로 혼용하여 부르고 있다는 걸 알아두면 좋다. 이 책에서는 여러 이름 가운데 2018년 결성한 '전국동네책방네트워크'(책방넷)의 용어를 가져와 '동네책방'이라고 부른다. 아울러 '지역서점'이라는 용어도 사용한다. 지역에 있는 전통적인 중소형 책방을 일컫는다. 과거 학교 앞·버스 정류장·도심 등에서 만나던, 잡지와 참고서와 단행본을 파는 서점이자 해방 이후부터 국내에 존재했던 전통적인 서점을 말한다.

오래된 '지역서점'의 입장에서 어느 날 갑자기 생겨난 '동네책방'은 낯선 존재다. 이 당혹감을 잘 보여주는 자료가 '한국서점조합연합회'의 『한국서점편람』이다.[표1-1] 2015~2019년 서점 집계를 보면 이상한 점이 눈에 띈다. 서점 수 집계에 갑자기 '기타서점'이 등장한다. 여기서 말하는 '기타서점'이란 커피·주류를 비롯한 복합상품을 함께 파는 서점, 이 책에서 말하는 '동네책방'을 뜻한다. 전통적인 지역서점이 모인 '한국서점조합연합회'가 동네책방을 얼마나 낯설게 여겼는지, 이를 어떻게 집계해야 할지 고민했음을 잘 보여준다. 2021년부터는 '기타서점'이라는 용어가 사라졌다. 전통적으로 지역에서 서점을 운영하던 서점인들이 동네책방을 언제 사라질지 모르는 낯선 존재가 아니라 책방 문화에 직간접으로 영향을 주는 곳으로 인식하고 받아들였음을 보여준다.

용어와 관련해서 덧붙이자면, 이 책에서는 330제곱미터(약 100평) 이상의 규모를 지닌, 간단히 말해 지역을 대표하는 서점을 '거점서점' 혹은 '중형서점'이라는 용어를 써서 구분한다. '지역서점'이라고 부르지 않고 구태여 용어를 달리한 이유가 있다. 현재 오프라인에 존재하는 서점의 형태를 명확히 하기 위해서다. 국내 오프라인서점은 크게 지역서점, 중형서점, 동네책방, 대형체인서점, 이렇게 네 가지 유형으로 나뉜다. 이들은 각기 지향하는 바, 서점 운영 방식이 다르다. 이를 이해하기 쉽도록 용어를 따로 쓰기로 한다.

지역서점, 중형서점, 동네책방은 각각의 입장을 대변하는 이익단체도 존재한다. 1958년 설립한 '한국서점조합연합회'(서련)은 "전국 (지역)서점의 권익 보호와 출판문화발전을 위해 설립된 사단법인"이다. '한국서점인협의회'(한서협)은 전국 40여 개 중형서점 모임으로 지역 거점서점을 활성화하기 위한 사업을 펼친다. 군산 '한길문고', 충주 '책이있는글터', 진주 '진주문고', 구미 '삼일문고' 등 지역을 대표하는 중형서점이 소속되어 있다. '전국동네책방네트워크'(책방넷)은 2018년 결성된 동네책방의 모임이다. 2020년 도서정가제 개정 반대 등에서 힘을 합쳐 큰 목소리를 내고 있다.

대형체인서점은 '교보문고'와 '영풍문고', '아크앤북스'가 있다. 대형체인은 시스템으로 움직이기 때문에 이 책에서 따로 다루지 않는다. 마찬가지 이유로 온라인서점 역시 오프라인서점과의 비교를 위해 부분적으로만 다룬다.

"서점의 경쟁 상대는 서점이 아니다. 오프라인서점은 종이책이 지닌 가장 강력한 매체적 특징을 보여주고, 아날로그 공간이 주는 긍정성을 서비스하며, 소수의 독자들이 찾는 특별한 곳이다. 존폐를 결정짓게 할 만큼 압박을 가한 온라인서점은 역설적으로 서점인들에게 본질을 되물었다."

지역서점, 중형서점, 동네책방이라고 편의상 분류를 했지만 명확한 기준이 있는 것은 아니다. 서점 소멸 지역에 있는 단 하나의 서점이라면 지역서점이자 마을의 문화거점기지인 동네책방을 겸하게 된다.

일본 히로시마 현 쇼바라庄原 시 지역은 겨우 인구 3만 2,000여 명이 사는 산간 지역이다. 이 가운데 도조東城 마을은 인구가 6,800명밖에 되지 않는다. 이곳에 마지막 남은 '위토조점'ウィー東城店이라는 서점이 있다.[2] 인구 소멸 지역이니 마을에 어린이나 청소년 혹은 젊은이 들이 많이 살고 있을 리 없다. 어디서나 책을 사서 읽는 일은 아무래도 노년층보다 젊은 층이 활발하다. 그러니 책을 찾는 사람도 적다. 사토 도모노리佐藤友則 대표는 이런 곳에서 4대째 대를 이어 서점을 하고 있다.

사토 대표는 대체 어떻게 운영을 할까. 그는 마을 사람들의 목소리에 귀를 기울이며 서점을 서점답지 않게 운영한다. 서점에서 여성지를 파는 거야 당연하지만, 여성지를 사는 마을 사람들이 필요한 화장품도 함께 판매한다. 컴퓨터의 프린터 수리처럼 어르신들이 어려워하는 일을 대신해준다. 일본에서 여전히 연례행사처럼 보내는 연하장에 일일이 주소를 쓰는 게 어려우니, 주소 입력 대행 서비스를 한다. 그의 아내는 서점 옆에서 미용실을 운영한다.

제주 동쪽에 한적한 마을 종달리가 있다. 여행객들이 많이 찾기는 하지만 비수기 평일에 가면 세상 끝에 온 것만 같다. 이 마을에는 어린이보다 어르신들이 많다. 종달초등학교 전교생은 70여 명이다. 이런 마을에 책방이 생기자, 어르신들이 노래 가사를 프린트하고 싶으면 '소심한책방'으로 온다. 지르박을 더 잘 추고 싶어도 '소심한책방'에 온다. 어르신이 지르박 책을 찾으면 책방지기는 눈을 부릅뜨고 조금이라도 더 유용한 책을 주문해 놓는다. 도조 마을의 '위토조점'도, 종달리의 '소심한책방'도 동네책방이자 지역서점인 셈이다.

서점의 경쟁 상대는 이미 서점이 아니다. 규모가 조금 크거나 작거나 할 뿐 모두 다같이 심각한 위협 아래 놓인 오프라인서점 중 하나일 뿐이다. 서점마다 온라인플랫폼과 다른 차별점을 고민한다. 오프라인서점은 종이책이 지닌 가장 강력한 매체적 특징을 보여주고, 아날로그 공간이 주는 긍정성을 서비스하며, 소수의 독자들이 찾는 특별한 곳이다. 존폐를 결정짓게 할 만큼 강력한 압박과 위협을 가한 온라인서점의 등장은 역설적으로 서점인들에게 본질을 되물었다.

'오프라인서점이란 무엇이며 앞으로 어떤 서비스를 어떻게 해야 하는가?'

이 질문을 앞에 두고 모색하고 변화한 곳과 그렇지 않은 곳의 운명은 갈릴 테다. 그러니 지역서점, 중형서점, 동네책방은 서로 경쟁 상대

제주 종달리의 '소심한책방'. ©소심한책방

수상한 소금밭
초생한책방
OPEN

제주 '소심한책방' 내부.

가 아니라 비슷한 숙제를 받아든 동료다. 책을 전시하고 판매한다는 공동의 목표가 있지만 서로가 다른 장점을 개발하고, 불투명한 미래를 함께 헤쳐가는 동지일 따름이다.

독자 입장에서 지역서점, 중형서점. 동네책방은 모두 필요하다. 각자의 역할이 다르기 때문이다. 지역에 따라 필요성도 달라진다. 독자에 따라 존재 의의도 달라진다. 어린이 양육자라면 그림책이나 어린이책을 판매하는 전문서점이 곁에 있어야 한다. 청소년기에는 다양한 책과 참고서가 필요하며, 이를 두루 만족하려면 지역에 중형서점이 필요하다. 독자로서 취향이 생겨나고, 책을 매개로 사람을 만나고 싶을 때는 동네책방이 제격이다. 오프라인서점은 독자가 필요하고 원하는 것을 각자가 가장 잘하는 방식으로 제공하는 아날로그 공간이다.

큐레이션부터
북클럽까지,
진화해온
책방과 책방지기

"초창기 동네책방이 가장 공을 들인 건 큐레이션이다. 당시 이런 시도는 독자에게 말할 수 없이 신선했다. 책방지기들마다 '책방에서 독자에게 어떤 가치를 전할 것인가'를 큐레이션으로 말했기 때문이다."

21세기는 1450년 구텐베르크가 인쇄술을 발명한 이래 서점의 세계에 가장 급격한 변화가 불어닥친 시기다. 이 변화를 가장 잘 보여주는 곳이 동네책방이다. 국내 동네책방의 역사는 2011년 이래 10여 년 남짓하지만 그 사이에도 동네책방의 키워드는 조금씩 변했다.

아직 초창기인 2014~2016년 무렵 시작한 동네책방이 가장 공을 들인 건 큐레이션이다. 물론 지금도 책방의 큐레이션은 가장 강력한 콘셉트요, 차별점이다. 하지만 초창기 동네책방의 큐레이션 지향은 독자에게 말할 수 없이 신선했다. 책방지기들마다 '책방에서 독자에게 어떤 가치를 전할 것인가'를 큐레이션으로 말했기 때문이다. '봄날의책방'은 지역 예술가들의 방을 만들고 책을 전시하는 방식으로, '미스터버티고'와 '고요서사'는 문학이라는 키워드를 내걸고 책을 골랐다. '우분투북스'는 자연·건강·음식을 주된 주제로 삼았고, 북큐레이션 연구소까지 겸했다. '우분투북스' 이용주 대표는 책방뿐 아니라 도서관에서도 2010년대 중반 이후 큐레이션 강의 요청이 많았다고 돌아봤다.

그때까지만 해도 큐레이션 책방은 '한 번도 만난 적 없는' 서점이었다. 지역서점은 아무리 작아도 일종의 종합서점이다. 참고서와 잡지 그리고 베스트셀러를 많이 취급했다. 동네책방과 지역서점을 가르는 기준은 기존 출판유통의 정석을 따르느냐 여부와 이어진다. 기존 출판유통

시스템은 도매상이 일률적으로 지역서점에 신간을 배본하는 방식이었다. 도매상에서 새 책을 보내주면 지역서점은 그 책을 매대에 진열했다.

한국 출판유통은 일본의 방식을 많이 참고해왔다. 일본의 상황을 살피면 한국 출판유통 방식을 조금 더 이해하기 쉽다. 일본의 출판유통은 '도한'トーハン과 '닛판'日販, 日本出版販売이라는 대형 도매상이 양분한다. '도한'이 약 40퍼센트를, '닛판'이 30~35퍼센트를 차지하고 그 밖의 소규모 도매상이 25~30퍼센트를 점유한다.[3] 일본 출판유통 프로세스는 우선 출판사가 제작 부수를 결정하고 도매상에 신간을 보낸다. 그러면 도매상은 다시 전국의 서점에 신간을 배본한다. 이 과정에서 서점에 배본하는 부수의 결정권은 도매상에게 있다. 이 방식을 따르지 않으면 대형 베스트셀러나 꼭 필요한 도서를 공급받는 데 불이익을 받을 수 있다. 교토의 '게이분샤'惠文社 이치조지점一乗寺店은 드물게 2000년대 초반부터 큐레이션 서점을 지향했다. 다시 말해 도매상으로부터 일률적인 신간 배본을 받지 않았다는 말이다. 그 결과 2000년대 초반 빅셀러였던 '해리포터' 시리즈를 도매상으로부터 공급받을 수 없었다.[4]

신간을 일률적으로 받는 대신 반품을 인정하는 것이 서적 위탁판매의 기본 구조다. 일본 서점의 고질적 문제 중 하나가 높은 반품률인데,[5] 이 위탁판매 구조에서 어쩔 수 없는 점이 있다. 1990년대 우리나라 서점의 숫자는 5,000여 개에 이르렀는데, 당시 서점의 반품률 역시 높았다. 출판사가 무리하게 신간을 대량 제작하고 도매상에 밀어내는 경우가 꽤 있었다. 책이 잘 팔리면 다행이지만 그렇지 않을 때 반품률은 당연히 높아졌다.

반면 새로 생긴 동네책방들은 이 방식에 따르지 않았다. 이들은 도매상을 통한 신간을 무조건 받는 대신 책방지기들의 취향과 관심에 따라 책을 주문했다. 책방에서 어떤 책을 보여줄 것이냐가 그만큼 중요했기 때문이다.

동네책방은 처음부터 복합문화공간을 지향했다. 과거에도 규모가 큰 서점에서 작가 사인회나 작가와의 대화 같은 행사가 있었다. '종로서적'이나 부산 '영광도서'가 대표적이다. 하지만 평범한 지역서점에서 이런 문화행사를 하기는 어렵다. 별도의 장소가 필요하고, 기획하고 작가를 섭외하고 진행하는 인력이 필요하다. 또 전통적인 서점은 서가가 빽빽하게 채워져 있다. 서점의 가장 중요한 일은 책을 진열하고 판매하는 데 있기 때문이다. 이런 공간에서는 행사를 제대로 치를 수 없을 뿐 아니라 행사하는 동안 독자가 서점을 이용할 수 없다면 옳지 않다고 여겼다. 다시 말해 책이 아닌 다른 걸 중심에 두면 서점의 본분에 어긋난다고 생각했다. 문구 판매 정도가 예외적이었다.

"매출을 높이려면, 다시 말해 독자를 불러 모으려면 다른 방법이 필요했다. 커피와 주류 혹은 간단한 베이커리는 책방의 사정에 따라 다를 뿐 이제는 당연한 선택이 되었다. 초창기 책방들이 선택한 시도 가운데 공간비즈니스도 있다. 대체로 북스테이를 겸하는 방식이었다."

동네책방은 초창기 책방지기의 취향과 설정한 맥락에 따라 책을 진열

꿈틀책방
꿈틀책방 은
목표보다는 과정을
소중하게 생각하
Life is a Matter of Direction,
Not Speed
꿈틀책방,
Bookshop
Selected books for
Kids & Adult.
Book Club.
Buy book
Buy local
꿈틀책방,
그림책과
영어원서,
인문고전을
권하는
동네서점입니다.
주중 11:00 - 5:00
주말 및 공휴일 예약제 운영.
070-4950-6457

'꿈틀책방' 1호점은 기존 전통적인 서점에서라면 행사할 엄두를 내지 못할 만큼 좁은 공간이다.
그러나 이곳에서 지난 10여 년 동안 헤아릴 수 없이 많은 만남이 이루어졌다.
더우면 더운 대로, 추우면 추운 대로, 책을 매개로 어른 아이 할 것 없이 독자라는 이름으로 모이면서
독자도, 책방도 천천히, 그러나 꾸준히 성장했다. ⓒ꿈틀책방

'최인아책방'은 층고가 높은 건물에 자리를 잡고 천장까지 닿는 높은 서가를 짜넣고 유럽 귀족의 고급스러운 개인 서재 같은 분위기를 만들었다.

지금은 문을 닫은 '역사책방'은 복층구조의 공간에 카페와 크고 작은 모임 공간을 만들었다.
이런 식의 공간비즈니스를 하려면 무엇보다 규모가 커야 하고, 당연히 임대료 부담이 높아진다.

하기 시작했다. 처음 접하는 독자로서는 매우 신선했다. 하지만 결정적인 문제가 있었다. 대개의 자영업은 매장의 크기만큼 돈을 벌 수 있다. 다시 말해 책이 적으면 매출도 썩 기대할 수 없다. 매출을 높이려면, 다시 말해 독자를 불러 모으려면 다른 방법이 필요했다. 상암동 시절의 '북바이북' 1호점이나 '꿈틀책방' 1호점은 기존 전통적인 서점에서라면 행사할 엄두를 내지 못할 만큼 좁은 공간이다. 그런데 이들은 시도를 했다. 행사 시간이 되면 책을 펼쳐뒀던 매대를 접고, 공간을 만들어 저자와 독자가 간이 의자에 마주 앉아 북토크·강의·워크숍 등 다양한 만남을 갖게 했다. 글쓰기 강좌로 시작해 뜨개질, 그림 그리기, 인형 만들기까지 안 해본 게 없다 할 만큼 다양한 클래스를 열었다. 바야흐로 밀레니얼 세대가 등장하면서 중앙집중적이고 일률적인 방식이 저물고 책과 라이프스타일을 제안하는 방식이 트렌드가 된 분위기도 한몫했다.

책방 운영이 어렵다는 걸 알기에 처음부터 책과 음료를 연결한 곳도 많았다. 일본의 동네책방도 비슷했다. 오사카의 동네책방 '칼로'Calo Bookshop & Café, カロ는 갤러리와 카페를 겸한다. 점심때는 인근 직장인을 대상으로 카레라이스를 판매한다. '책과생활'은 광주 국립아시아문화전당 건너편 건물 2층에 있었다. 2층인데도 음료가 매출의 10퍼센트 정도를 차지했다. 2025년 같은 건물 1층으로 이전하면서 음료 매출을 30퍼센트 정도로 늘리려 모색 중이다. 젊은이들이 즐겨 찾는 지역인 데다 1층이라면 충분히 집객이 가능하다고 판단했다. 2024년 '미스터버티고'는 고양시 향동 천변으로 이사를 하며 생맥주 판매를 시작했다. 사실 책방 대표가 혼자 책과 음료 판매를 병행하면 정신이 없다. 이미 음

료 판매 경험이 있는 신현훈 대표는 실현 가능한 음료를 고심했다. 생맥주는 통에서 맥주를 잔에 따르기만 하면 되니 생각보다 간단하다. 커피와 주류 혹은 간단한 베이커리는 책방의 사정에 따라 다를 뿐 이제는 당연한 선택이 되었다.

초창기 책방들이 선택한 시도 가운데 공간비즈니스도 있다. 대체로 북스테이를 겸하는 방식이었다. 괴산 '숲속작은책방', 통영 '봄날의책방', 강화 '국자와주걱', 속초 '완벽한날들'은 지금도 북스테이를 한다. 시간이 흐르면서 책방 공간을 대여하는 방식이 생겨났다. '최인아책방'은 층고가 높은 건물에 자리 잡았다. 천장까지 닿는 높은 서가를 짜넣고 책 사다리도 두었다. 여기에 그랜드 피아노까지 있다. 유럽 귀족의 고급스러운 개인 서재 같은 분위기다. 그러다 보니 출판사나 기업의 요구가 이어지며 공간 대여 비즈니스를 시작했다. 지금은 문을 닫은 서촌의 '역사책방'도 '최인아책방'의 모델을 가져와 공간비즈니스를 지향했다. '역사책방'은 경복궁역 인근에 복층구조를 지녔다. 내부에 카페는 물론이고 크고 작은 모임 공간을 만들고 대여했다.

이런 식의 공간비즈니스를 하려면 일단 책방의 규모가 커야 한다. '최인아책방'은 231제곱미터(약 70평), '역사책방'은 132제곱미터(약 40평) 규모였다. 당연히 임대료 부담이 높아진다. 2019년 처음 문을 열었을 당시 '역사책방'의 월세는 350만 원이었다. 책방을 운영하기에는 상당히 부담스러운 조건이 아닐 수 없었다. 이런 식으로 오래 버티는 데는 여러모로 무리가 따를 수 있다.

동네책방은 굳이 공간을 대여하지 않더라도 그 자체로 공간의 분

위기를 서비스하는 곳이기도 하다. 그러다 보니 아날로그책방이라는
특별한 장소성은 자연스럽게 새로운 공간비즈니스를 낳고 있다.

"이벤트를 계속하다보면 책방지기는 점점 지쳐간다. 동네책방을 운영
하는 데 힘이 되고 보람도 느끼게 해줄 항상성 있는 일이 필요하다. 책
방들이 찾은 방법 중 하나가 바로 북클럽이다. 북클럽은 대체로 구독
서비스로 이어지고, 구독서비스는 책방마다 변주되어 운영된다."

동네책방들마다 쉼없이 많은 행사를 해왔다. 행사를 통해 책방을 알리
고 모객을 하면서 매출에 도움을 받기도 했지만 이런 이벤트를 계속하
다보면 책방지기는 점점 지쳐간다. 동네책방을 운영하는 데 힘이 되
고 보람도 느끼게 해줄 항상성 있는 일이 필요하다. 책방들이 찾은 방
법 중 하나가 바로 북클럽이다. '책방사춘기'는 어린이청소년문학서점
이다. 다양한 행사를 하지만 유지현 대표가 가장 좋아하는 모임은 어린
이 청소년 책을 함께 읽는 북클럽이다. 구성원에 큰 변화 없이 벌써 3년
이상 이어지고 있다. 서울 독립문 인근 한옥서점 '서울의시간을그리다'
는 벽돌책 읽기 모임을 온라인과 오프라인에서 동시에 진행한다. 『향모
를 땋으며』, 『넥서스』, 『사피엔스』처럼 너무 두꺼워 혼자서는 잘 안 읽게
되는 책을 함께 읽는다. 하루에 읽을 페이지를 정해 온라인에서 감상을
나누고 마지막 날 책방에서 만나는 방식이다.
　　동네책방의 북클럽에 참여하는 독자는 크게 두 부류로 나뉜다. 책

서울 독립문 인근 한옥서점
'서울의시간을그리다'.
©서울의시간을그리다

'서울의시간을그리다' 내부. 이 책방의 독자들은 하루에 읽을 벽돌책의 페이지를 정해
온라인에서 감상을 나누고 마지막 날 책방에서 모임을 갖곤 한다.

읽을 시간을 내기 어려운 이들이 '강제'로라도 읽고 싶어 참여하는 경우다. 이런 경우라면 읽어두면 좋을 교양서를 고를 때가 많다. 혼자 읽기 어려운 고전이나 두꺼운 벽돌책들을 함께 읽고 싶어 참여하는 경우라면 클래식을 골라서 같이 읽는다. 원주의 '바름책방'과 김포의 '책방짙은:'에서는 『잃어버린 시간을 찾아서』를 독자들과 함께 읽었다. 19세기 말~20세기 초에 활동한 프랑스 출신의 세계적인 작가 마르셀 프루스트 Marcel Proust의 여섯 권짜리 책이다. 20세기 최고의 소설이라지만 전권을 읽은 사람은 거의 찾아볼 수 없다. 제목은 들어봤지만 막상 읽은 사람은 드문, 이런 클래식을 선택해 북클럽에서 함께 읽는다. 북클럽을 운영하다보면 일반적인 교양서가 아닌 벽돌책을 함께 읽는 모임을 만들어달라는 제의가 많다는 게 책방지기들의 귀띔이다.

동네책방을 지속하는 힘을 물으면 북클럽을 손꼽는 책방지기들이 많다. 동네책방의 개척자 가운데 한 곳으로 자주 꼽히는 '숲속작은책방' 역시 북클럽 덕분에 책방을 할 수 있었다고 말한다. 제주로 이주해 2019년부터 책방을 시작한 '보배책방'은 세 번의 이사를 거쳤다. 공간은 변했지만 책방을 시작하자마자 만든 북클럽 보배살롱은 한결같이 이어져 왔다.

동네책방 북클럽은 책방지기에게 자신들이 하고 있는 일에서 느끼는 보람의 근원이 되어준다. 나아가 북클럽 멤버들은 책방을 지지하는 가장 든든한 지원군이 되어준다. 동네책방 가운데 북클럽을 운영하지 않는 곳을 찾기 어렵다고 해도 과언이 아닐 만큼 이제는 책방 운영의 기본으로 자리를 잡은 모양새다.

원주 '바름책방'에서는 혼자서는 엄두를 잘 내지 못하는 고전을 독자들과 함께 읽는다. ⓒ바름책방

'책방짙은:' 내부. 독자들과 함께 벽돌책을 읽곤 하는
이곳은 같은 지역인 김포 '꿈틀책방'의 단골 독자이자
북클럽 리더로 활동했다가 책방을 시작한 경우다.
책방의 애독자가 다시 책방의 주인이 되는 선순환이 일어난 것이다.

'서촌그책방'처럼 북클럽 전문 책방도 있다. 일찍부터 독서모임 전문을 표방한지라 여기저기서 '서촌그책방' 출신이라고 말하는 독자를 만나곤 한다. '서촌그책방'에서 독서모임을 경험한 이들이 도서관과 책방으로 뻗어나가 또 새로운 북클럽을 이끄는 것이다. '서촌그책방'은 이달의 책을 선정해 함께 읽을 뿐 아니라, 해당 도서의 저자와 만나는 자리를 마련한다. 나 역시 『유럽 책방 문화 탐구』가 이달의 책으로 선정되어 초대를 받은 적이 있다. 그 자리에서 "왜 책에 지도가 없느냐?", "유럽의 헌책방 이야기가 자꾸 나오는 이유는 뭐냐", "인공지능시대에 책의 의미가 뭐냐?" 등 책을 꼼꼼하게 읽은 독자들의 날카로운 질문을 받았다. 독자뿐 아니라 저자에게도 '서촌그책방'의 북클럽은 특별했다. 이처럼 동네책방의 고유 콘텐츠이자 비즈니스 모델로 꼽히는 북클럽은 점점 확장, 변화하는 추세를 보인다.

구독서비스는 북클럽의 다른 방식이다. 책을 읽겠다고 마음을 먹어도 오프라인 모임에 참여하기 어려운 이들이 있을 수 있다. 구독서비스는 이런 독자에게 책을 골라 보내준다. 대전 '우분투북스' 이용주 대표는 2017년부터 '책 정기구독'서비스를 시작했다. 한데 좀 특별하다. 개인 맞춤형으로 책을 골라주며, 직접 쓴 편지까지 동봉한다. 한 달에 한 권을 정해 이를 한꺼번에 독자들에게 보내는 방식이 일도 줄이고 책방 운영에도 현실적인 도움이 될 텐데, 이를 개인 맞춤형으로 하니 책방지기의 노력과 수고가 엄청나다. 이렇게 하다보니 무한정 신청자를 받을 수도 없어서 30명 내외로 한정해 운영한다. '우분투북스'에 갔다가 정기구독서비스를 받는 10대 독자가 이용주 대표에게 보낸 편지를 우연히 본 적이 있다.

> "우분투북스 사장님께
>
> 보내주신 책들 모두 좋았어요. 저는 요즘 텃밭을 가꾸고 있고 슈베르트나 말러 같은 작곡가의 음악을 즐겨 듣고 있어요. 저는 식물에게 클래식 음악을 들려주면 잘 자란다는 가설이 진실인지 실험해볼 예정이에요. (…) 슈베르트 연가곡 원작 시집 중 한 권을 추천해주실 수 있나요?"

홈스쿨링을 한다는 청소년이 쓴 편지였다. 편지를 보여주며 이용주 대표는 "내가 이 맛에 책방을 하지!"라며 뿌듯해 했다. 얼굴에는 자랑스러움이 가득했다.

책을 읽는 것만 해도 대단한 일처럼 여기는 세상이 되었다. 하지만 막상 자신이 읽는 책을 들여다보면, 제자리걸음일 때가 많다. 일반인의 독서란 좋아하는 분야에 한정되는 경우가 대부분이다. 이는 같은 책을 거듭해 읽는 것과 크게 다르지 않다. 나 역시 꽤나 책을 가까이 하는 편이지만 책방에 관한 책을 쓸 때는 주야장천 관련 있는 책만 읽는다.

물론 책을 읽는 이유는 다양하고 어떤 책을 어떻게 읽느냐는 독자의 완전한 자유다. 하지만 책을 통해 직접 만나지도, 겪지도, 생각하지도 못한 먼 곳으로 떠났을 때 맛보는 경이는 책 읽는 즐거움에서 빼놓을 수 없을 만큼 소중하다. 이 즐거움을 누리려면 먼 곳의 창문을 열어두어야 한다. 잘 모르는 분야 혹은 아예 관심 없는 분야의 책도 만나야 한

서울 '서촌그책방'은 독서모임 전문을 표방한다. 이곳에서 독서모임을 경험한 이들은
도서관과 책방으로 뻗어나가 또 새로운 북클럽을 이끌곤 한다. ©서촌그책방_ WABI

다. 그렇지만 어떻게 만날 수 있을까. 낯선 분야에는 우선 선뜻 손이 가지 않는다. 무슨 책을 읽어야 할지도 모른다. 정작 손에 잡았다 해도 잘 읽을 수 없다. 이럴 때 동네책방의 북클럽은 좋은 기회다. 나아가 정기구독서비스는 마치 친구가 내게 알맞은 책을 선물하듯, 새로운 세계를 만나는 기회가 되어준다.

유럽의 책방에서도 정기구독서비스는 보편적이다. 18세기에 문을 연, 런던에서 가장 오래된 전통 서점인 런던 '해처드'Hatchard's는 오래전부터 왕과 귀족 등 상류계급을 위해 복무한 곳이다. 1층에 역사 입문서와 통사부터 전쟁사 같은 세부 주제까지 보기 좋게 진열된 것만 봐도 단번에 이 서점의 독자군을 짐작할 수 있었다. 이곳에도 역시 구독서비스가 있다. 신청하기 전에 먼저 전문 직원과 상담을 한다. 독자의 필요를 찾아가는 과정이다. 분야도 세분화되어 있다. 소설, 논픽션, 어린이책, 여행이나 예술을 테마로 한 책 등 독자가 원하는 구독서비스를 신청할 수 있다. 1년 동안 소설과 논픽션을 번갈아 보내주는 등의 혼합 구독서비스도 있다. 구독서비스를 신청하면 아름다운 '해처드' 박스에 책을 담아 집으로 보내준다.

국내에서는 '최인아책방'이 구독서비스를 성공적으로 운영 중이다. 1년 혹은 6개월 단위로 구독 신청을 하면 매달 최인아 대표의 편지와 함께 책방에서 선정한 책 한 권을 받고, 저자의 북토크 행사가 열리면 참석할 수 있다. 2018년 2월에 시작한 이래 500여 명의 회원이 참여하고 있다.

함께 모여 책을 읽는 북클럽은 대체로 구독서비스로 이어지고, 구

런던에서 가장 오래된 전통 서점 '해처드' 초창기(위)와 최근 모습.

서울 '최인아책방'은 국내에서 구독서비스를 성공적으로 운영하는 곳으로 꼽힌다.
1년 혹은 6개월 단위로 구독 신청을 하면 최인아 대표의 편지와 함께 책방에서 선정한 책 한 권을 받고,
저자의 북토크 행사가 열리면 참석할 수 있다. ©최인아책방

독서비스는 책방마다 변주되어 운영된다. '꿈틀책방' 운양점은 어린이 북클럽을 진행한다. 매주 어린이에게 그림책을 읽어주는 스토리타임도 있다. 이 또한 북클럽의 다른 방식이다. 북클럽은 함께 책을 읽고 감상을 나눈다는 공통점은 있지만, 대상과 방식에 따라 조금씩 다른 모습으로 진화한다. 본질은 같지만 책방마다 서로 다른 북클럽이 만들어진다는 의미다. 지금도 어떤 동네의 어떤 동네책방에서는 그곳만의 북클럽이 새로 피어나고 있을 것이다.

유료화,
책방의 공공성에
관한 질문

"국내 서점의 역사에서 서점 안에 문화공간을 갖추고 지역의 커뮤니케이터로 자리 잡았던 지역서점은 오래전부터 존재했다. 하지만 모든 걸 유료화한 책방은, '책방이란 무엇인가'라는 본질적인 질문을 부른다."

서울 지하철 6호선 이태원역과 한강진역 중간쯤, 문구와 생활 소품 등을 파는 '밀리미터밀리그램' 건너편 빌딩 지하에 '블루도어북스'가 있다. 예약제 서점으로, 두 시간 이용에 2만 원을 받는다. 하루에 3회, 토요일만 4회 운영하며 회당 정원은 열 명이다. 수요일은 쉰다. 어느 공휴일 낮, 두 시간을 머물렀다 나온 거리는 어느덧 어스름했다. 문득 이런 생각을 했다.

'이곳은 책방일까? 책방이라기보다는 차라리 휴식 공간에 가깝지 않을까?'

'블루도어북스' 김진우 대표는 이렇게 말했다.

"고객들이 우리 서점을 두 시간 이용 가능한 호텔이라 여겼으면 좋겠다. 책은 판매를 위한 것이라기보다 사람들이 부담 없이 이곳을 찾도록 하는 수단(이다.)"

물론 책방 안에 있는 새 책과 중고서적은 모두 구매할 수 있다. 하지만 책을 판매하는 곳이라기보다는 책으로 둘러싸인 이상적인 공간에

서울 '블루도어북스' 내부.

머무는 시간을 파는 곳처럼 여겨졌다.

'블루도어북스'는 2024년 10월 문을 열었다. 165제곱미터(약 50평) 남짓한 널찍한 공간으로 책도 많다. 벽 쪽의 서가 말고도 여기저기 테이블이나 바닥에 무심하게 책이 툭 놓여 있다. 절판 도서, 예술서, 우주 과학, 해리포터 관련, 김진우 대표가 읽은 책 등 다양한 서적이 구획을 지어 배치되어 있다. 서가 사이 사이에 편안하게 책을 읽을 수 있는 안락한 의자와 테이블 구비는 기본이다. 전신은 2022년 서울역 인근에 열었던 '도하북스'였다. 예약제였는데도 알음알음 많은 이들이 찾아왔다. 지금의 '블루도어북스'는 과거 '도하북스'의 확장판이 아닐까 싶다.

예약을 해둔 어느 공휴일 낮, 한강진역 근처 동네를 기웃거리다 조금 늦게 '블루도어북스'에 도착했다. 이미 젊은 남녀들이 각자 마음에 드는 곳의 의자를 골라 앉아 책을 읽고 있었다. 웰컴 티를 마시고 난 뒤 자리에 앉기 전 책방 여기저기를 둘러봤다. 책방에 왔으면 책방을 구경하는 것이 예의가 아닌가. 하지만 나를 제외하고는 아무도 움직이지 않고 자기만의 고요 속에 빠져 있었다. 이토록 조용한 공간이 있을까 싶지만, '블루도어북스'에는 책만 많은 게 아니다. 조용히 즐길 수 있는 정적인 콘텐츠가 상당히 많았다. 예를 들면 벽에 그림이 여러 점 걸려 있는데 음악을 들으며 감상하는 재미가 남달랐다. 왜 김진우 대표가 호텔을 언급했는지 짐작할 수 있었다. 호캉스를 떠난 사람들은 구태여 멀리 가지 않는다. 호텔 안에서 휴가를 즐긴다. 이곳도 책방 안에서 편하게 머물 수 있을 뿐 아니라 혼자 즐길 거리가 충분했다. 돈을 내고 공간을 산다는 것이 어떤 의미가 있는지를 잘 보여주는, 호텔을 닮은 책방이었다.

국내 서점의 역사에서 서점 안에 문화공간을 갖추고 지역의 커뮤니케이터로 자리 잡았던 지역서점은 오래전부터 존재했다. 대전 '계룡문고'나 충주 '책이있는글터', 진주 '진주문고' 등이 일찌감치 이런 시도를 했다. 여기에서 출발해 큐레이션과 복합문화공간의 역할을 강화하며 진화한 모델이 말하자면 동네책방일 테다. 하지만 '블루도어북스'는 이 계보에서 좀 생뚱맞은 감이 있다. 모든 걸 유료화했다는 점에서 그렇다. '책방이란 무엇인가'라는 본질적인 질문을 부른다.

"책방지기들 중에는 서점의 유료화를 안타깝게 여기는 이들도 있었다. 공공재로서의 서점의 역사와 의미를 포기한다는 선언처럼 여겨져서일지도 모른다. 하지만 '책방 역시 자영업이고 최소한의 수익이 나지 않는다면 유지할 도리가 없지 않는가'라는 질문이 따라 붙는다."

유료 책방이 처음 등장한 건 아니다. 일본 도쿄 '분키쓰'文喫와 서울 청담동 '소전서림' 모델이 먼저 있었다. '분키쓰'는 '아오야마青山 북센터'가 사라진 자리에 2018년 12월에 문을 열었다. 서점에서 입장료를 받는다는 점 때문에 일본에서도 화제였다. 2025년 기준, 도쿄 '분키쓰'의 입장료는 1,500엔이다. 일반적인 미술 전시회나 영화 관람료 액수를 기준으로 삼았다고 한다. 입장료를 지불하면 하루 종일 약 3만 권의 서적과 잡지를 볼 수 있고, 전시까지 관람할 수 있다.

서점이 입장료를 받는 이유는 과거처럼 책을 진열하고 판매하는 방식이 더는 유효하지 않다고 여기기 때문이다. 과거의 독자는 오프라인서점에 와야만 책을 만날 수 있었다. 이제는 그렇지 않다. 온라인에서 얼마든지 책을 사고 읽을 수 있다. 그렇다면 오프라인서점의 고유한 역할 역시 바뀌어야 하는 건 아닐까, 고민을 하지 않을 수 없다. 보통의 책방에서 만날 수 없는 고가의 사진집이나 화집 그리고 전집들이 '분키쓰'에 가득한 이유다. 독자들이 입장료를 내고서라도 만나고 싶은 책은 무엇인가, 오프라인서점에 와야 하는 이유는 무엇인가, 책을 만나는 감흥을 극대화하려면 어떻게 해야 하는가를 보여주는 사례이자 실험이다.

국내에서 책이 있는 공간을 유료화한 사례는 문학도서관 '소전서림'이 처음이었다. 2020년 문을 열었고, 멤버십 회원만 이용 가능했다. 연회비가 무려 66만 원이었다. 민간 도서관을 지속해서 운영하기 위한 고육지책이었다고 한다. 특히 독서에는 관심이 없고 사진만 찍는 사람을 걸러내는 진입장벽 삼아 사용료를 높였다. 2025년 기준 연회비는 10만 원으로 내려갔고, 3만 원을 내면 반일 이용권을 구매해 이용할 수 있다. 공간은 역시 규모도 크고 고급스럽다.

'블루도어북스'나 '소전서림'처럼 크고 고급스럽게 꾸며진 공간이 아니어도 유료화를 시도하는 책방이 늘고 있다. 전면적인 유료 공간으로 운영하지는 않지만 부분적으로는 유료 방식을 취하는 책방들도 속속 나타나고 있다.

서울 해방촌 신흥시장 근처에서 10년 넘게 한결같이 같은 자리를 지킨 '고요서사'는 새로운 실험을 시작했다. 문학 서적으로 정갈하게 채

도쿄 '분키쓰' 안팎. ⓒLEE

운 18.2제곱미터(약 5.5평)의 작은 서점 공간 외에 새로운 공간을 오픈했다. 책방 안쪽의 쓰지 않던 곳을 개조해 '숨어 읽기 좋은 방'으로 유료 대여를 시작했다.[6] 차경희 대표가 소장한 500여 권의 책이 가득하다. 차와 커피 등 음료를 제공하며, 겨울에는 고타쓰こたつ가 있어 따뜻하다. 한마디로 복잡한 관계, 감정, 일에서 벗어나 자신에게 몰입하는 공간이다. 차 대표는 이용하는 독자에게 "휴대전화기, 노트북 등의 전자기기를 맡겨놓을 것을 권유"한다. 차 대표는 "휴대전화기와 떨어져 있는 감각이 생경하다던 손님들이 20분만 지나면 책 속으로 빨려 들어가는 기분이 든다고 말한다"[7]고 했다.

대전 '한쪽가게'는 주말은 서점이지만, 월화는 예약제 공간으로 운영한다. 1인석을 두 시간 이용할 때 요금은 1만 5,000원이다. 전주 '살림책방'도 예약제로 책방 공간을 이용할 수 있다. 사례는 더 있다. 2025년 12월 문을 닫은 구로 항동 '책방공책'도 예약제로 책방 공간을 운영했다. 덕수궁 근처 '마이시크릿덴', 연남동 '피프티북스'처럼 책을 판매하는 공간이 아니라 유료로 책을 읽는 공간도 늘고 있다.

서점의 유료화 형태는 지금보다 훨씬 더 다양해질 전망이다. 이유는 간단하지 않다. 열악한 주거 공간 대신 아늑한 쉴 곳이 필요한 젊은 세대의 절박함과 책만 팔아서는 서점을 유지할 수 없는 어려움이 만난 결과다. 책방지기들 중에는 하나둘 등장하는 유료 책방 모델을 안타깝게 여기는 이도 있었다. 극단적으로 말해 지금껏 서점이 가졌던 공공성을 포기하는 일이기 때문이다.

책방의 비즈니스 모델은 구텐베르크가 인쇄술을 발명한 이래 지금껏 서서히 변해왔다. 특히 그 과정은 민주주의를 만들어온 역사와 포개진다. 그러므로 책방의 유료화는 지금까지 이어온 공공재로서의 서점의 역사와 의미를 포기한다는 선언일지도 모른다. 하지만, 책방 역시 자영업이고 최소한의 수익이 나지 않는다면 유지할 도리가 없지 않은가. 진행 중인 새로운 방식의 유료 책방에 관해서는 뒤에서 좀 더 살펴보기로 한다.

탄생의 이유, 탄생 이후의
시간을 건디는 법

어쩌다 시작했나요,
전에는 어떤 일을
하셨나요?

"책방이 어렵다는 사실은 삼척동자도 다 아는데, 지난 10여 년 간 책방을 시작하는 이들은 꾸준히 늘었다. 어느 날 갑자기 지금껏 하던 일과 무관한 책방을 창업한 이들에게는 책방을 열기까지 겪어온 저마다의 이유와 사연이 있다."

"어떤 이유로 책방을 하게 되었나요?"

동네책방의 대표를 만나 이런저런 대화를 나눌 때마다 꼭 하는 질문이다. 책방을 시작한 이유야 백인백색이지만 공통점이 있다. 대부분 비서점인 출신이다. 뜻밖에도 서점원이 동네책방을 시작하는 일은 극히 드물다. 제주의 수많은 책방 중에도 '풀무질' 은종복 대표뿐이다. 제주뿐만은 아니다. 전국 어디에서나 동네책방을 여는 이들의 전직이 서점원인 경우는 드물다. 서점원의 창업이 드문 건 아마도 그들이 누구보다 서점의 생리와 속내를 가장 잘 알기 때문이 아닐까 싶다. 무릇 알면 알수록 하기 어려운 법일 테니 이해 못할 바는 아니다.

어쨌거나 어느 날 갑자기 지금껏 하던 일과 무관한 책방을 창업한 이들에게는 책방을 열기까지 겪어온 저마다의 이유와 사연이 있다. L대표가 서점을 하겠다고 하자 가족들이 말렸다. 요즘 누가 책을 읽는다고 책방을 하겠다는 말에 선뜻 찬성할 수 있을까. 충분히 있을 수 있는 일이다. 뜻을 굽히지 않던 L대표는 대신 혹시 모를 일에 대비해 재산 정리를 했다. 망해도 혼자 망해야 다른 가족들이 살 수 있다는 현실적인 이유에서였다. 꽤 오래전에 서점업의 현실에 대한 비유 중 "동네책방을 한다는 건 돈 없는 미남, 미녀 배우와 같이 사는 것"이라는 말을 들은 적도 있다. 좋아 보이지만 현실은 팍팍하고 고되다는 뜻이다. 그러니까 더 신기하다. 책방이 어렵다는 사실은 삼척동자도 다 아는데, 지난 10여 년 간 책방을 시작하는 이들은 꾸준히 늘었다는 사실이.

소셜네트워크미디어가 지금처럼 모든 걸 집어삼키기 이전, 말콤 글래드웰은 『티핑 포인트』라는 책을 썼다. 그는 이 책에서 작은 아이디어가 유행하는 순간을 추적한다. 유행은 일종의 바이러스와 같다. 작은 원인이 잠복해 있다가 임계점에 이르면 폭발한다.

동네책방의 시작을 알린 '땡스북스'가 문을 연 시기는 2011년, 누가 봐도 책방을 하기 좋을 때는 아니었다. 실제로 책방을 시작한 계기도 우연에 가깝다. 그래픽 디자이너로 일하던 이기섭 대표가 홍대 앞 '더 갤러리'의 리브랜딩을 맡은 것이 계기였다. 건물 1층에 있는 갤러리 카페를 책방으로 바꾸라고 건물주에게 제안했다. 하지만 책방을 할 사람을 찾을 수 없었다. 결국 이기섭 대표가 직접 시작했다. 이렇게 국내 1호 동네책방이 문을 열었지만 아직은 여러 조건이 더 필요했다. 마치 1990년 중반, 유행의 발신지로 꼽히던 뉴욕 맨해튼의 이스트빌리지East Village 아이들이 신기 시작하면서 1950년대 탄생한 미국 캐주얼 신발 브랜드 '허시파피'Hush Puppies가 예상치 못한 급격한 인기를 누리며 재유행이 되었던 것처럼 국내의 동네책방에도 '상황의 힘'이 필요했다.

2014년 말까지 국내 오프라인서점의 상황은 최악이었다. 당시 도서정가제는 출간 후 18개월이 지난, 이른바 구간 도서를 무한정 할인 판매할 수 있게 했다. 온라인서점에서는 이 책들을 어마어마하게 할인해서 판매했다. 이로 인한 출판 시장의 폐해가 너무 크자 2014년 말, 신구간 할 것 없이 정가의 10퍼센트 직접 할인+5퍼센트 마일리지 적립으로 할인 폭을 제한한 개정 도서정가제가 실행되었다. 이를 계기로 시장이 다소 안정되자 '상황의 힘'이 작동했다. 바로 동네책방이 늘기 시작한 것이다. 앞에서 살폈듯 '동네서점 지도'에 따르면[표1-2] 2016년 292개였던 동네책방은 2017년 413개, 2018년 547개, 2019년 638개, 2020년 702개, 2021년 785개로 가파르게 늘었다. 이 열풍은 2022년 781개, 2023년 843개, 2024년 874개, 2025년 887개로 조금 둔화하는 추세를 보이고 있긴 하지만 여전히 증가세를 보이고 있다.

2011년 서울 마포구에 있는 동네책방은 '땡스북스'가 유일했다. 2024년에는 마포구에만 56개(마포문화재단의 발표)의 동네책방이 있다. 서울 마포는 그야말로 동네책방의 메카로 발전했다. 제주도 비슷하다. 제주 동네책방의 시작은 종달리의 '소심한책방'이다. 2014년에 시작했다. 출판유통을 전혀 모르는 상태라 무턱대고 출판사에 메일을 쓰며 입고를 요청했으나 거듭 거절을 당했다. 10여 년이 흐른 2026년, '동네서점 지도'에 따르면 제주에는 약 70여 개의 책방이 있다. 제주 책방이 늘어난 데는 여러 이유가 있다. 그 가운데, 말콤 글래드웰이 말한, 지식과 정보를 바탕으로 입소문을 만들어내는 '메이븐'maven, 즉 전문가적 영향력을 가진 인물의 역할도 작용했다. 그 사람은 가수 이효리가 아닐까 싶다. 그는 2013년 결혼하면서 제주로 이주했는데, 대략 이 시점, 그러니까 2010년대 초반 또다른 삶의 방식을 꿈꾸는 일반인들의 제주앓이가 시작되었다. 육지를 떠나 제주로 이주하는 이들이 늘었고, 그렇게 섬에 닿은 많은 이들이 제주에서 책방의 문을 열었다.

'원주그림책센터'에서 매년 발행하는 『그림책연감』에 따르면 2016년 창작 그림책을 발표한 작가는 354명이었다. 그로부터 8년 후인 2024년에는 678명이었다. 그 사이 두 배 가까이 늘었다. 작가는 늘었으나 그림책 판매 부수는 줄었다. 그럼에도 그림책 작가로 데뷔하고 싶은 예비 창작자들은 여전히 많다. 밤하늘의 별을 보고 사막을 걷듯, 예비 창작자들에게는 분명한 롤모델이 있다. 이수지와 백희나라는 세계적인 그림책 작가다. 이런 스타 작가가 있다는 사실만으로도 예비 작가에게는 도전할 이유가 생긴다.

그림책 분야에 이수지와 백희나가 있다면 동네책방에도 비슷한 존재가 있다. 서울 홍대앞을 대표하는 독립출판 서점이자 출판·유통 플랫폼으로 자리를 잡은 '유어마인드'와 '땡스북스' 같은 전국구 책방들이다. '유어마인드'는 수공업으로 만든 아트북과 독립서적을 판매하는 독립서점의 시작이며, '땡스북스'는 동네책방의 상징이다. 두 곳은 이후 여러 책방이 탄생하는 데 직접 영향을 미쳤다. 대전에서 '다다르다'를 운영하는 김준태 대표는 대학 재학 중이던 2012년에 '도시여행자'를 시작했다. 여행을 콘셉트로 내세운 책방 겸 카페였다. 그가 새로운 시도를 한 이유는 홍대 '유어마인드'를 보고 신선한 충격을 받았기 때문이다. 동네책방에 신규 진입자가 많다는 점은 긍정적이다. 어떤 분야나 신규 진입자가 있다는 건 많은 이들이 그 분야를 매력적으로 여기고 있다는 뜻이니 그렇다.

"초기 동네책방을 시작한 이들 가운데 상당수는 시스템에 종속되지 않고 스스로 결정하고 책임지며 자유롭게 일하고 싶어 했다. 그렇게 뜨겁게 달아오르던 초창기로부터 몇 년이 지나자 책방을 시작하는 이들의 나이가 달라졌고, 책방을 여는 이유도 사뭇 달라졌다."

초창기에 문을 연 책방지기들은 비교적 젊었다. 특히 독립출판과 상업출판물을 함께 다룬 초기 책방은 확실히 감성이 젊었다. 젊은 독자가 자주 찾는 곳이라면 상업출판물과 독립출판물의 비율을 적절하게 맞추는 게 일반적이었다. 홍대 인근에 있는 '책방연희' 역시 독립출판물 비중이 꽤 높다.

초기 동네책방을 시작한 이들 가운데 상당수는 시스템에 종속되지 않고 스스로 결정하고 책임지며 자유롭게 일하고 싶어 했다. 지금껏 존재하지 않던 방식으로 일하기를 꿈꾼 사람들, 그 가운데 한 무리가 책방을 시작했다. 이들에게 독립서점 혹은 동네책방은 카페나 다른 자영업에 비해 상대적으로 진입장벽이 낮은 일이었다. 책을 좋아한다면 딱히 전문적인 기술도 필요 없었다. 초기 책방 대표들은 처음 책을 입고할 때 '안 팔리면 내가 읽지' 하는 마음이었다고 다들 비슷하게 그때를 떠올린다. '소심한책방'은 두 사람이 공동으로 운영한다. 그래서 대표 두 사람이 각각 한 권씩 소장한다는 마음으로 두 권씩 주문했다. 처음 시작할 때 동네책방은 필요한 소량 부수의 책을 현금을 입금한 뒤 받았지만, 신뢰가 쌓이면서 조건부 위탁으로 전환하기도 하고 반품도 가능해졌다. 동네책방이 다른 사업에 비해 상대적으로 위험 부담이 적은 건 사

광주 '책과생활' 초창기 책방 내부(왼쪽)와 현재 외관(오른쪽). 처음에는 책방 겸 작업실로 쓰겠다는 가벼운 마음으로 작은 공간을 임대했다. 시간이 지나면서 이 일이 그렇게 만만치 않다는 걸 알게 되었고, 공간을 넓혀 이전했다. ©책과생활

"동네서점,
책으로 동네를 밝히는
작은 불빛"

실이다. 또 책방은 스튜디오나 작업실을 겸할 수도 있다. 광주 '책과생활'의 신헌창 대표도 처음에는 작은 공간을 임대했는데, 책방 겸 작업실로 쓰겠다는 가벼운 마음이었다. 물론 시간이 지나면 책방 일이 그렇게 만만하지 않다는 걸 저절로 알게 된다.

책방은 확실히 매력적인 공간이다. 책방이라는 그릇에 다양한 콘텐츠를 담을 수 있고, 그 안에서 하고 싶은 일을 실험할 수도 있다. 비슷한 취향을 가진 사람을 불러 모을 수도 있다. 그런 점으로만 보자면, 콘텐츠가 있거나 지향하는 바가 분명한 이들에게 책방은 확실히 해볼 만한 일이다.

"책방을 하기 전에는 어떤 일을 하셨나요?"

책방 대표를 만났을 때 두 번째로 묻는 질문이다. 책방을 열기 전까지 책방지기가 해온 일은 그 책방을 이해하는 중요한 키워드다. 책방지기의 주요 이력에서 대체로 책방의 색깔이 만들어지고, 앞으로의 방향도 조금은 짐작할 수 있다. 어떻게 책방을 시작했는지, 책방을 하기 전에는 어떤 일을 했는지에 대한 질문만으로도 책방의 많은 부분을 이해할 수 있다.

초창기 책방 대표들의 전직은 광고업계나 콘텐츠업 종사자, 편집자, 방송작가 등 매우 다양했다. 어쩌면 산업 전반에서 가장 책을 많이 읽을 법한 직군 출신들이 동네책방을 시작하는 건 아닐까 싶을 정도였다.

뮤지션 요조, 영화배우 박정민, 전 아나운서 김소영, 방송인 노홍

뮤지션 요조가 제주에서 운영했던
'책방무사' ©LEE

뮤지션 요조가 서울 신촌에 문을 연 '책방무사'.

신촌 '책방무사' 내부.

문재인 전 대통령의 책방으로 유명한 '평산책방'은 단순히 책만 팔지 않는다. 보통의 책방이 할 수 없는 일을 한다. 2025년에는 전국의 동네책방을 홍보하는 사업을 펼쳤다. 서울국제도서전과 부산국제아동도서전 등 북페어에 참여해 독자들의 관심을 모으는 역할을 마다하지 않는다. 지역 사회에 장학금을 수여하는 사업도 해오고 있다. 문재인 전 대통령이 책방을 시작한 이유가 시민들과 더불어 살기 위한 마음에 있음을 구체적으로 보여주고 있다.
©평산책방

2025년 4월 '평산책방'에서 이루어진 전국 동네책방 책방지기와의 만남.

2024년 7월 '평산책방'에서 이루어진 '찾아오는 평산책방'.

철 등 소위 말하는 '셀럽'도 있었다. 셀럽들이 책방을 시작하면서 생긴 긍정적인 면이 없지 않다. 우선 책방이 생각한 것처럼 궁상 맞고 돈도 못 버는 일이 아니라 내로라하는 셀럽이 본업을 접고 혹은 겸업으로 도전할 만큼 '힙'하다는 인상을 대중에게 각인시켰다. 이들은 동네책방의 화제성을 높이는 데 큰 역할을 했다. 평소에 책 한 권 읽지 않았다는 이들이 셀럽의 책방을 자발적으로 찾곤 했다. 이들 가운데 적은 숫자라도 책방문화를 접하고 독자로 나아가는 계기를 삼았다면 충분한 의미가 있다.

한 가지 바람을 보탠다면 이른바 셀럽들이 책방을 한때의 외유로 삼지 않고, 서점 생태계의 일원으로 참여하는 마음을 가졌으면 하는 것이다. 셀럽들의 책방은 보통의 책방에서는 기대할 수 없는 관심과 특별한 대우를 받는다. 팬들이 구름처럼 몰리고, 덩달아 책도 잘 팔린다. 얼핏 쉬워 보이지만 대부분의 책방에서는 꿈도 꾸지 못할 일이다. 좋은 일이지만, 책방 생태계를 교란하는 일이 될 수도 있다. 실제로 몇몇 동네책방 대표들은 종종 자괴감을 토로했다.

"책방이 잘 되는 길은 셀럽이 되는 길밖에 없나봐요."

이런 자조 섞인 말을 듣기도 했다. 개인 브랜딩을 요구받는 시대이니 누군가는 동네책방을 운영함으로써 자신의 이미지를 브랜딩할 수 있다. 그럴 수 있는 일이지만, 이왕 책방을 시작했다면 책방 생태계와 더불어 가겠다는 마음 정도는 오래 품고 가기를 바란다.[1]

문재인 전 대통령의 책방으로 유명한 '평산책방'은 개인이 운영하는 보통의 책방과 달리 문화계 인사로 구성한 '재단법인 평산책방'과 마을 주민이 참여하는 책방운영위원회가 운영을 맡는다. 아울러 '평산책방'에는 약 3,000여 명에 달하는 후원회원이 있다. 문재인 전 대통령을 좋아하는 이들의 지지에 힘입어 보통의 책방에 비해 찾는 사람들이 압도적으로 많을 수밖에 없다. 이런 '평산책방'은 단순히 책만 팔지 않는다. 보통의 책방이 할 수 없는 일을 한다. 2025년에는 전국의 동네책방을 홍보하는 사업을 펼쳤다. 서울국제도서전과 부산국제아동도서전 등 북페어에 참여해 독자들의 관심을 모으는 역할을 마다하지 않는다. 지역 사회에 장학금을 수여하는 사업도 해오고 있다. 문재인 전 대통령이 책방을 시작한 이유가 시민들과 더불어 살기 위한 마음에 있음을 구체적으로 보여주고 있다. '평산책방' 만큼은 아니어도, '평산책방'처럼 때로 우리가 잘 알고 있는 '누군가의 책방'이 대중들로부터 받은 사랑을 독자들과 더불어 나누는 터전이 되어도 좋지 않을까.

동네책방이 등장하고 폭발적으로 늘어나면서 화제를 쫓아가는 데 능숙한 미디어들도 이런 현상을 집중적으로 보도했다. 때마다 여름 휴가철에 가기 좋은 책방, 책방지기가 추천하는 올해의 책, 유명한 책방인들의 인터뷰가 끝없이 이어졌다. 마치 '바이러스에 감염'이라도 된 듯 동네책방은 유행이 되었다. 그렇게 뜨겁게 달아오르던 초창기로부터 몇 년이 지나자 책방을 시작하는 이들의 나이가 달라졌고, 책방을 여는 이유도 사뭇 달라졌다.

양육자와 함께
성장하는,
두 번째 직업으로
선택한

"도시에서 양육자가 아이와 마음 편히 함께 갈 수 있는 곳은 기껏해야 백화점 문화센터 정도밖에 없다. 양육자인 책방의 대표는 자신이 살고 있는 지역의 양육자들에게 "눈치 보지 않고 편하게" 언제든 찾아갈 수 있는 공간이 되어주고 싶었다."

책방이 많아지니 책방지기들이 쓴 책도 여럿 나왔다. 폐업 후 기록을 남긴 에세이도 있었고『커피 한 잔 값으로 독립서점 시작하기』처럼 책방 대표가 쓴 실용서도 나왔다. '잘익은언어들'의 이지선 대표가 쓴『책방뎐』처럼 책방을 운영하는 어려움을 웃음으로 승화한 독특한 관점의 책도 선보였다.

경기도 광주에서 '근근넝넝'을 운영하는 이혜미 대표가 쓴『엄마는 그림책을 좋아해』는 조금 다르다. 책방을 새로운 일터로 삼은 여성의 분투기이자 양육자가 책방을 운영하며 경력단절을 극복한 경험담을 생생하게 그렸다. 동네책방을 운영하는 주체가 그만큼 다양해졌다는 사실을 잘 보여주는 사례로 읽었다. 일하는 엄마로 산다는 건 한 치 앞을 내다볼 수 없는 외줄타기다. '근근넝넝'의 이혜미 대표는 책방지기 이전에 일하는 엄마였다. 아이를 친정에 맡기고 출근을 하려던 주말 아침, 모든 일이 일어났다.

"엄마, 가지마!"

아이가 울부짖었다. 그렇지 않아도 위태위태하던 워킹맘의 마음

경기도 광주 '근근넝넝'은 일하는 엄마가 경력 단절의 위기를 책방 창업으로 극복하리라 두 주먹 불끈 쥐고
이룩한 공간이다. 세 번의 이사를 거쳐 버티는 동안 아이는 자랐고 책방은 엄마의 평생의 일이 되었다. ©근근넝넝

이 삐거덕거렸다. "아이와 충분히 시간을 보내면서 일을 할 방법은 없을까"를 고민하다 책방을 떠올렸다. 경력 단절의 위기를 책방 창업으로 극복하리라 두 주먹을 불끈 쥐고 결심했다. 막연히 '언젠가 책방을 해볼까' 하던 꿈이 갑자기 앞당겨졌다. 그림책을 공부하고, 자영업 입문 스쿨과 서점 예비 창업자를 위한 경기서점 학교를 다녔다. 그리고 2019년 '근근녕녕'을 시작했다.

책방을 차린 뒤 아이는 어린이집이 끝나면 책방에 와 있다가 엄마와 나란히 퇴근했다. 엄마는 죄책감을 덜고 아이는 정서적으로 안정을 찾았다. 책방은 계속 일을 하고 싶은 여성에게 눈치 보지 않고 시간을 쓸 수 있는 드문 자영업 중 하나다. 물론 "몸은 아이 옆에 있지만, 정신은 계속 야근 중"일 때도 많고, 돈을 버는 것도 벌지 않는 것도 아닌 어중간한 생활도 이어졌다. 초기 2년여 동안에는 마이너스 통장에 의존해야 할 만큼 벌이가 시원치 않기도 했다. 하지만 세 번의 이사를 거쳐 버티는 동안 첫째는 무사히 초등학생이 되었고, 둘째도 태어나 자랐다. 이제 책방은 이혜미 대표에게 평생의 일이 되었다.

2024년 '그림책협회'가 만든 제5차 '그림책 책방 지도'를 기준으로 그림책방은 전국에 대략 50여 개가 있다. 전체 진열 도서 중 절반 이상을 그림책으로 진열하고 판매하는 책방을 대상으로 조사한 숫자다. 1990년대 중반 어린이책전문서점이 전성기를 이룬 시절이 있었다. 지금은 거의 사라지고 부산의 '책과아이들'이나 광명의 '동원어린이책방' 정도가 남았다. 2010년대 중반 이후 생겨난 그림책방은 이 명맥을 잇는다고도 볼 수 있다. 어린이책방이 아니라 그림책방이라고 명명한 것은 '그림책'이라는 장르를 주목했기 때문이다. 실제로 그림책을 꾸준히 읽는 독자들은 대중적이라기보다 자신만의 취향을 분명히 가진 편이고, 그림책방 대표들은 대개 지독한 그림책 덕후 출신이다. 대전 '넉점반그림책방'의 김영미 대표는 '어린이도서연구회'와 '똘배어린이문학회'에서 20년 가까이 어린이책을 읽고 공부했다. 오랜 덕력을 지녔고 『그림책이면 충분하다』를 쓰기도 했으니 김 대표가 그림책방을 시작한 것은 어쩌면 당연하다. 부산의 '티티새와나무'는 2021년 광안리 바닷가 근처에 있는 2층짜리 단독주택을 그림책방으로 바꾸며 시작했다. 강나영 대표가 머릿속에서 그리던 자신만의 놀이공간을 아기자기한 소품과 그림책으로 정성스레 꾸몄다. 강 대표 역시 그림책 공부를 하며 책방을 꿈꿨다. 책방과 육아를 병행할 수 있겠다 싶어서 용기를 낼 수 있었다.

　양육자로 행복하게 살기 위해 책방을 시작한 '근근넝넝'의 이혜미 대표는 "아이들에게는 즐거운 책 놀이터가 되고, 엄마들에게는 마음의 쉼터"를 책방 콘셉트로 잡았다. 도시에서 양육자가 아이와 마음 편히 함께 갈 수 있는 곳은 기껏해야 백화점 문화센터 정도밖에 없다. 이 대표는 자신이 살고 있는 지역의 양육자들에게 "눈치 보지 않고 편하게" 언제든 찾아갈 수 있는 공간이 되어주고 싶었다. '근근넝넝'은 경기 광주역에서 도보로 10분 거리에 있다. 동네책방 중에는 규모도 넓고, 무엇보다 그림책이 상당히 많다. 심지어 작가별 서가도 있다. 작은 책방에 가면 공간이 좁아 앉아 있기 미안할 때가 있는데 '근근넝넝'은 지역의 양육자와 어린이 들이 부담 없이 방문하고 편하게 머물 만했다. 이 정도면 그림책도서관이 부럽지 않을 정도였다.

대전 '넉점반그림책방' 안팎.

부산 '티티새와나무' 안팎.

구미에 '그림책산책'이 있다. 역시 그림책 전문 책방이다. 하정민 대표는 책방 '책봄'의 단골이었다. 책방에서 '그림책산책'이라는 책모임을 주도하며 활동했다. 어느 날 '책봄' 최현주 대표가 제안을 했다.

"정민 씨, 이 자리에서 책방 안 해볼래요?"

당시 하 대표는 아이 둘을 키우고 있었다. 둘째는 아직 어렸고, 일하겠다는 엄두도 못 내던 때였다. 고민 끝에 친정엄마의 지원을 받아 2018년 여름 '그림책산책'을 시작했다. 33제곱미터(약 10평)의 지하 공간에서 시작해 구미역 근처 금리단길 골목의 1층 상가로 이전해 지금껏 이어오고 있다.

양육자가 되면 가장 간절한 바람 중 하나가 혼자 있는 시간이다. '그림책산책'은 하 대표에게 무거운 짐을 모두 내려놓고 오롯이 자신에게 집중할 수 있는 작업실이자 책방이었다. 이곳에 오면 모든 돌봄의 의무에서 풀려나 고요하게 존재할 수 있었다. 책방지기의 바람은 무의식적으로 공간에 반영되게 마련이다. 하 대표가 지원사업으로 서점 컨설팅을 받았을 때의 일이다. 컨설팅 전문가가 책방에 들어오자마자 질문을 던졌다.

"여기는 서점이에요? 개인 작업실이에요?"

책방 역시 엄연한 자영업인데, 작업실이나 개인 스튜디오처럼 보

그림책전문책방인 구미 '그림책산책' 안팎.
단골로 다니던 책방 대표로부터 책방을
해보라는 제안을 받고 양육자이면서
일하는 엄마의 길을 선택한 공간이다.
맨 위의 사진은 초창기 때 모습이다.

여 독자 방문을 가로막고 있다는 뜻이었다. 지금은 내부 구조를 바꿔 입구에 카운터를 배치했다. 지나가는 사람이 "여기에도 책방이 있네!" 하고 궁금해 하며 방문하도록 내부 구조와 쇼윈도를 리모델링했다.

'꿈틀책방'의 이숙희 대표 역시 아이들이 어릴 때 책방을 시작했다. 책방은 오후 6시에 문을 닫았다. 초창기 책방을 방문했을 때 문 닫는 시간을 듣고 매우 놀랐다.

'6시에 문을 닫으면 대체 책은 언제 파나?'

이런 생각이 들었다. 책방 대표이기 이전에 양육자인 이 대표는 오후 6시에 퇴근을 해야 집에 돌아가 아이들을 챙길 수 있었다. 양육자가 운영하는 동네책방 영업시간은 들쑥날쑥할 때가 많다. 책방을 쉬엄쉬엄해서 그런 게 아니다. 양육자로 살면 갑자기 집으로, 학교로 뛰어가야 할 일이 부지기수다. 양육자가 운영하는 책방이 예고도 없이 쉰다면, 책방지기의 나태함 때문이 아니다. 거기에는 마음속으로 눈물을 흘리며 책방 문을 닫아야 하는 책방지기의 아픈 마음이 있다.

하정민 대표의 둘째는 1학년이 되면서부터 혼자 집에 갈 수 있게 되었다. 이 말은 곧 책방을 오후 4시까지 열 수 있게 되었다는 뜻이다. 그러기까지 7년여의 고군분투가 있었다. 하 대표는 그림책을 알리고 싶다는 마음에 지역에서 강의도 하고, '구미 그림책잔치' 같은 큰 축제의 기획자로 동분서주하기도 한다. 양육자가 책방을 하게 되면 첫째로 책방지기가 성장한다. 그러는 사이 어린이가 자라고, 책방도 단단해진다.

독자들도 그 시간을 조금만 더 여유롭게 지켜보며 응원해주면 좋겠다.

"초창기 동네책방은 대체로 젊은이들이 꾸린 젊은 공간으로 출발했다. 전통적인 서점과 다른 감수성을 지닌 책방을 젊은 세대들이 만들어간 것은 당연하고 자연스럽다. 시간이 흐르고 동네책방이 붐을 이루자 이런 흐름은 좀 달라졌다. 가장 눈에 띄는 현상은 중장년층의 진입이다."

초창기 동네책방은 대체로 젊은이들이 꾸린 젊은 공간으로 출발했다. 전통적인 서점과 다른 감수성을 지닌 책방을 젊은 세대들이 만들어간 것은 당연하고 자연스럽다. 적절한 비유일지 모르나 예를 들어 프랜차이즈 고깃집이라도 시작하려면 억대의 자본금과 직원이 필요하다. 책방은 그렇지 않다. 비교적 적은 자본으로도 시작해볼 만하다. 초창기 동네책방 대표들이 젊었던 데는 이런 배경도 있다. 책방 인테리어를 혼자 직접 한 이들도 여럿 있다. '책방연희'도 책방 인테리어를 혼자서 했다. 전주 한옥마을 인근에 있는 '서점카프카'는 문을 열기 전 6개월 동안 혼자 내부 공사를 했다. '소심한책방'도 돈이 없어 직접 인테리어를 하느라 문을 열기까지 10개월이 걸렸다. 지금은 문을 닫은 김포 '책방노랑'도 이케아에서 구매한 인테리어 제품을 조립해 직접 책방을 꾸몄다. 가장 큰 인테리어가 책장이요, 책이니 가능한 일이었다.

시간이 흐르고 동네책방이 붐을 이루자 이런 흐름은 좀 달라졌다. 가장 눈에 띄는 현상은 중장년층의 진입이다.

'은퇴 후 무엇을 할 것인가. 뒷방으로 물러나 앉기에는 아직 젊고 이왕이면 의미 있는 일을 하며 인생 후반기를 맞고 싶다. 은퇴 후 자영업이란 위험부담이 큰일이지만 책을 좋아한다면 책방이라면 다르지 않을까. 큰 욕심 내지 않고 해볼 수 있겠다.'

이런 마음이 책방 창업으로 이끈다. 중장년층이 모두 그런 건 아니지만, 자녀가 성장하고 경제적으로 여유가 있다면 동네책방은 생각해 볼 만하다.

서점을 운영해서 한 가정을 책임질 만큼 경제적 이익을 얻기는 참으로 어렵다. 30~40대가 책방 창업을 한다 해도 오래가기 힘든 이유다. '51페이지'를 운영했던 김종원 대표는 10여 년 동안 경제 경영, 자기 계발 분야의 온·오프라인 콘텐츠 비즈니스 기획을 담당했다. 그는 회사의 눈치를 보지 않고 자기 마음대로 콘텐츠 비즈니스를 실험해보고 싶어서 책방을 시작했다. 출판평론가 장은수와 함께 기획했던 '동네책방×쏜살문고 에디션'은 그의 장기가 잘 발휘된 기획이었다. 하지만 얼마 지나지 않아 책방을 접었다. 지금은 '롱블랙'Long Black이라는 지식 구독서비스의 부대표로 일하며, 서비스 기획·마케팅·비즈니스 전반을 담당한다. 언뜻 서로 관련 없어 보이지만 콘텐츠 비즈니스를 훈련하고 실험하는 장으로서 동네책방의 의의를 엿볼 수 있는 대목이다. 그렇다고 해도 책방이 젊은 층에게 미래가 불투명한 업종이라는 본질은 바뀌지 않는다. 게다가 책방을 하는 동안 결혼과 출산의 과정을 거치게 되

면 더욱 더 지속하기 어렵다.[2]

이에 비해 자녀 양육이나 주택 마련 등 생의 주기 부담에서 비교적 자유로운 중장년층은 사정이 조금 다르다. 책방을 운영하는 데 가장 적합한 사람은 연금 생활자라는 말이 있다. 예를 들어 연금으로 노후 대책을 마련한 전직 교사와 공무원이라면 책방은 해볼 만한 일이다. 전주 한옥마을 근처 전라감영 앞에 '책보'가 있다. 주택을 개조해 커다란 창으로 마당이 보이는 편안한 분위기의 책방이다. 책을 구매하면 책방 이름 그대로 보자기에 책을 포장해 준다. 백선옥 대표는 전직 교사였다. 말로만 듣던 연금 생활자 책방지기다.

법원이 있는 서울 서초동에도 은퇴를 염두에 둔 헌책방이 있다. 김관기 변호사가 은퇴 후에 본업과 다른 일을 해보자 마음먹고 시작한 '서초동 그책방'이다. "지속 가능한 적자"에도 책방이 살아남을 수 있는 방법을 궁리하다가 월세와 인건비가 들지 않는 책방을 만들었다. 지하 공간을 활용했고, 헌책을 다루는 데다 큐레이션은 고사하고 분류 없이 서가에 책을 꽂아둔다. 인력과 비용을 줄이는 방법이자 독자가 책을 찾는 재미를 극대화하는 방법을 선택했다.[3]

편집 경력 40여 년 차인 조은희 대표는 은퇴를 해도 책 곁에 있기 위해 책방을 꿈꾸었다. 이미 10여 년 전부터 기회가 닿는 대로 세계 여러 서점을 돌아보며 준비했다. 은퇴는 미뤄졌지만, 2019년 성산동에서 '조은이책'을 시작했다. 오래도록 모아온 그림책 캐릭터들도 전시할 수 있는, 편집인의 인생 2막 준비로 더할 나위 없는 선택이었다.

서울 종로 '북살롱 오티움'은 음악을 좋아하는 남편과 책을 사랑하

'조은이책' 안팎.
©조은이책

당진 '그림책꽃밭'
내부.

는 아내가 의기투합해 만들어낸 책방이다. 방송과 언론 그리고 공직에서 치열하게 일했던 부부는 각각 현직에서 물러날 수밖에 없는 상황을 맞았다. 은퇴 후 새로운 직업으로 책방을 선택했다. 책방의 콘셉트는 역시나 이력에서 나왔다. 남편 박성제 대표는 해직 기자 시절, 직접 스피커를 만들어 사업에 나섰던 전력이 있다. '북살롱 오티움'은 자연스럽게 '하이엔드 오디오 시스템 쿠르베'를 갖춘 음악살롱이자 술을 파는 북살롱이 되었다. 기자 출신 아내 정혜승 대표는 책방 문을 열기 전 독서모임과 서평가로 활발하게 활동했고, 서촌의 한 책방에서 1년 동안 아르바이트를 하며 경험을 다졌다. 2024년 봄 문을 연 책방에서는 술과 간단한 식사, 커피가 가능하며 클래식 감상회를 정기적으로 열고, 공간 임대도 한다. '오티움'은 '영혼에 기쁨을 주는 능동적 여가 활동'이란 뜻으로 은퇴 후 책방을 꿈꾸는 이들의 로망을 모두 담은 곳이다.

당진 송악산 가까운 시골 마을에 '그림책꽃밭'을 연 김미자 대표도 은퇴 후에 책방을 선택했다. 여기에도 사연이 있다. 항암 치료에 넌더리가 나던 어느 날 김 대표는 결심했다.

"시골에 가서 살아야겠다."

작은도서관 관장 경험도 있고 지금까지 그림책에 미친 세월이 오래되었으니 시골과 그림책을 엮기로 했다. 남편이 퇴직하자 서울 집을 판 돈으로 땅을 사서 198제곱미터(약 60평)짜리 단독주택을 지었다. 132제곱미터(약 40평)는 책방으로, 66제곱미터(약 20평)는 살림집으로 계획하고 정원도 만들었다. 김 대표의 이력을 모른다 해도 '그림책꽃밭'에 들어선 순간 예사롭지 않음을, 이곳에 한 사람의 일생이 담겨 있음을 느끼게 된다.

시골에서 책방을 하니 "노동하다 힘들면 책 보고, 책 보다 졸리면 밖에 나가 다시 호미질" 하는 단순한 삶을 살 수 있었다. 물론 "시골에 산다는 것, 정원을 가진다는 것은 끝나지 않는 노동을 뜻한다." 하지만 책방은 좋아하는 일을 하며 삶을 가꾸기에 좋은 노년의 공간임은 분명하다.

서드 에이지Third Age라는 말이 있다. 사회적 책임에서 벗어나 삶의 의미를 찾아가는 인생 3막을 뜻한다. 김 대표처럼 뒤늦게 책방을 시작하는 이들은 은퇴를 끝이 아닌 새로운 시작으로 삼는다. 은퇴 후 도시를 떠나 지역으로, 산으로, 바닷가로 찾아간 책방의 시작은 백창화 대표로부터 찾아야 한다. 백 대표는 2014년 괴산에서 '숲속작은책방'을 시작했다. 책방이 자리한 미루마을은 괴산읍에서 차로 15분 거리에 있는 마을로 60여 가구가 살고 있다. 산막이 옛길 인근에 위치한 자연과 어우러진 곳이다. 흔히 말하는 귀농귀촌을 위해 만들어진 전원 마을이다. 이곳에 백 대표가 자리를 잡게 된 사연이 있다.

백 대표는 2000년대 초반부터 일산과 성미산에서 '숲속작은도서관'이라는 이름으로 사립도서관을 운영했다. 도서관 환경이 열악하던 시기였다. 10여 년 동안 도서관 활동을 하고 보니 기적의 도서관은 물론이고 공공도서관과 어린이도서관이 많이 생겼다. 사립도서관의 필요성도 예전보다 적어졌고 백 대표의 자녀도 자랐다. 그렇다면 지역에서 책문화활동을 하면서 노후를 보내면 어떨까 싶었다. 괴산 미루마을로 내려와 한국 최초의 가정식 서점인 '숲속작은책방'을 만들었다. 서점이라는 상업공간에서 자연과 책을 연결한다는 생각, 책을 배경으로 아이들이 뛰어노는 공간, 휴식이 필요한 이들을 위한 북스테이 같은 개념은 '숲속작은책방'을 통해 구체화되었고, 이를 따르는 책방들이 하나둘 선보였다.

강화도로 귀촌한 김현숙 대표가 책방 '국자와주걱'을 열게 된 건 백창화 대표의 영향이 크다. 농가의 공간을 내어 책방을 열고, 제철 밥상을 차려주는 북스테이도 한다. 책방은 마치 외할머니 집에 온 것 같은 소박하고 아늑한 공간이며, 주인이 없어도 손님이 책을 보고 사고 싶으면 스스로 결제를 한다. 백창화 대표가 시작한 책여행자를 위한 문화공간 개념은 2016년 전국 북스테이 운영자들이 모인 '북스테이 네트워크' 결성으로 이어졌다. 이 네트워크에 '봄날의책방'을 운영하는 정은영 대표와 김현숙 대표가 참여했다. 백창화, 김현숙 그리고 정은영 대표의 인연은 2025년 제주에 세 사람이 함께 꾸린 팝업서점 '일년서가'를 낳는다.

짐작은 했으나 숲속 책방을 운영하는 일이 고되다는 사실을 일러준 곳은 원주 '터득골북숍'이다. 출판기획자 나무선 대표와 동화작가 이효담 부부는 원주 흥업면 산속에 집을 짓고 살다가 2016년 '터득골북숍'을 시작했다. 사람 드문 산길을 올라가면 옛이야기 속에 나올 듯한 외딴집이 나타난다. 책방의 테라스 공간에 앉으면 깊은 산속에 들어앉은 느낌이 든다. 창밖으로 치악산에서 백운산으로 미륵산으로 뻗어가

"백화만발!
로컬의 꽃 동네서점!"

사람 드문 산길을 올라가면 옛이야기 속에 나올 듯한 외딴집이 나타난다.
원주 '터득골북숍'이다. 자연을 코앞에서 만날 수 있는 둘도 없는 책방이다. ©터득골북숍

숲속 책방 '터득골북숍' 내부. 책방의 테라스 공간에 앉으면 깊은 산속에 들어앉은 느낌이 든다.
창밖으로 치악산에서 백운산으로 미륵산으로 뻗어가는 능선이 아득히 펼쳐진다.

는 능선이 아득히 펼쳐진다. 자연을 코앞에서 만날 수 있는 둘도 없는 책방이지만 찾아오기 쉽지 않은 입지라면 고민은 깊어진다.

'터득골북숍'은 책방과 더불어 숲속 카페를 선택했다. 브런치 메뉴도 서비스한다. 실제로 이곳을 책방이라기보다는 풍경 좋은 숲속 카페로 여기고 찾는 이들이 많다. 책방을 찾아간 날, 10년 가까이 책방의 부엌을 책임져온 이효담 대표는 브런치 카페 운영의 고단함을 토로했다. 그럼에도 두 사람은 책방 운영을 위해 바람의 소리를 음악적으로 조율해 만든 미국 브랜드 풍경 우드스탁 윈드차임Woodstock Wind Chimes 유통업과 독채 북스테이 운영까지 한다. 여기에 더해 장차 이곳이 '터득골삶디자인학교'가 되기를 꿈꾼다. 책방은 책방지기의 인생을 바꿀 뿐 아니라 나아가 독자의 삶을 변화시키는 전초기지 역할을 할 수 있기 때문이다.

은퇴 후 책방이라고 쓰긴 했지만, 이런 경우가 아니어도 책방은 누가 하느냐, 무엇을 담느냐에 따라 얼마든 달라진다. 점점 더 다양한 이들이 책방을 시작하면서 과거 우리가 알던 서점의 정의 혹은 경계 또한 무의미해지고 있다.

자가책방에서
시작해
지역문화의
전초 기치로

"공간을 임대해 책방을 시작한 이들이 자가책방을 꿈꾸고 실행하기 시작했다. 책방을 지속하고 싶어도 임대료가 인상되면 이사를 가거나 문을 닫아야 했다. 책방지기들은 차라리 직접 집을 짓는 쪽이 책방을 오래 할 수 있는 길이라고 판단했다."

책방지기가 하나에서 열까지 직접 구상하고 만들어가는 작은 책방에는 필연적으로 삶을 바라보는 태도가 오롯이 담긴다. 책방 인생 이전에 살아왔던 삶의 이력과 취미, 도시를 좋아하는지 자연을 좋아하는지에 따라 서점의 장소도 달라진다. 공통점은 있다. 나중에 해보리라 꿈꾸었던 로망, 치열한 시절을 건너와 다른 삶을 만들어가겠다는 마음이다. 이런 마음에 또 하나의 바람이 더해진 형태가 자가책방이다.

　도시재생의 길을 걸어 골목 상권이 살아난 곳들이 있다. 이런 골목들이 되살아났으나 결국 어떤 막다른 길에 다다랐는지 우리는 알고 있다. 서울 신사동 가로수길, 이태원 경리단길, 홍대앞, 상수동, 연남동 등이 얼핏 떠오른다. 이들 골목마다 한동안 작은 가게와 예술가 들이 자리를 잡았고, 그 덕분에 동네가 살아나고 명소가 되었다. 그러자 임대료가 치솟고, 높은 임대료를 감당하지 못한, 골목길의 활성화를 견인했던 이들은 골목을 떠난다. 젠트리피케이션Gentrification이다. 동네책방 대표들도 너나 할 것 없이 비슷한 일을 겪는다. 한두 번 임대계약을 갱신하다보면 "운영자가 부동산을 소유하지 않으면 상승한 지역의 가치가 돌아오지 않고 지속 가능한 운영을 위해서는 결국 운영하는 사람 혹은 이용하는 사람이 부동산을 가지고 있어야 한다"는 사실을 직간접적으

로 배우게 된다.[4]

　2012년 김준태 대표는 대전 원도심에 카페와 여행서점을 겸한 '도시여행자'를 시작했다. '도시여행자'는 2018년 건물주에게 퇴거 통보를 받는다. 대전 원도심의 상권이 살아나면서 젠트리피케이션 현상이 일어난 것이다. '도시여행자'는 2019년 '다다르다'라는 이름으로 다시 태어났다. 독립서점의 원조로 여겨지는 '유어마인드'가 홍대를 떠난 이유도 건물주가 리모델링을 이유로 비워달라고 요구했기 때문이다. 이후 2017년 연희동에 자리를 잡았으나 같은 이유로 2026년 2월 영업을 종료했다. 준비기간을 거쳐 2026년 4월 연희초등학교 인근에서 다시 문을 열었다.

　2019년 제주에 내려와 공간을 임대해 '풀무질'을 시작할 때만 해도 은종복 대표는 자가책방을 시작할 생각이 없었다. 하지만 "건물 주인이 2년 계약 기간이 만료되기도 전에 임대료를 두 배나 올려달라고" 했다. "서울에서도 임대료 내며 책방을 하다 망해서 제주로 왔는데 또 그리될까 두려워 빚을 내서라도" 자가에서 책방을 해야겠다고 결심했다.[5] 책방에서 임대료의 비중은 크다. 책방을 지속하고 싶어도 임대료가 인상되면 이사를 가거나 문을 닫아야 했다. 책방을 할 수 있는 안정적 기반은 절실했고 서울이야 엄두도 낼 수 없지만 지역에서라면 자가책방을 마련할 수 있는 길이 보였다. 제주에서, 춘천에서, 대전에서, 순천에서 이런 시도를 한 책방들이 생겨났다. 초창기에는 괴산 '숲속작은책방', 강화 '국자와주걱', 통영 '봄날의책방', 속초 '완벽한날들', 순천 '책방심다'처럼 삶의 터전을 아예 바꾼 이들이 지역에서 오래된 집을 매입해 책방

자신의 건물을 지어 책방을
꾸린 전주 '잘익은언어들' 안팎.

으로 바꾸었다. 그러다 아예 자가책방을 목표로 집이나 건물을 짓는 이들이 생겨났다.

　　　　'이럴 일이 아니라 건물을 지어 책방을 하자. 매달 꼬박꼬박 임대료를 내지 말고 융자를 얻어 임대료 대신 이자를 내자!'

　　몇몇 책방지기들은 이렇게 하는 쪽이 책방을 오래 할 수 있는 길이라고 판단했다. 전주 '잘익은언어들', 춘천 '바라타리아', 대전 '버찌책방', 제주 '보배책방'·'풀무질'·'어떤바람', 안양 '뜻밖의여행' 등이 모두 집을 매입해 대수선을 하거나 땅을 사서 책방 건물을 지었다.

　　2010년대 중반 무렵, 제주 이주 열풍이 불어 연간 1만 명 이상의 육지인들이 대거 제주로 거처를 옮겼다. 하지만 할 일은 필요했다. 이들은 카페, 빵집, 레스토랑 등을 운영하며 제주의 풍경을 바꾸어갔다. 그중 하나가 책방이다.

　　서울에서 20년 넘게 출판사 편집자 생활을 하던 정보배 대표도 이 무렵 제주로 이주했다. 서울 말고 사람답게 살 수 있는 곳, 아이가 행복하게 자랄 수 있는 곳에서 살고 싶다는 소망 때문이었다. 이주 2년 차에 한시적으로 공간을 무료로 빌려주겠다는 제안을 받고 더럭초등학교 근처에서 2019년 '보배책방' 시즌1을 시작했다. 그뒤 장전리 지인의 티룸에서 꾸린 '보배책방' 시즌2를 거쳐 2022년 애월 납읍리에 집과 책방을 지었다. 이렇게 해서 더 이상 유랑이 필요 없는 '보배책방'이 태어났다.

　　집을 짓는 일은 '나는 어떻게 살고 싶은가'를 근원부터 생각하게 한

'보배책방' 시즌1. ©LEE

'보배책방' 시즌2. ©보배책방

'보배책방'은 2019년 제주 애월
더럭초등학교 근처에서 시즌1을
시작했다가 장전리 지인의 티룸에서
꾸린 시즌2를 거쳐 2022년
애월 납읍리에 집과 책방을 지어
시즌3으로 안착했다.

'보배책방' 시즌3. ©보배책방

"책과 사람을 잇는 영혼의
해방처, 작은 책방은
지속될 거라 믿습니다."

대전 우산봉 아래 자리를 잡은 '버찌책방'은 공간을 완성하는 동안
왜 책으로 사람을 만나고 싶은지, 왜 책을 팔고 싶은지를 끊임없이 되묻는 질문의 시간을 가지며
오래오래 하고 싶다는 마음을 거듭 확인했다고 했다. ⓒ버찌책방

다. 더구나 집을 지어 책방을 하겠다면 더 많은 질문이 따라올 수밖에 없다. 몸은 고되고 마음고생은 더 심한 집 짓기를 하면서 서점을 하는 이유는 무엇인지, 자신이 꿈꾸는 책방은 어떤 모습이어야 하는지를 정리해야 집을 지을 수 있다.

대전 '버찌책방' 조예은 대표는 우산봉 아래 주거를 겸한 건물을 짓고 '버찌책방' 시즌2를 시작했다. 그는 자신이 쓴 책『버찌책방은 다 계획이 있지』에서 비슷한 말을 했다. 건물을 짓는 시간 동안 "왜 내가 책으로 사람들을 만나고 싶은지, 왜 책을 팔고 싶은지를 끊임없이 되묻는 질문의 시간"이었고 "오래오래 하고 싶다"는 마음을 거듭 확인했다고 말이다.

2018년 제주로 이주한 김세희·이용관 부부는 산방산 사계리 마을에 있는 제주 민가를 매입해서 안거리는 주택으로 수선해 살고, 밖거리를 책방 '어떤바람'으로 운영한다. 부부는 제주에 한달살이를 하러 왔다가 아예 이주를 결심하고, 어떤 일을 할까 궁리하다 책방을 선택했다. '어떤바람'이 꿈꾸는 책방은 "남녀노소 그리고 동물까지, 이 땅의 어떤 생명체든 쉼을 얻어 가는 공간"[6]이다. '어떤바람'에 들렀다가 집 마당을 잠시 구경할 기회가 있었다. 다양한 수종의 나무와 동물이 함께 어울려 사는 이들의 터전을 보고 나니 부부가 책방을 통해 꿈꿨다는, 모두가 함께 쉬는 공간이라는 말뜻을 이해할 수 있었다. 이렇듯 자가책방이란 단지 건물을 지어 책방을 운영하는 것이라기보다 책방지기의 삶 그 자체다.

"책방을 지속할 마음이 있어야 자가책방을 할 수 있다. 자가책방 대표들은 값비싼 투자를 하면서까지 책방을 하겠다는 마음이 얼마나 확고한지 거듭 확인해야 한다고 충고한다. 그렇게 어렵게 자리를 잡은 자가책방은 다시 지역의 문화기지가 되는 선순환을 만들어낸다."

자가책방을 시작한 책방지기에게는 크고 작은 '변화'가 생긴다. 시작은 책 때문에 혹은 자신의 소망 때문에 책방을 열었지만 지역에 뿌리를 내리고 머물다보면 동네를 발견할 수밖에 없다. 책방 주인은 주위의 도움을 받아야 지역에서 살 수 있다. 나아가 점차 마을에 도움을 주는 사람으로 변화한다. 제주 종달리 '소심한책방'은 종종 동네 어르신들의 자잘한 부탁이나 민원을 해결한다. 동네 삼촌이 오랜 시간 쓰고 간직했던 시를 모아 책을 만들기도 하고, 가까운 종달초등학교의 협력서점으로도 활약한다.

책방이 동네를 담은 기적은 제주 서귀포시 표선면 세화리 '북살롱이마고'에서 찾아볼 수 있다. 서울에서 '이마고' 출판사를 운영하던 김채수 대표는 누적된 피로로 건강이 악화되자 2014년 제주 이주를 단행했다. 집을 지었고, 결국 책방을 열었다. 제주에서 인문예술서를 판매하고 카페와 북스테이를 겸하는 책방지기로 살 생각이었다. 그런데 뜻밖에 다른 길로 이어졌다. 제주 제2공항 개발 계획 발표 이후 2010년대 중반부터 제주 개발이 본격적으로 시작되었다. 제주의 풍경이 사라지는 걸 안타깝게 여긴 김 대표는 기록을 시작했다. 표선면에 사는 동네 사람들을 사진으로 찍고 마을을 기록한 『제주, 마을의 기억과 풍경』,

제주에 한달살이를 하러 왔다가 이주를 결심하고 산방산 사계리 마을의 민가를 매입해
책방을 꾸린 '어떤바람'은 남녀노소 그리고 동물까지, 이 땅의 어떤 생명체든 쉼을 얻어
가는 공간을 꿈꾼다. ⓒ어떤바람

"책방 있는 마을 위해
걷는 우리, 힘내요!"

제주 '북살롱이마고' 초창기 모습. ©LEE

제주의 지역 문화를 발굴하고 기록하고 전시하는 비영리단체 제주아카이브센터로 확장된 '북살롱이마고'.
건물 앞 나무의 성장이 이 공간에 쌓인 시간을 보여주는 듯하다.

세화리 어르신 열 명을 인터뷰해서 글로 풀어낸 『나의 이야기』 시리즈 등을 펴냈다. '북살롱이마고'는 "제주의 지역 문화를 발굴하여 기록하고 전시하는 비영리단체 제주아카이브센터"로 확장되었다. 김채수 대표는 원래 기획자이자 편집자이며 또한 뛰어난 디자이너였다. 김 대표는 자신이 갈고 닦은 인생 전반기의 역량을 제주를 기록하고 제주를 브랜딩하는 일로 새롭게 꽃피우고 있다. 이곳을 삶의 터전으로 삼은 이가 아니라면 하지 못할 일이다.[7]

경기도 안양시 동안구 호계동에는 2022년 문을 연 '뜻밖의여행'이 있다. 호계동은 인근 평촌 신도시가 생기기 전까지 도시의 중심지 역할을 했다. 신도시가 생겨나면서 오래된 골목길과 낡은 집들만 남은 원도심으로 방치되었다. 이 동네에서 오래 살아온 이은형 대표가 아이를 낳아 기르다보니 살고 있는 동네가 다시 보이기 시작했다. 큰길 건너 평촌과 달리 이곳에는 아이들과 마땅히 갈 곳도 없었다. 서울과 가깝다보니 주민들은 도리어 안양에서 잠만 자고 이른바 문화생활은 서울이나 수원 혹은 군포에서 누렸다.[8] 이 대표는 양육자로 사는 동안 집 근처에서 문화적 자원을 찾다 안양의 현실에 눈떴다. 지인들은 이런 이유로 하나둘 길 건너 평촌으로 이사를 가버렸다. 그는 이사 대신 동네 작은 공원 앞 오래된 집을 사서 리뉴얼했다. 1층은 서점으로, 위층은 주택으로 사용한다. 환금성 높은 아파트 대신 자가책방을 선택한 이 대표는 책방에서 안양을 재조명하려고 노력한다. 지역 예술가와 만나 예술 공간을 살피고, 직접 창작에 참여해 보는 '안양, 숨은 예술 찾기' 프로그램을 기획했고, '기형도 시인의 흔적 따라 걷기' 등 안양 원도심을 다른 시

"책방에서 시작되는 작은 연결의 힘을 믿어요!"
뜻밖의 여행
Books & Local Culture
Buy book Buy local
책과 커피, 일상예술
화~금 11시~7시
토~일 10시~5시
월   쉼

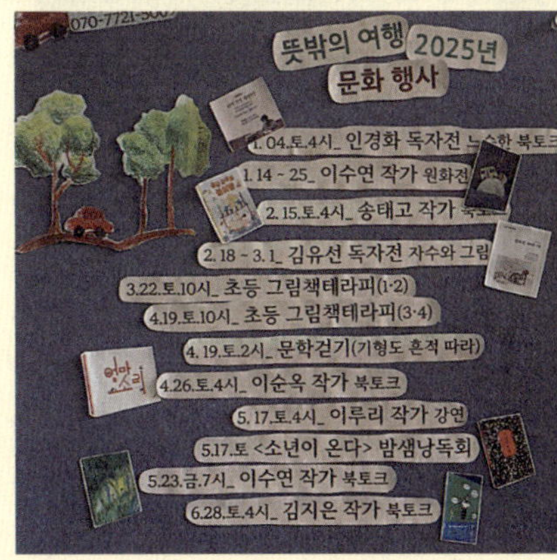

안양시 호계동 '뜻밖의여행'은 동네에서 오래 살던 사람이 환금성 높은 아파트 대신 선택한 삶의 터전이다. 오래도록 책방을 하며 지역과 만나겠다는 결심으로 시작한 이 책방은 지역의 문화기지가 되는 선순환을 만들어내고 있다.
ⓒ뜻밖의여행

각에서 탐방하는 행사를 지역 단체와 협력해 만들었다. 1980년대 후반 한국 현대시에 강렬한 흔적을 남기고 1991년 서른한 살의 젊은 나이에 세상을 떠난 기형도 시인은 1980년대 안양에서 방위병으로 복무하던 시절 지역 문인들과 교류했다. 이 대표는 여기에 착안해 안양작가회의, 광명 기형도 문학관, 기형도 시인학교 등과 협력해 다양한 프로그램을 만들었다. 안양에 사는 사람조차 이곳을 서울로 출퇴근하기 편한 곳, 잠시 머물다 떠날 곳으로 여겼다. 그러나 '뜻밖의여행'은 떠나는 대신 이곳에 머물기로 하고 자가책방을 선택했다. 안양에 터를 잡고 오래도록 책방을 하며 지역과 만나겠다는 결심이다. 책방을 지속할 마음이 있어야 자가책방을 할 수 있다. 그렇게 자리를 잡은 자가책방은 다시 지역의 문화기지가 되는 선순환을 만들어낸다.

그렇다고 모든 게 순조로울 리가 없다. 자가책방은 서점을 오래 하겠다는 마음으로 시작한다. 마음만 먹는다고 저절로 되는 일이 아니다. 언제나 돈이 문제다. 집 지으면 10년 늙는다는 말이 있다. 자가책방을 짓기로 마음먹으면 고생이 시작된다. '버찌책방'은 공사를 시작하자 러시아-우크라이나 전쟁이 터졌다. 원래 예상보다 자재값은 두 배로 높아졌고, 공사 기간도 곱절이 더 걸렸다. '보배책방' 정보배 대표는 이렇게 되물었다.

"빚 안 내고 책방 건물을 지은 사람이 있을까요?"

여기서 다시 어려움이 발생한다. 빚을 내서 건물을 지었는데 임대를 하지 않고 자신이 책방을 하면 큰 부담이 따른다. 특히 외부 변수에 따라 금리가 오르기라도 하면 이자 부담이 확 커진다. 간단히 말해 융자를 얻어 건물을 짓고 이자를 내는 상황에서 돈이 안 되는 책방을 하는 일 자체가 자본주의 논리에 맞지 않는다. 차라리 임대료를 받아 이자 부담을 줄이고, 자신은 다른 일을 하는 편이 실리적이다. 그럼에도 불구하고 수익성 낮은 책방을 계속 하려고 보니 힘겹다.

자가책방 대표들은 집을 짓는 것도 엄연한 투자이기 때문에 그런 값비싼 투자를 하면서까지 책방을 하겠다는 스스로의 마음이 얼마나 확고한지를 거듭 확인해야 한다고 충고한다. 은종복 대표는 서울 성균관대학교 앞에서 책방 '풀무질'을 26년 동안 운영하다 제주로 내려왔다. 처음에는 임대를 해서 책방을 열었다가 구좌읍 세화리에 땅을 매입하고 자가책방을 짓기로 결심했다. 서울에서 평생 해오던 책방을 접고 제주로 내려온 책방지기가 자본이 넉넉할 리 없다. 당연히 은행 융자를 얻어 땅을 사고 집을 지었다. 그러나 자가책방을 시작한 시점에 팬데믹이 끝나며 제주 특수가 막을 내렸다. 동시에 러시아-우크라이나 전쟁으로 금리는 다락같이 올랐다. 자가책방을 운영하며 은행 이자를 내기 어려운 지경에 이르렀다. 자가책방을 팔기도 어려워지자 결국 전세로 임대를 주었다. 이후 '풀무질'은 여러 곳으로 옮기다 2025년부터 세화 읍내에 자리를 잡고 영업을 하고 있다. 아들과 함께 책방을 시작하기로 했다. 우여곡절을 겪었지만 동네책방에서는 보기 드물게 대를 이어 운영하는 '풀무질'로 재탄생했다. 그만큼 자가책방이 쉽지 않다는 걸 보여주는 사례이기도 하다.

서울에서 책방을 운영하던 서점원이 제주로 내려가 같은 이름으로 시작한 제주 '풀무질' 두 번째 공간.
지금은 장소를 옮겨 대를 이어 운영하는 책방으로 재탄생했다. ©LEE

이런 사정은 아랑곳하지 않고, 건물을 짓고 나면 책방지기가 책방을 찾은 손님으로부터 하루에 한 번씩 듣는 질문이 있다.

"부모님이 땅 부자인가 봐요?"

"땅값 많이 올랐겠는데요? 여기는 평당 얼마예요?"

다짜고짜 무례하게 묻는 일을 감내해야 한다. 서울 홍대입구역 부근 철길 옆 협소 건물을 임대해 쓰는 '서점리스본'의 정현주 대표도 비슷한 이야기를 들려주었다. '서점리스본'은 건물 1층은 책방으로, 2층은 생일책 전시와 독서공간으로 사용한다. 협소한 공간이지만 건물을 모두 서점으로 사용하는 터라 하루에도 몇 번씩 "건물주세요?" 하는 질문을 받는다. '다다르다' 역시 1층은 기획 전시공간이자 대기 공간으로, 2층은 서점으로 사용한다. 역시나 "건물주냐?" 혹은 인근에 있는 대전의 상징 "성심당과 친인척 관계냐?"는 질문을 수시로 받는다.

이런 물음의 속내에는 얼마나 돈이 많길래 건물을 짓고 유유자적 돈 안 되는 책방을 하느냐는 뜻이 들어 있다. 확언하자면 돈이 있는 사람은 책방을 못한다. 아니 안 한다. 그동안 만나온 대부분의 자가책방 대표들은 책방의 지속을 위해 건물을 지어놓은 뒤 이자 부담으로 고생고생을 했고, 하고 있다. 하루에도 몇 번씩 "이렇게는 도저히 안 되겠다" 싶은 절망을 견디고 어떻게든 방법을 찾기 위한 궁리를 거듭한다. 그 사이에서 작은 돌파구라도 찾기 위해 전전긍긍하며 어느덧 오늘에 이르렀다. 자가책방의 등장도, 책방의 진화도 계산기로는 도저히 답이 나

'서점리스본'. 서울 홍대입구역 부근 철길 옆 협소 건물 1층은 책방으로, 2층은 생일책 전시와 독서공간으로 사용한다.

오지 않는, 책방으로 생존을 장담하기 어려운 시대에 어떻게든 책방을

지속시키려고 애쓰다보니 만들어진 결과인 셈이다.

로망은 사라지고,
현실에 눈 뜬 이후

"로망으로 책방을 시작한 이들은 우아하면서도, 고요하고, 느긋하게 일을 할 수 있다고 여긴다. 다 틀린 말은 아니다. 책방을 찾는 독자들은 자신이 가진 여러 얼굴 중 가장 지적이고 아름다운 표정을 보여주게 마련이다. 그럼에도 책방이 자영업이라는 사실은 변하지 않는다."

"책방을 하고 싶은데 어떻게 생각하세요?"

이렇게 묻는 이들에게 건네는 답은 언제나 같다.

"책방은 일이 많아요. 무엇보다 책 박스를 들고 나르는 육체노동이라 힘이 듭니다."

취미 삼아 할 일이 아니라는 뜻이다. 십중팔구 "서점이 뭐가 힘들어요?"라는 반문으로 이어진다. 책이 잘 안 팔리고, 책방을 해서 돈을 벌지 못한다는 사실은 누구나 안다. 그러나 서점 일이 육체노동이라는 생각은 미처 하지 않는다. 서점업에 관한 대표적 착시 중 하나다. 충주 '책이있는글터' 이연호 대표는 이렇게 설명한다. [9]

"661~991제곱미터(약 200~300평) 정도의 중소형 매장이라 해도 10만 종 안팎의 도서를 진열 판매한다. 매일 100여 종 안팎의 도서가 새로 입고되고 반품량도 그에 못지않다. 진열 중인 책도 여러 번 자리를 옮긴다. 대략 한두 달 정도 신간 코너에 진열하고 나면, 벽면 서가나 다른 이벤트 코너로 자리를 옮기게 된다."

비록 규모가 작은 동네책방에서 이 정도로 많은 책을 소화하지는 않더라도 서점을 한다는 건 끝없이 무거운 책을 들고 나르고 옮기고 빼고 다시 꽂는 일이 일상이 된다는 뜻이다. 그러니 어쩔 수 없이 노동량이 상당히 많다.

제주 '보배책방'에서 책방지기로 일주일을 지냈다. 파트타임으로 일하는 이지연 서점원과 돌아가며 책방을 지켰다. '보배책방'에 독자로 왔다가 우연히 일하게 되었다는 그는 이런 말을 했다.

"책방에서 일하면 책 읽을 시간이 있을 줄 알았어요."

책방에서 일해본 사람은 이 말이 무슨 뜻인지 안다. 책을 좋아하는 사람은 은근한 로망이 있다. 책방지기가 되어보는 일이다. 실제로 동네책방은 종종 일일 책방지기를 공개 모집한다. 서울 망원동 '이후북스'는 제주에 2호점을 내고 얼마 뒤부터 책방지기 체험 이벤트를 정례화했다. 매월 체험 일정을 공지한다. 4만 원의 참가비를 내면 책방지기 체험과 숙소를 제공받는다. 지원자는 늘 적지 않다. '이후북스'만 그런 건 아니다. 조금이라도 이름난 책방이 함께 일할 파트타임 책방지기를 찾는다는 공고를 내면 순식간에 지원자가 수십 명에서 수백 명까지도 몰린다.

그런데 같은 책방이라도 책방지기로 있느냐, 독자로 있느냐에 따라 느낌은 완전히 달라진다. 독자로 찾은 '보배책방'은 음악은 잔잔하고, 분위기는 아늑하며, 저절로 책이 읽히는 천상의 공간이다. 책방지기로 머문 '보배책방'은 눈에 보이는 곳마다 해야 할 일로 가득한 공간이었다. 드라마나 영화에 나오는 고즈넉한 책방을 꿈꾼다면, 책방 대표가 아니라 손님이 되어야 한다. 책방이 독자에게 몰입과 치유와 경험을 제공하는 아날로그 공간이라는 건 사실이다. 하지만 책방 대표들, 책방지기에게는 치열하게 오늘을 지속해야 하는 삶의 현장이다. 물론 이런 차이는 책방을 직접 운영하기 전까지는 결코 알 수 없다.

책방을 시작한 이들이 겪는 어려움은 바로 여기에서 나온다. 우아하면서도, 고요하고, 느긋하게 할 수 있다고 여긴다. 다 틀린 말은 아니다. 다른 자영업과 비교하면 확실히 책방 손님들은 점잖은 편이다. '진상' 고객이 아주 없지는 않지만 그래도 드문 편이다. 책방을 찾는 독자들은 자신이 가진 여러 얼굴 중 가장 지적이고 아름다운 표정을 보여주게 마련이다. 그럼에도 책방이 자영업이라는 사실은 변하지 않는다.

처음에는 모든 게 서툴지만 신기하고 재미있다. 창문을 열어 환기하고 식물에 물을 주고 방향제를 켜고 음악을 골라 틀어 책을 보기에 가장 좋은 공간으로 만드는 시간도 귀하다. 손님도 신기하다. 어떻게 알고 왔을까 궁금하다. 어떻게든 한마디라도 말을 걸어보고 싶어서 입술을 달싹인다. 권한 책이 팔리면 경이롭다. 그런 한편으로 책을 주문하고, 손님을 응대하고, 계산을 하는 건 벅차다. 카드단말기 사용이 익숙하지 않아 손님이 도리어 결제를 도울 때도 있다.

'근근넝넝' 이혜미 대표는 창업 전 자영업 스쿨에서 "자영업은 사

제주 '보배책방'은 20년 넘는 출판사 편집자 경력을 뒤로 하고, 제주로 이주한 뒤
'보배책방' 시즌1과 시즌2를 거쳐 2022년 집과 책방을 지어 완성한 곳이다. ⓒ보배책방

보기에는 고요하고 아름답게만 보이는 책방의 공간은
어느 곳 하나 손이 가지 않으면 사진 속 상태를 절대 유지할 수 없다.
제주 '보배책방'에서 책방지기로 일하는 동안 그 사실을 몸소 깨달았다.

람 모으는 방법을 알아야 성공한다"는 말을 들었다. 취미 동아리든, 스터디 모임이든 어떻게든 사람을 모으고 함께 갈 줄 알아야 자영업을 운영할 수 있다는 충고였다. 안타깝게도 책을 좋아하는 사람들이 가장 약한 부분이 이런 관계 맺기다. 책방에서 독서모임을 하고 싶어도, 작가와 만날 때도 가장 큰 어려움은 사람 모으기다. 특히 팬데믹 이후 동네 책방의 모객은 더욱 어려워졌다.

이혜미 대표는 작가 강연을 공지하면 무조건 신청이 쇄도하는 줄 알았다고 회고한다. 현실은 녹록지 않았다. 페이스북, 인스타그램, 당근 마켓 등 각종 플랫폼에 유료 광고를 올렸다. 덕분에 민망하지 않을 만큼 모객이 되었지만 더는 할 수 없었다. 참가비로 얻은 수익보다 지출이 훨씬 컸기 때문이다. 매번 구름처럼 독자를 모으는 듯 보이는 책방도 모객에 어려움을 겪는다. 독자는 비가 와서 못 오고, 햇빛이 찬란해도 못 온다. 사람은 저절로 모이지 않으며 커뮤니티를 만드는 데는 오랜 시간과 노력이 필요하다.

'근근닝닝'의 첫해 매출은 음료를 포함해 2,000만 원. 음료가 있으니 후하게 계산해서 매출 중 절반을 영업이익이라고 잡고, 여기서 임대료와 수도광열비와 인건비를 빼고 나니 남는 게 없었다. 책방 대표는 최저임금 혹은 그 이하를 감내해야 할 수 있다. 2024년 내포 신도시에서 '소란서림'을 시작한 김소정 대표는 실제로 서울의 젊은 책방지기에게 이런 조언을 들은 적이 있다.

"옷만 안 사면 책방은 할 수 있어요!"

결국 매출의 한계를 극복하려면 여러 일을 해야 한다. 음료를 판매하거나, 프로그램을 운영하고 여기에 지원사업 응모, 납품 도전, 꾸준한 SNS 게시 등을 혼자 한다. 책방 문을 닫아도 오늘의 일은 끝나지 않는다. 도매처에 책을 주문해야 한다.

극강의 경험으로 통하는 '제로데이'도 찾아온다. 손님이 한 명도 찾지 않은 날이다. 온몸에 힘이 빠진다. 어제는 책이 팔렸지만 오늘은 온종일 단 한 권도 못 팔 수 있다. 일희일비하지 말라고 쉽게 말하지만 막상 경험하면 이 불안함에 눈이 먼다.

창업 3년 차 무렵까지 책방지기는 열정이 넘친다. 독자를 모으고 책방을 알리기 위해 뭐든 할 각오가 되어 있다. 여기저기 북마켓도 참여하고, 지역의 다른 책방과 힘을 모아 행사도 한다. 그렇게 책방은 조금씩 알려지고 단골이 늘어간다.

"책방의 존재 이유, 독자와의 거리는 어떻게 설정해야 하는가. 책방의 커뮤니티를 두고 흔히 사랑방에 비유한다. 책방이 사랑방 같은 공간을 지향하기는 하지만, 그렇다고 진짜 사랑방이 되어서는 곤란하다. 책방지기는 손님과 특별한 관계를 맺지만, 엄격히 말해 친구는 아니다."

3년 차가 넘으면 책방이 알려지기 시작한다. 동시에 공간 재계약의 시기와 맞물려 임대료 인상도 다가온다. 영세 상인들이 안정적으로 생업에 종사할 수 있도록 임대차보호법이 시행되고 있지만, 고난은 여전하다. 제주에서 양식당 '르부이부이'를 운영하는 임정만 셰프는 처음 종달리에서 식당을 열었다. 그는 "주인아주머니가 마을 행사에 다녀오더니 영업 중에 갑작스럽게 찾아와 연세 인상을 통보" 하는 일을 겪었다. [10]

> "법적인 상한선은 있지만, 법을 거론하면 감정싸움이 되고, 감정은 결정의 방아쇠와도 같아서 감정이 돌아서면 재계약은 물 건너갑니다."

이런 상황을 피하려면 건물주의 형편이 두루 좋아야 한다며 한마디를 덧붙인다.

> "장사는 잘돼야 하지만 티가 나서는 안 됩니다."

'잘익은언어들'이 전주 인후동 고개에 책방 건물을 지은 이유도 불안정성을 해소하기 위해서였다. 광고회사 카피라이터로 서울에서 20년 넘게 밥벌이를 해오던 이지선 대표가 2017년 가을 고향 전주에 내려와 처음 책방을 연 곳은 송천동의 뒷골목이었다. 건물 1층에 월세를 내면서 약 4년을 지냈다. 나름 우여곡절을 겪으며, 코로나19가 모든 일상을 멈추게 했을 때도 물러서지 않고 잘 버텼다. 그런 그가 월세 대신 은행 이자를 내기로 결정하고 2021년 8월 전주의 한적한 원도심 주택가에 책방 건물을 지었다. 이지선 대표는 그때의 마음을 자신의 책『책방뎐』에서 이렇게 밝혔다.

> **"우리는 세상에 꼭 필요한
> 일을 하는 중입니다"**

전주 '잘익은언어들'의
처음은 송천동
작은 공간이었다.(위)
어차피 평생 할 책방이라면
매달 꼬박꼬박 건물주에게 내던
월세를 은행 이자로 대신해서
하는 게 낫다고 여겨 2021년
자가책방을 지어 인후동으로
이사했다. ©잘익은언어들

"앞으로 70대 할머니가 될 때까지 매달 꾸준히 그 빚을 갚아 나가야 하기에 책방지기는 자동으로 평생 직업이 되었다."

유머러스하게 표현하긴 했지만, 같이 웃으며 그냥 지나치기에는 저 말에 담긴 의미가 결코 가볍지가 않다.

대전의 '버찌책방'은 책방 임대보증금 3,000만 원을 마련하려고 살던 집을 전세에서 월세로 바꾸었다. 그러자 다달이 내야 하는 집과 책방의 월세가 부담스러웠다.

"차라리 집이랑 책방을 합치면 어떨까. 월세 대신 은행 대출이자를 내는 편이 낫지 않을까?"

이 생각을 붙들고 주택과 책방을 겸할 건물을 짓기 시작했다. 책방을 시작하고 3년을 넘겼다면 차라리 집을 짓거나 사라는 주위의 충고를 듣거나 고민을 하지 않은 이가 없을 테다.

3년 차 무렵이면 지역 학교 등에서 소액 납품 주문이 들어온다. 지역서점인증을 받으면 희망도서 등의 납품도 한다. 규모가 작아도 소액 납품은 책방의 숨통을 트이게 한다. 그렇지만 납품을 시작하는 순간, 책방지기는 안전한 책방이라는 공간을 벗어나 황야로 나가야 한다. 납품에 따른 각종 서류 작업과 민원에 시달리는 건 당연지사다. 때로는 "장사꾼 취급"을 받는다. 많은 책방이 오후에 문을 연다. 오전에 문을 열지 않으니 게으르다거나 쉽게 장사한다고 여길 수 있다. 그 시간에 책방 대표는 보이지 않는 일을 한다. 납품을 위한 서류 작업은 물론이고 신간 발주를 하거나 북클럽을 진행하거나 지원사업을 위한 기획서를 쓰거나 프로그램을 짜고 섭외를 한다. 행사 모객을 위해 일일이 연락을 할 때도 많다. 누가 책방 일이 고요하다고 했는가. 모르는 말씀이다. 수시로 울려 대는 전화기와 카톡 알람을 붙들고 있어야 한다.

'잘익은언어들' 이지선 대표는 책방을 하며 가족을 부양한다. 책방으로 생계를 책임지려면 곱절을 일해야 한다. 책방 행사 기획은 물론이고 납품도 부지런히 한다. 책 박스를 차에 싣고 학교에 납품을 갈 때마다 책방지기는 작아진다. 책을 담은 박스가 무겁기도 하지만 험한 대접이 책방지기를 초라하게 만든다. 그 일이 얼마나 고되었던지 이 대표는 '최인아책방'의 최인아 대표를 만났을 때 대뜸 이렇게 물었다.

"최 대표님도 책 배달을 해보신 적 있어요?"

책방 선배인 대전 '우분투북스' 이용주 대표에게 하소연한 적도 있다.

"납품 가면 힘들어요. 솔직히 무거운 책 박스를 옮겨야 하는데 좀 도와주면 좋겠어요, 다들 모른 척해요. 심지어 책 박스를 들고 있는데 문도 안 열어줘요. 여기에 놓고 가라, 저기까지 가져다놔라, 이 자리에서 검수하라고 고압적으로 나오는 게 싫어요. 책방지기를 장사꾼으로만 취급해요."

이용주 대표의 대답은 간단했다.

"납품 가면 업자지. '잘익은언어'도 '우분투북스'도 그냥 배달 업자야. 다른 생각 말고 업자라고 생각하고 일해."

선배의 말을 듣고 이지선 대표는 아차, 싶었다.

"내 서점에서는 책방지기가 맞지만, 납품 가면 배달업자지, 내가 뭘 바랐을까?"

그때부터 앞치마와 장갑을 잘 챙기고 자기연민에 빠지지 않고 맡은 일을 최대한 빈틈없이 하려고 애썼다.

'삼일문고' 김기중 대표는 서점인 이전에 체육인이었다. 2013년에는 한국인 최초로, 약 4,800킬로미터를 쉬지 않고 달려야 해서 죽음의 레이스로 알려진 미국 대륙 횡단 자전거 레이스RAAM 솔로 부문에 도전했다. 김 대표는 50도에 육박하는 사막의 더위 속에서 복통과 열사병에 시달리며 완주했다. 김 대표의 말처럼 "서점인 중에서 가장 체력이 좋은" 사람이었다. 2016년 서점을 개점하고 매월 적자가 이어지자 김 대표는 하루도 쉬지 않고 서점에 나와 일을 했다. 그렇게 3년을 일하고 나자 체육인이자 강철 체력이었던 김기중 대표가 건강을 잃고 병원 신세를 졌다.

책 한 권이야 무겁지 않다. 하지만 서점의 일이란 어쩌다 책 한 권을 옮기는 일이 아니다. 매일 책이 담긴 박스를 들어서 나르고 옮겨야 한다. 서가와 매대의 책을 빼고 다시 진열하고 책을 꽂아야 한다. 나 역시 가장 두려워하는 게 책이다. 책이 서너 권 담긴 가방을 메고 돌아다니면 온몸이 아프다. 하물며 서점 일은 매일 책과 씨름하는 육체노동이다. 안타깝게도 서점 일을 오래 하면 여지없이 몸이 아프다.

"서점 일 수십 년에 남은 건 아픈 몸밖에 없다."

폐업을 앞둔 시점에 대전 '계룡문고'를 찾았을 때 현민원 이사는 이렇게 말했다. 그 말을 듣고 뭐라 할 말이 없었다.

'삼일문고'가 문을 연 뒤 5년쯤 지나자 직원들이 목이며 허리를 비롯해 온몸이 여기저기 아프다고 매일 하소연을 했다. 당시 직원들이 주 5일제로 일했는데, 병가를 쓰느라 5일을 채워 일하는 직원이 드물 정도였다. 사람이란 누구나 아프면 몸이 무거워지고 일 앞에서 몸을 사리게 된다. 정해진 근무시간은 성실히 지키고 있었지만 일의 효율이 떨어졌다. 이대로는 오래 못하겠구나 싶었던 김기중 대표는 고민 끝에 주 4일제를 도입했다. 서점 일이 힘이 드니 대신 충분히 체력을 회복할 시간을 주자는 생각이었다. 당장의 금전적 손해보다 멀리 가는 쪽을 선택한 셈이다. 그만큼 서점의 일이 고되다는 걸 말해주는 사례이기도 하다.

책방지기를 지치게 하는 일은 여기서 끝이 아니다. 이 부분에 대해 말하는 책방지기들의 표정은 상당히 조심스러워 하는 기색이 역력했다. 한 책방 대표는 이렇게 말했다.

"동네책방을 찾아오시는 분들 중에 책방지기와 이야기를 나누고 싶은 분들도 꽤 있고 책 추천을 요청하시는 분은 더 많아요. 그럴 때 친근하게 이야기를 나눠주거나 추천할 책을 설명해줄 정도의 대화 기술은 있어야 해요. 가끔은 한 시간 이상 붙잡고 이야기하는 분들도 계세요."

책방지기에게 이 정도로 길게 이야기를 하는 손님은 대체로 단골이다. 초창기 책방 문을 열 때부터 꾸준히 찾아주고 책을 사주는, 분명히 고마운 분이다. 하지만 간혹 책방이 영업장이라는 사실을 잊고, 친구를 만나러 온 듯 사적인 대화를 책방지기와 하염없이 나누길 원하는 분들이 있다. 책방은 카페가 아닌데 책방지기에게 무료 음료를 청해 마시고 눌러앉아 있는 손님도 있다.

책방에서 각종 모임이 이루어지니 자연스럽게 소모임이 결성되고 관계가 형성된다. 사람이 모이면 이 관계 속에서 크고 작은 일들이 생기고 갈등이 생길 여지도 있다. 때로 책방지기가 관계에서 소외되는 일도 있다.

책방의 커뮤니티를 두고 흔히 사랑방에 비유한다. 책방이 사랑방 같은 공간을 지향하기는 하지만, 그렇다고 진짜 사랑방이 되어서는 곤란하다. 책방지기는 손님과 특별한 관계를 맺지만, 엄격히 말해 친구는 아니다. 출판사 편집자 사이에는 이런 격언이 있다.

"저자를 신뢰하되 친구가 되어서는 곤란하다."

책방지기 역시 손님과 적당한 거리를 두어야 한다. 거리 설정을 잘 못하면 뜻밖의 마음고생을 한다. 관계에서 마음을 다치면 후유증이 크다.

'큰돈을 버는 것도 아닌데 뭐하러 속을 썩이며 이러고 있나.'

이런 생각이 고개를 들고, 그러다 지치면 책방을 접기까지 한다.

책방은 커뮤니티가 생명이다. 책방지기는 단골에게 필요한 책을 추천하고, 좋은 행사를 소개하며 직간접적으로 꾸준히 관심을 기울여야 한다. 책을 잘 파는 책방지기에는 공통점이 있다. 어떤 책을 만나면 이 책이 필요한 독자를 구체적으로 떠올린다. 그만큼 책방을 찾는 독자에게 지속해서 관심을 기울여야 가능하다. 그렇지만, 자신과 공간에 집중할 수 있도록 일정한 거리를 지킬 필요가 있다. 이 경계와 거리 사이에서 책방지기는 성장한다.

어느덧 10년,
크고 작은
딜레마의 갈림길

"서점의 시간이 흐르면 책방지기 역시 서점인이 되어간다. 연차가 쌓이면 업무야 익숙해지지만 고민의 무게는 더 커지는 법이다. 책방 환경은 멈추어 있지 않고 드라마틱하게 변하니 앞으로 무엇을 해야 할지 고민도 깊어진다."

2016년 7월 문을 연 '꿈틀책방'은 김포에 사는 양육자를 위한 서점이자 공부방이자 강의장이자 커뮤니티 센터 노릇을 해왔다. 아파트만 덜렁 지어진 신도시, 지적 욕구를 채울 길 없는 김포에서 서울에 가서나 참여할 수 있을 알찬 프로그램을 제공했다. 처음 '꿈틀책방'을 알았을 때 놀란 순간이 꽤 많았다.

'이런 수업이 김포에서 가능하다고?'

10주 동안의 글쓰기 수업, 세 권짜리 벽돌책 『열하일기』를 저자와 함께 읽는 완독 클럽 같은 흥미로운 워크숍뿐 아니라 의미 있는 기획도 잇달아 내놓았다.

출판사가 제작하는 동네책방 에디션은 책방 입장에서 애로 사항이 많았다. 단일 책으로 열 권을 주문해야 직거래 매입이 가능하고 작가 사인본과 기념 굿즈를 받을 수 있는데, 대부분 반품이 없는 조건이다. 작은 책방은 이만큼 팔기 어려워 하는 수 없이 다른 책과 섞어서 열 권을 주문한다. 한데 정작 배본은 온라인서점보다 한참 늦어 발을 동동 구르는 일이 다반사다. 이숙희 대표는 생각을 바꿨다.

김포 '꿈틀책방'은 2016년 7월 처음 문을 연 이래로 김포에 사는 양육자를 위한 서점이자 공부방이자
강의장이자 커뮤니티 센터 노릇을 해왔다. 2022년에는 기존 책방을 인수해 '꿈틀책방' 운양점을 시작했다.
맨 위의 사진은 초창기, 가운데는 2026년, 맨 아래는 2026년의 운양점이다.
이 세 장의 사진에 담긴 10여 년 동안 혼자서 믿을 수 없을 만큼 많은 일을 해왔다. ©꿈틀책방

'이럴 게 아니라 동네책방이 주체가 되어 진짜 동네책방 버전을 만들고 팔아보자.'

2020년 강창래의 『위반하는 글쓰기』가 나왔을 때 직접 500부 한정 동네책방 에디션을 기획했다. 전국의 동네책방이 힘을 모아 완판했고 '꿈틀책방'에서만 200부 넘게 판매했다. 2022년에는 김포 운양동에 있던 '코뿔소 책방'을 인수해 운양점을 시작했다. 10여 년 동안 혼자서 이렇게 많은 일을 했다. 그런데 책방 대표는 언제까지 이렇게 열정적으로 일할 수 있을까.

처음에는 책방 업무만 익숙해져도, 책방이 알려지기만 해도, 작은 납품이라도 들어오면 좋겠다고 생각하지만 연차가 쌓이면 언제나 새로운 고민이 생긴다. 책방을 둘러싼 환경이 끝없이 변하기 때문이다. 2016년 '꿈틀책방'이 문을 열었을 때 김포 지역서점 외에 동네책방은 한 곳도 없었다. 5년 동안 '꿈틀책방'은 김포 유일의 동네책방이었다. 하지만 2025년 김포에는 10여 곳이 훨씬 넘는 책방이 생겼다. 다른 책방의 사정도 비슷하다. '책방사춘기'는 성산동에 있는데 경의선 숲길을 중심에 두고 좌우에 책방만 10여 곳이 넘는다.

동네책방이 많아졌다. 이곳들이 모두 행사를 기획하고 SNS로 발신한다. 도서관도 많아졌다. 예전처럼 저자와 함께 하는 행사가 귀하지 않다. 김포 '꿈틀책방'에서 열었던 『우리가 사랑한 빵집 성심당』의 출간 기념 저자 북토크 행사에 40여 명이 몰렸고 자리가 부족해 독자들이 서서 들었다. 구미 '삼일문고'에 정재승 박사가 강의를 하러 왔던 날, 서점은 독자들로 인산인해를 이루었다. 구미 독자들은 "태어나서 과학자를 처음 봤다"며 기쁜 마음으로 돌아갔다.

이런 모습은 거의 다 옛말이 되었다. 팬데믹과 계엄의 밤을 겪으며 거의 모든 독자가 유튜브에 익숙해졌고, 오프라인 행사에 직접 참여하는 분위기가 확실히 한풀 꺼졌다. 유튜브나 온라인에서 저자 강의며 각종 콘텐츠를 만날 수 있는 세상이니 구태여 오프라인 행사에 참여하지 않는다. 책방 운영의 기본은 모객인데 10여 년 가까운 업력이 쌓인 책방조차 사람 모으는 일을 힘들어한다.

그렇다고 책방의 온라인 행사에 참여율이 높은가 하면 그것도 아니다. '책방사춘기'의 라이브방송은 팬데믹 시절 참여도와 인기도가 높았다. 책방의 유효한 수익 구조가 되어주었다. 지금은 라이브방송에 대한 독자 참여도가 현저히 낮아졌다. 물론 '책방사춘기'의 라이브방송은 그 자체로 유의미한 아카이빙이다. 그렇지만 아무리 의미를 부여해도 독자의 참여도가 낮아지면 주체의 고민은 커질 수밖에 없다.

부산의 인문서원 '강아지똥'은 1990년대 중후반 어린이책전문서점 전성기 시절부터 존재한 오래된 서점이다. 몇 해 전 '강아지똥'의 서가에 꽂힌 알찬 책을 보고 놀란 적이 있다. 한참 후에 다시 찾으니 서가의 책을 거의 빼다시피 했다. 무슨 일인가 싶었는데, 비슷한 사례를 몇 곳의 책방에서 다시 만났다.

전주 덕진구 2017년 송천동에서 시작한 전주 '잘익은언어들'은 자가책방을 지어 2021년 인후동으로 이사를 할 때 한 차례 서가 정리를 했다. 그런데도 2024년 대대적으로 서가 정리를 했다. 김포 '꿈틀책방'

역시 39제곱미터(약 12평) 남짓한 공간에 어린이책과 그림책, 인문학 서적들이 빼곡했다. 갈 때마다 공간 규모에 비해 책이 많은 곳이라고 여겼다. 9년 차에 한쪽 서가를 비우고, 주제 전시 서가로 바꾸었다. 한 달에 한 번 주제를 정해 그에 맞는 책을 전시하고 판매한다. 강창래의 『우리 사이에 칼이 있었네』에서 소개한 책을 전시하거나 '글항아리' 이은혜 편집장이 추천한 도서를 전시하고 판매하는 식이다.

『유럽 책방 문화 탐구』에서 백 년이 넘은 런던의 책방, '포일스'Foyles를 소개한 적이 있다. '포일스'는 '30마일 서가', 즉 약 48킬로미터에 이르는 세계에서 가장 긴 책꽂이를 지닌 책방으로 기네스북에도 올랐다. 책방을 오래 하다보면 책이 많아지는 건 당연지사다. 서가에 오래된 책이 가득하면 보기야 좋지만 책방은 도서관이 아니다. 책방의 2대 주인 크리스티나 포일이 세상을 떠난 뒤 2007년 CEO로 후세인이 영입되었다. 그는 약 400만 권 이상의 재고 중 무려 100만 파운드, 한화로 약 21억 원어치의 재고를 정리했다. 책방의 서가는 개인 서재가 아니다. 서가의 책이 순환하도록 수시로 반품해야 현금 흐름이 정체되지 않는다.

동네책방은 '큐레이션 책방'을 지향한다. 처음에야 필요한 책만 골라 매입했지만 시간이 흐르면 알게 모르게 책은 쌓인다.[11] 더구나 동네책방 대표들은 초기에 '안 팔리면 내가 읽는다'는 마음이 있었다. 서가가 고정되면 운영에 적신호가 들어오는 건 물론이요, 책방지기조차 서가가 지겹다. 책방지기라면 무릇 돈을 못 버는 건 참아도 서가가 마음에 들지 않는 건 참을 수 없는 법이다. 대전 '다다르다'의 경우 아예 '책 짝꿍 바꾸는 날'을 마련했다. 동네책방은 도서관이나 대형서점처럼 분

영국 런던 채링크로스 107번지에 있는 '포일스' 안팎.

류 기호에 따라 책을 꽂지 않는다. 어떤 책들을 모아 서가를 만들 것인지가 공간의 정체성과 연결된다. 그럼에도 큐레이션은 정체되니 '다다르다'는 서가에 있는 '한 권 한 권의 자리를 다시 찾아주는 일에 온 마음을' 쏟고자 아예 이틀간 책방 문을 닫고 이 일을 했다.

서가를 정리한다는 것만으로 단정할 수는 없지만 서점의 시간이 흐르면 책방지기 역시 서점인이 되어간다. 개인의 서재가 아닌 서점의 서가라는 인식 역시 당연히 따라오기 마련이다. 연차가 쌓이면 업무야 익숙해지지만 고민의 무게는 더 커지는 법이다. 책방 환경은 멈추어 있지 않고 드라마틱하게 변하니 앞으로 무엇을 해야 할지 고민도 깊어진다.

2018년 '땡스북스'가 홍대에서 합정역 인근으로 이전했을 때 책방의 변화가 의아했다. 홍대 시절의 화려한 시도를 모두 버리고 단출한 책방이 되었으니까. 홍대 시절의 '땡스북스'는 2층에서 전시를 했고, 음료·문구·음반 등도 같이 취급했다. 가구 회사와 협업도 했다. '땡스북스'가 마포구에서 '유일'한 동네책방이었던 시절의 일이다. 시간이 흘러 동네책방이 많아졌고 심지어 '교보문고' 합정점과 '알라딘' 중고서점까지 생겼다. 그러자 '땡스북스'는 다른 책방이 하는 일은 정리했고, 심지어 앉을 수 있는 의자도 없앴다. 당시 이기섭 대표는 이렇게 말했다.

"책방은 오래 앉아 책을 읽는 카페가 아니다. 독자가 10~15분 정도 머물며 책에 집중할 수 있으면 족하다."

말하자면 동네책방이 많아진 시대에 맞춰 '땡스북스'는 정체성을

"언제든 들를 수 있는
곳으로 계속 함께 하길"

2011년 홍대 인근에서 시작한 '땡스북스'는 2018년 합정역 인근으로 이전을 결정하면서 홍대앞 시절의 화려한 시도를
모두 버리고 단출한 책방이 되었다. 마포구 유일의 책방이었던 시절에서 동네책방이 많아진 시대에 맞춰 정체성을
압축한 셈인데, 위쪽 사진은 홍대앞 시절이고 아래는 2026년 합정역 인근 모습이다. 그때 '땡스북스'가 했던 고민을
어쩌면 그 뒤를 이은 많은 책방이 지금 하고 있는 건 아닐까. ©땡스북스

압축했다. 당시 7년 차 '땡스북스'가 했던 고민을 어느덧 동네책방들이 하고 있는 건 아닐까 싶다.

"10년을 일했다면 가장 젊고 힘이 넘쳤던 한 시기를 이곳에서 불태웠다는 뜻이다. 책방을 오래 운영하면 크고 작은 딜레마를 만난다. 누구는 더 작은 책방으로, 또 누구는 더 큰 책방으로 향하는 길을 택한다. 삶이 변하듯 책방도 변한다."

"사람을 써서 돈 버는 시대는 끝났다. 직원 채용으로 유지하는 사업 모델은 유효하지 않다. 차라리 무인 가게가 더 낫다."

한 자영업자의 말이다. 하지만 혼자서 모든 일을 책임지는 데는 한계가 있다. 연차가 쌓이면 쌓일수록 일이 많아진다. 급기야 혼자 감당할 수 없는 시점에 이른다. 별수 없이 책방을 쉬는 날이 늘어난다. 오래된 지역서점인이 가장 이해하지 못하는 대목이다. 서점이란 오지 않는 독자를 기다리며 매일 문을 여는 일이니까. 이 기본을 지키는 일로부터 서점이 운영되는 법이니까.

책방을 열고 닫는 시간을 엄수하려면 직원과 함께 일하는 수밖에 없다. 만약 지점을 열었다면 직원은 필수다. 정직원이든 임시 서점원이든 사람을 쓰려면 매달 일정 이상의 수익이 발생해야 한다. 책방에서는 이 일이 어렵다. 종종 본점에서 번 돈이 지점의 인건비로 나가거나 대표가 다른 일을 해서 돈을 벌어 월급을 주는 경우도 생긴다.

'책방연희'의 구선아 대표는 직장에 다니다가 책방을 시작했다. 책방을 운영하며 '혼자'라는 점이 가장 어려웠다. 자영업은 손님이 있거나 없거나 '업장'을 지켜야 한다. 영업시간 동안 책방에 매인 몸이다. 여기서 오는 피로감이 크자 구 대표는 같이 일할 사람을 모았다. '책방연희'의 임시 서점원은 1주일에 3회 정도를 일한다. 나머지 시간은 자신을 위해 쓸 수 있으니 예비 창작자나 다른 일을 병행하는 이들이 선호한다. 임시 서점원으로 일하는 이들 가운데는 전직 편집자들도 있다. 구선아 대표는 이들과 서점에서 같이 일하는 법을 이렇게 말했다.[12]

"인건비를 '투자'라고 생각했어요. 단순히 일만 하는 직원을 고용한 게 아니라, '책방연희'에서 자신의 창작 활동을 펼칠 수 있는 사람을 채용했죠. 일반적으로 서점 시급이 높은 편이 아니므로, 경제적 보상 외에도 다른 형태의 보상이나 기회를 제공하고 싶었어요. 직원들의 성장을 도울 방법을 고민한 끝에, 외부 프로젝트와 연계해 창작 활동을 진행하는 등 글을 쓰거나 그림을 그리는 직원들과 윈윈win-win 할 수 있는 구조를 마련했습니다."

광주 '책과생활'의 신헌창 대표는 '글항아리' 등의 출판사에서 편집자로 일했다. 그러다 '아시아문화개발원'에서 일하며 광주와 인연을 맺었다. 근무 계약이 끝났지만 서울로 돌아가지 않고, 2016년 동명동에 책방을 열었다. 23제곱미터(약 7평) 공간은 보증금 100만 원에 월세 20만 원에 불과했다. 서울에서는 꿈도 꾸지 못할 가격이라 모험을 해볼 만했다. 이후 몇 번의 이사를 거쳐 지금은 '국립아시아문화전당' 건너편 큰길가 82제곱미터(약 25평) 규모의 1층에 둥지를 텄다. 23제곱미터(약 7평)에서 시작해 82제곱미터(약 25평)로 이사하기까지 신 대표는 광주 전남 지역의 공공기관이나 단체와 협업하는 기획 편집일을 꾸준히 겸했다. 책만 팔아서는 책방 운영이 어려우니 겸업이 맞는데 그러자면 함께 일할 직원이 필요했다. 처음부터 서점원을 채용해 함께 일했고 지금은 카페와 비건 베이커리 근무도 겸하는 직원도 한 명 있다. 외주 일을 해서 번 돈이 직원의 월급으로 들어갈 때도 많았다. 어떤 선택을 할 것인가는 온전히 책방지기의 몫이다. 다만 책방 대표가 미래를 도모하는 기업가가 되려면 실질적으로 서점 운영을 도울 사람이 필요하다. 실무에서 조금은 놓여날 시간이 있어야 미래를 기획할 수 있을 테니까.

'소란서림' 김소정 대표는 충청남도 내포 신도시 인근 지역에서 10여 년 가까이 책모임 활동을 하면서 쌓은 네트워크를 활용한다. 신도시 전업주부 여성들이 파트타이머로 서점을 돕는다. '삼일문고'나 '다다르다' 역시 소수의 정직원과 파트타임 직원이 함께 일한다. '책방연희'와 비슷하게 지역에 거주하는 창작 지망생들이 주로 임시 서점원 공모에 지원한다. 흥미롭게도 임시 서점원 채용 경쟁률이 상당히 높다. '다다르다'에서 파트타임 서점원을 뽑을 때 무려 120대 1의 경쟁률을 기록하기도 했다.[13] '최인아책방'에서 매니저를 구한다는 공지를 냈던 2022년의 경쟁률은 77대 1이었다. '책방연희' 역시 공고를 내면 두 자리 숫자의 경

"도시에서 숨과 틈을
만드는 건
동네책방입니다"

'책방연희'는 '혼자'라는 어려움, 영업 시간에 책방에 매인 피로감을
해결하기 위해 같이 일할 사람을 모았다. 일주일에 세 번 정도 일하는
임시 서점원들과 서로 윈윈할 수 있는 구조를 마련하기 위해 고민한다. ©책방연희

쟁률을 기록한다고 한다.

'책방심다'가 10년이 되는 날은 2026년 2월 27일이다. 진작부터 이날을 의식하고 있었다. '책방심다'의 김주은 대표가 진작부터 해온 말을 기억하기 때문이다.

"10년은 해보자고 마음먹었고, 이날까지는 운영할 겁니다."

'책방심다'는 2016년 순천역 건너편 역전시장 근처에서 시작했다. 작은 공간이었다. 이후 2019년에 낡은 단독주택을 매입해 이전했다. 2022년 대전에서 열린 프로그램 '서점대전'에서 김주은 대표를 만났다. 그 시절 '책방심다'에게 받은 인상을 한 단어로 말하면 활기였다. 개인 김주은은 모든 걸 잘해내려고 고군분투하고 있었다. '책방심다'는 그 무렵이 가장 북적북적거리지 않았나 싶다. 2024년 다시 찾은 '책방심다'는 조용했다. 삶이 한 자리에 서 있지 않듯, 책방 역시 한 자리에 머무는 건 아니었다. '책방심다'는 과거 여인숙으로 사용했던 오래된 구옥을 책방으로 삼았다. 처음에는 1층의 모든 공간을 서점으로 사용했다. 'ㄱ'자 형태였는데, 'ㄱ'의 넓은 쪽에 쪽방 세 개가 있었다. 이를 연결해 서점의 메인 공간으로 만들었다. 반대편에 있던 부엌을 개조해 두 번째 서점 공간이자 카운터로 사용했다. 오랜만에 '책방심다'를 찾았을 때 김주은 대표는 이렇게 말했다.

"공간에 대한 욕심을 줄이기가 쉽지 않았어요."

2023년 5개월 정도 문을 닫았다가 다시 열며 공간에 변화를 주었다. 두 번째 서점 공간을 닫아 책방의 크기를 줄였다. 서점의 메인 공간은 그대로였지만, 대신 식물을 많이 들였다. 책 반, 식물 반이라고 해도 좋을 만큼 책방에 식물이 많아졌다.

책이 많을수록 더 많은 책을 팔 수 있다는 걸 김주은 대표는 모르지 않는다. 그런데도 서점 공간을 줄였다. 책방을 운영하며 두 아이의 양육자가 되었고 고되고 긴 양육의 시간을 보내고 있기 때문이다. 책방을 잘 운영하려면 무엇보다 서가가 살아 있어야 한다. 서가는 책방지기의 손길만큼 피어난다. '삼일문고' 김기중 대표의 말이 떠오른다.

"독자들이 책 헝클기 대회에 나온 사람 같을 때가 있어요."

그만큼 서점원의 손길이 닿지 않으면 책방의 서가는 금방 어수선해진다. 서가가 크면 클수록 시간 투자가 필요하다. 서점지기이자 양육자로 살아야 한다면 감당할 수 있는 정도로 규모를 줄이고 만족하는 법을 배워야 한다.

책방지기는 언제나 열정적으로 일할 수 없다. 책방에서 10년을 일했다면 그가 가장 젊고 힘이 넘쳤던 한 시기를 이곳에서 불태웠다는 뜻이다. 만약 그가 양육자라면 아이들 혹은 사랑하는 사람과 함께 보낼 시간을 책방에 바쳤다는 뜻이다. 길게 보자면 책방만큼 아이들과 보내는 시간도 소중한 법이다. 저녁을 아이들과 보내겠다고 마음먹자 평일에 독서모임이나 행사를 할 수 없었다. 그러자 지역 독자가 평일에 찾아오는 발길이 뜸해졌다. 이런 연쇄 작용이 이어지면 고민이 깊어진다. 김주은 대표는 책방 운영 방식을 여러 차례 실험했다. 2025년에는 여행자를 맞이하는 주말 책방을 택했다. 대신 아이들이 학교에 가는 평일 낮에는 사운드 워킹, 공간 큐레이션 등 지역에서 할 수 있는 일을 했다. 김 대표는 이렇게 고백했다.

> "더 많은 책을 팔고 싶었고 더 많이 알려진 서점이 되고 싶었고, 많은 동료와 일하는 꿈을 꾸었으며 그래서 더 많은 돈을 벌고 싶었어요."

하고 싶다고 꼭 이룰 수 있는 건 아니다. 더 많은 책을 팔고 돈을 벌려면 포기해야 하는 일이 생긴다. 책방을 오래 운영하면 크고 작은 딜레마를 만난다. 김주은 대표는 유연하게 책방을 운영하는 일을 모색하다, 2026년 2월 27일 '책방심다'를 졸업했다. 김주은 대표 부부는 연고도 없는 순천에서 책방을 시작했다. 아는 사람이 없으니 개업식도 못했다. 마지막 날 책방을 매개로 만난 사람과 일했던 직원이 모여 '책방심다'의 10년을 축하해 주었다. 동네책방의 폐업은 끝이지만 졸업은 새로운 시작이다. '책방심다'를 졸업한 김주은은 출판사 '남해의 봄날'이 통영 '봄날의책방'에 이어 2026년 3월 순천에서 시작한 두 번째 책방 '나무들의밤'에 합류했다. 이 세상에는 단 하나의 길만 존재하지 않듯 책방도 책방지기도 변화하고 새로운 길을 찾아 나아간다.

'밤의서점'이 연희동 시절을 마감하고 2024년 연대 동문 근처, 봉

은사 올라가는 초입으로 이전했다. 2016년 오픈한 지 8년여 만의 이전이다. 근처에 이대와 연대 그리고 이대부중과 이대부고까지 있는 동네다. 이 동네에서 학창 시절을 보낸 이들은 서점 자리가 '과거 이대부중·고 학생들이 순정 만화를 탐독하던 만화방'이 있던 곳이라 했다. 연희동 시절처럼 이전한 동네도 생각보다 조용하다. 아마도 조용한 밤의 공간을 찾아다니나보다 싶다.

이전한 '밤의서점'은 과거에 비해 상당히 넓어졌다. 무려 두 개의 쇼윈도를 갖게 되었다. 이전 초기, 한쪽 쇼윈도에 '밤의서점'의 시그니처 굿즈인 10년 다이어리를 전시했다. 서점 쇼윈도에 진열해둔 10년 다이어리에 이런 글이 적혀 있었다.

'밤의서점 8년 만에 처음 쇼윈도를 가졌다. 밤의 장막이 내려오는 걸 형상화한 푸른색 표지. 여기에 적어나갈 10년 간의 매일이 설렌다.'

다른 쪽 쇼윈도에는 '밤의서점'이 출판한 책을 진열했다. 처음에는 첫 책인 『클리마』가, 다음으로 김미정 공동대표가 쓴 소설집 『비포 선라이즈 게임』이 쇼윈도에서 독자를 맞았다. 책방에는 과거에 없던 게 많아졌다. 문구도 입점했고, 사용료를 받는 유료 카페 공간도 생겼다.

'밤의서점'에서 진행한 『비포 선라이즈 게임』의 낭독극 행사에 참여한 적이 있다. 손미 각본가가 단편을 각색했고, 이종필 감독이 진행을 맡았다. 낭독회에 참여한 나에게 김미정 대표는 이렇게 말했다.

2016년 책방을 시작한 뒤 8년여 만에 새로운 곳으로 자리를 옮긴 서울 '밤의서점' 낮밤 그리고 실내 모습.

"이제 책방이 10년이 되어가요, 이제는 진짜 돈을 벌어야죠!"

연차가 쌓인 동네책방의 보폭은 저마다 다르다. 지점을 운영하거나 확장 이전을 하기도 하지만 또 이사를 해야 하는 처지에 놓인 곳도 있다. 그럼에도 10여 년을 운영하며 책방 대표들은 손익을 따지는 서점인이 되기도 하고, 책방 말고 다른 문을 열기 위해 모색도 한다. '책방연희'가 광화문점을 열고, '서점리스본'이 정동에 '서점리스본 클라스'를 열듯이 말이다.

'소심한책방'은 제주의 첫 동네책방이다. 제주에서 렌터카를 빌리면 내비게이션에서 종종 '소심한책방'을 만난다. 앞선 여행자들이 검색하고 자주 방문했다는 뜻이다. '소심한책방'은 그야말로 전국구 책방이다. 업력에 비해 인터뷰가 많지 않은 곳인데, 제주에 간 김에 현미라 대표에게 인터뷰를 청했다. 이 외진 곳에서 책방을 시작한 사람이 누구인지 꼭 만나고 싶었다.

'소심한책방'은 현미라와 장인애 공동대표가 운영한다. 제주 사는 현미라 대표가 책방을 책임지고, 서울 사는 장인애 대표는 온라인 업무를 전담한다. 둘 다 책을 좋아하는 직장인이었다. 책방은 정말 우연히 시작했다. 2012년 현미라 대표가 가족과 함께 종달리에 내려와 '수상한 소금밭' 게스트 하우스를 시작하며 씨앗이 뿌려졌다. 당시 현 대표는 양육자이자 게스트 하우스 운영자로 정신없이 살았다. 혼자 있는 공간이 절실했다. 그때 불현듯 책방을 떠올렸다. 책방의 조건은 단순했다.

2012년 게스트 하우스 '수상한소금밭'(맨위)은 씨앗이 되어 작은 세모집 '소심한책방'(가운데)으로 이어졌고,
2021년 게스트 하우스 자리는 책방(아래)이 되었다. ©LEE

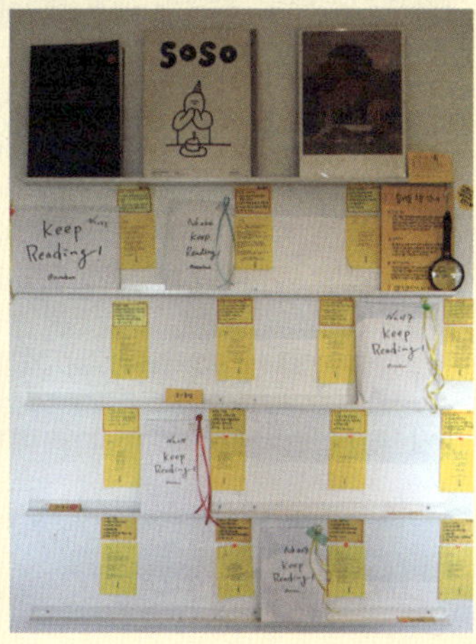

한결 넓고 자유롭고 아름다운 공간에서 '소심한책방'의 책방지기들은 독자들에게 책을
더 잘 소개하고 더 잘 팔기 위해 치열하게 고민하고 열심히 일한다.

'무조건 게스트 하우스에서 가까울 것.'

그렇게 종달리의 제주 민가, 일명 세모집을 얻어 '소심한책방'을 열었다. 초창기, 책방 옆 팽나무 아래 앉아 있던 할머니들이 현 대표를 보고 혀를 찼다.

"여관 해서 번 돈 다 말아먹고 서울 가게 생겼구나."

하지만 책방이 자리를 잡으며 종달리에 카페와 식당이 생겼고 여행자들이 소문을 듣고 찾아왔다. '소심한책방'이 종달리의 앵커스토어가 되었고, 제주 동쪽에 책방이 여럿 생겼다.

2021년 '소심한책방'은 오래 머물던 세모집에서 이전했다. 주인 할머니가 사정이 생겨 집을 비워달라고 했다. '소심한책방'의 시작은 짐짓 무모했으나 책방 이전은 더없이 진지하게 고민했다. 또 세를 얻자니 불안정하기는 매한가지였다. 이제 제주에 책방도 많은데 그만둘까도 싶었다. 결국 현 대표는 매출이 더 높은 '수상한소금밭' 게스트 하우스를 포기하고, 그 자리를 책방으로 바꾸었다. 책방을 그만두어야겠다고 생각하자 깨달았다. 현 대표가 책방을 좋아하고, 책방에서 더 많은 시간을 보내고 싶어 한다는 사실을 말이다. 말이 그렇지, 매출이 훨씬 높은 게스트 하우스를 포기하고 책방을 선택하는 일은 쉽지 않았을 테다. 복도 끝에 북스테이가 가능한 두 개의 공간을 남겨 두고 모두 책방으로 쓰기로 했다. 덕분에 이전한 책방은 넓고 자유롭고 아름답다. 공간뿐 아니라 책방지기의 마음에도 변화가 생겼다. 전에도 열심히 일했지만, 이제 독자에게 책을 더 잘 소개하고 더 잘 팔기 위해 고민한다.

초창기 책방지기들은 흔히들 처음에는 자신이 읽고 싶은 책을 입고하고 판매한다. '소심한책방'은 안 팔리면 공동대표가 각자 한 권씩 소장하리라 마음먹고 두 권씩 입고하는 전통이 있다. '밤의서점'도 처음에는 심리서를 주로 큐레이션했다. 심리로 한정하자 찾는 손님이 너무 적었고 콘셉트를 바꾸었다. 범주를 넓혔다.

"오래된 책이나 덜 알려진 책이지만 읽었을 때 독자가 마음으로 빛을 만날 수 있는 책."

'소심한책방'의 공동대표인 두 사람은 모두 경쟁이 심한 분야에서 직장 생활을 했다. 직장인 시절, 일을 잘하기 위해 하기 싫은 일도 했다. 그때와 비교하면 독자가 좋아할 책을 고르고 판매를 궁리하는 일은 행복한 고민이다. 현미라 대표에게 서점만큼 재미 있게 돈을 벌 수 있는 일도 없다. '소심한책방'에서 가장 많이 팔리는 건 '숨겨둔책'으로 불리는 블라인드 북이다. 권당 1,000권 넘게 팔리기도 한다. 성향이 다른 두 공동대표가 읽고 추천해도 좋겠다고 합의에 이른 책만 고른다. 1년에 서너 권도 나오지 않을 때가 많다. 22번 '숨겨둔책'을 눈으로 찜해놓고, 인터뷰를 하고 나오니 그새 팔리고 없었다. '숨겨둔책' 코너에서 망연자실하고 있던 내 옆에서 오래 고민하던 중장년 여행자들은 "이 책들은 여기서만 파는 건가요?"라고 물었다.

'그럼에도 불구하고',
이 일을 하는 이유

"장사가 잘되는 것처럼 보이는 곳도 어지간해서는 1인 사업자가 자기 노동력에 따른 인건비 정도를 번다면 다행이다. 그저 버티는 것만도 다행이다. 그러니 돈을 벌려면 직장에 다니는 편이 더 나을지도 모른다. 책방이라고 다를 리 없다."

창업자들에게 기업가 정신을 가르치는 마이클 거버의 『사업의 철학』이 있다. 그는 창업을 시작한 이들에 대해 이렇게 말한다.

"자신이 너무나 좋아하는 그 일을 택해 사업을 시작한다. 그러나 너무나 좋아해서 시작했던 그 일은 어느덧 하기 싫은 일이 되어버리고, 낯설고 불쾌하고 잡다한 업무 속에 묻혀버린다."
"그 일의 특별함은 사라지고, 생계유지 도구로 전락해버린다."

사업을 시작한 이들은 "원하는 때에 마음대로 일할 수 있는 자유, 다른 사람을 위해 일하는 속박에서 벗어날 자유를 원한다." 하지만 창업을 했더니 도리어 일은 더 많아지고 도저히 혼자 처리할 수 없는 지점에 이른다. 이때 어떻게 할 것인가. 창업자들은 세 가지 길 중 하나를 선택한다. 사업을 축소하거나, 사업에 모든 것을 걸거나, 상황에 맞게 버티거나.

거버는 사업을 지키고 싶다면 어떻게든 버텨서 다음 단계로 가야 한다고 충고한다. 만약 축소를 선택하면 결국 문을 닫는 방법밖에 없다고 잘라 말한다. 모든 창업자는 "일을 직접 하는 기술자를 넘어 운영하는 기업가로 성장해야 한다"라는 조언이다. 어떤 일이나 종내는 창업자 없이도 굴러가는 기업을 만들어야 한다는 뜻이다. 그러기 위해 일의 질서를 만들고, 결과를 데이터로 확인하는 관리자 마인드, 미래를 꿈꾸는 기업가 마인드, 직접 일을 하는 기술자 마인드를 모두 갖춰야 한다. 산업화 시대를 기반으로 한 거버의 논리에 반감이 들기도 하지만, 영세성을 벗어나지 못한 1인 사업장의 미래는 사실 그리 밝지 않다.

국내에서 가장 흔한 창업 업종은 식당과 숙박업소다. 아무리 요리에 자신 있다고 해도 막상 작은 식당을 열어 살아남는 건 어렵다. 식당은 노동력이 많이 들어간다. 사업의 효율화와 규모의 경제를 만들지 않는 한 지속을 위해서는 자본을 축적해야 하는데 이게 어렵다. 장사가 잘되는 것처럼 보이는 곳도 어지간해서는 1인 사업자가 자기 노동력에 따른 인건비 정도를 번다면 다행이다. 그저 버티는 것만도 다행이다. 그러니 돈을 벌려면 직장에 다니는 편이 더 나을지도 모른다. 서점이라고 다를 리 없다. 서점으로 부를 이룰 수 있는 시대를 지난 지금, 예전처럼 체인서점이나 지점 운영으로 규모의 경제를 이루는 것도 쉽지 않다. 지역서점 가운데 현재 시점에서 지점을 가장 성공적으로 운영하는 사례는 '진주문고'가 유일하다.

책방은 시작하기는 쉬워도 지속하기는 어렵다. 오래도록 책방을 지켜온 대표 가운데 인터뷰에 응해 속내를 털어놓다가 감정이 북받쳐 잠시 말을 잇지 못하는 경우가 있었다. 처음 꿈꾸었던 책방에 대한 로망과 막상 자영업자로 부딪힌 현실이 달랐기 때문이다. 어쩌면 모든 자영업자가 겪는 일일지도 모른다. 다만 책방지기 중에는 서점이 아니라면 자영업을 시작하지 않았을 이들이 많다. 책방은 적어도 다른 업종과는 다를 수 있을 거라는 기대를 품었기에, 아름다운 꿈을 꾸고 이 길에 들어섰기에 이들이 더 아픈 게 아닐까.

"비록 소수일지언정 책방을 찾는 독자들은 책방이 생겨서 얼마나 좋은지 모른다며 있어줘서 고맙다고 인사를 한다. 세상에 많은 일 중 보람을 느낄 수 있는 일은 생각보다 많지 않다. 책방은 지치고 힘든 일인 건 맞지만 어디서도 만나기 힘든 보람을 느끼게 한다."

책방이 어렵기만 한 건 아니다. 비할 수 없는 보람이 있다. 책방지기들은 한결같이 이 일이 재미있다고 말한다. 그럴 때마다 대체 돈도 안 되는 서점이 뭐가 재미있느냐고 짐짓 묻는다. 이에 대한 서점지기의 대답을 종합하면 이렇다.

"소비자가 물건을 사러 매장에 갔을 때, 판매자에게 고마워하지 않죠. 소비자가 돈을 내고 물건을 사니까 대개는 판매자가 고맙다고 인사를 합니다. 고객은 왕이라는 말도 있잖아요. 동네에 휴대전화기 대리점이 생기고, 편의점이 문을 열었다고 일부러 찾아와서 고맙다고 인사하는 사람은 드물죠. 그렇지만 서점은 달라요."

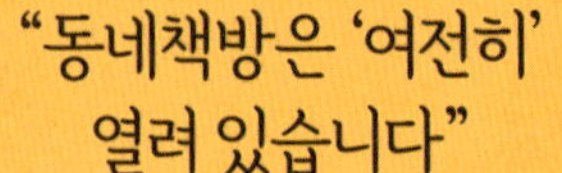

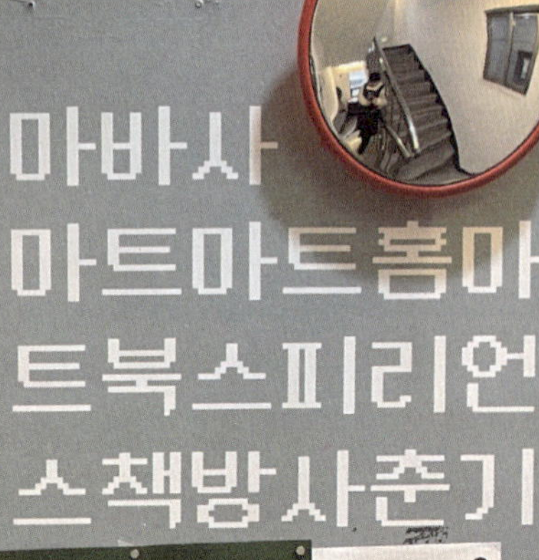

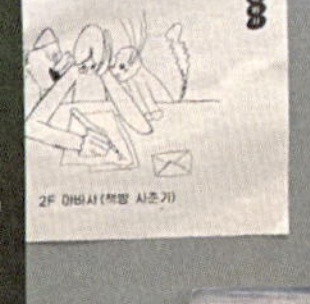

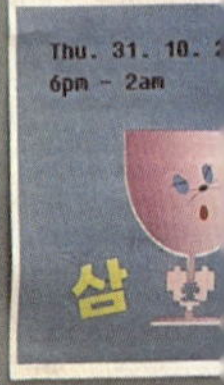

'책방사춘기'가 시즌2를 마감하고 이사를 한다는 소식을 듣고 책방을 사랑하는 사람들이 자발적으로 모여 기념행사를 하자며 책방지기를 졸랐다. 책방은 이렇게 단순한 상업공간이 아니라 독자의 추억이 쌓이는 곳이다. 2026년 '책방사춘기'의 문도 '여전히' 열려 있다. ©책방사춘기

책방은 단순한 상업공간이 아니라 독자의 추억이 쌓이는 장소다. '책방사춘기'가 시즌2를 마감하고 이사를 할 때, 책방을 사랑하는 사람들이 자발적으로 모여들었다. 문을 닫는 게 아닌데도 돌아가며 책방지기를 하겠다고 나서고, 기념 행사를 하자며 책방지기를 졸랐다. 책방은 그런 곳이다.[14]

'삼일문고' 김기중 대표는 초창기에는 휴대전화기 판매 대리점을 병행했다. 서점의 적자를 보전하는 방법이었다. 그는 단언했다.

"서점업이 비교할 수 없이 보람찹니다."

김기중 대표는 '삼일문고'가 적자를 면하자마자 바로 휴대전화기 판매 대리점을 철수하고 그 자리를 문학관으로 바꿔 서점을 확장했다. 앞서 말했던, 게스트 하우스를 책방으로 바꾼 '소심한책방' 역시 비슷한 사례다. 김기중 대표는 서점과 독자와의 관계를 이렇게 말했다.

"서점업이 하기 힘든 일이고, 수익이 안 나는 걸 아니까 손님이 서점을 더 귀하게 여깁니다. 만약 다른 일이었다면, 그저 돈 벌려고 하는 거라고 생각하지 않았겠습니까. 서점만큼 손님이 이렇게 응원해주는 일은 없습니다. 서점에 있으면 이곳을 찾은 독자와 책방지기가 서로 느끼는 뿌듯함이 있습니다. 서점을 하는 재미는 다른 일과 비교할 수 없습니다."

다른 일보다 서점업이 비교할 수 없이
보람차다는 김기중 '삼일문고' 대표가
적자를 면하자마자 확장해 만든 문학관.

독자는 책방을 거리에 많고 많은 단순한 가게 이상으로 여기고 돕고 응원한다. 이 부분이 책방을 다르게 만든다. '소심한책방'에 갔을 때 한 독자가 그날의 서점원 우주 님에게 거듭 감사 인사를 하고 있었다.

"우주 님이 인기가 많네요!"

이렇게 거드는 내게 그는 바로 손사래를 쳤다.

"제가 아니라 '소심한책방'에게 고마워하는 거죠."

비록 소수일지언정 독자는 책방이 생겨서 얼마나 좋은지 모른다며 인사를 한다. 아름다운 책방이 그 자리에 있어 고맙다고 감사의 말을 전한다. 세상에 많은 일이 존재하지만 보람을 느낄 수 있는 일은 생각보다 많지 않다. 책방은 책방지기를 지치게 하는 치명적인 단점을 지녔지만 한편으로는 어디서도 만나기 힘든 보람을 느끼게 한다.

생존을 향한 변신과
모색의 고군분투

천의 얼굴이기도,
오직 한 사람만을
위하기도

"책방은 하나의 콘텐츠다. 유형의 상품뿐 아니라 무형의 콘텐츠도 담을 수 있다. 이런 개방성 덕분에 무궁무진한 실험이 가능하다. 오늘날의 독자는 책방에서 책을 사지만 동시에 책방이라는 공간 경험을 즐긴다. 책방의 새로운 시도와 변신을 독자들은 재미있어 한다."

정말로 동네책방이 많아졌다. 단순히 개수만 늘어난 게 아니라 책방마다의 고유한 특징을 지녔다는 의미에서 다양하고 다채롭다. 어제는 '고요서사'에 가고, 오늘은 '책방사춘기'에 가도 재미있다. 책방마다 진열하는 책도 다르고, 분위기가 고유하다. 동네책방 투어가 가능하다. 실제로 여행지 책방에 가면 책방 순례 중이라는 독자를 자주 만날 수 있다.

책방은 지역에 터를 잡고 책을 전시하고 독자에게 판매하는 소매업이다. 대개 고객을 직접 만나는 소매업종들, 예를 들어 안경점이나 화장품 가게 혹은 제과점은 해당 제품만 판다. 책방은 좀 다르다. 꼭 책만 팔지 않는다. 책방에 이질적인 요소를 모아놓아도 이상하지 않다. 책방은 한계가 없고 유동적이다. 유형의 상품뿐 아니라 무형의 콘텐츠도 담을 수 있다. 책방의 새로운 시도와 변신을 독자들은 재미있어 한다. 이런 개방성 덕분에 무궁무진한 실험이 가능하다.

서울 마포구 공덕동 '푸른 약국'은 얼핏 보면 평범하다. 유리창에 '흐릿 침침한 눈에는 녹십자 눈건강'이라는 포스터가 있다. 아래로 눈길을 돌리면 '온기를 배달합니다'라는 책 광고가 붙어 있다. 약국인데 책을 판다. 현직 약사 박홀륭이 약국 안에서 책방을 운영한다. 이름하여 '아직 독립 못 한 책방'(이하 '아독방')이다. 2018년부터 꾸준히 소셜미디어에 책 리뷰를 올렸고, 온라인으로 주문하는 단골 독자를 200명이나 확보했다. 종종 약국 안에서 책 관련 행사를 할 때 셔터를 반쯤 내려놓는다. 독자들은 몸을 접어 안으로 들어가야 하니 불편할 텐데 마다하지 않는다. 비밀스럽고 재미있기 때문이다. 박 대표는 "약국 경영에 도움이 되면서 약국 안에서 할 수 있는, 재미있는 것을 찾다보니"[1] 이런 방식이 되었다고 한다. '아독방'은 몸의 병에 듣는 약과 마음의 치료제인 책을 함께 파는 셈인데, 이 또한 말이 된다. 이런 신기한 방식은 큐레이션 책방의 등장으로 가능해졌다. 현재 유통되는 거의 모든 책이 아니라 책방지기가 추천하고 싶은 책으로 범주를 줄이자 책방이 독특해졌다.

서점이 서점답지 않은 것도 방문해야 할 재미다. 어떤 책방이든 가능하다. 다만 어떤 방식으로 책방과 콘텐츠를 창의적으로 연결하고, 서비스를 제공해서 사업 구조를 만드느냐 하는 과제만 남았다.

책방은 하나의 콘텐츠다. 독자가 책방에서 책을 사지만 동시에 책방이라는 공간 경험을 즐긴다. 과거에는 전자를 서비스했지만, 이제는 두 가지 모두가 중요하다. 특별한 책방은 우선 책방지기로부터 나온다. 책방은 주인을 닮는 법이고 동네책방에는 책방지기의 취미와 장점이 스며든다. 백인백색 책방이 탄생하는 비결일 테다. 책방을 시작한다면, 반드시 자신의 장점이 무엇인지를 곰곰 돌아봐야 한다. 자신을 알아야 책방에서 하고 싶은 이야기가 분명해진다. 특히 책방지기의 전직은 중요한 자산이다. 책방을 시작하며 새롭게 공부하고 콘텐츠를 쌓으려는 자세도 필요하지만, 지금껏 좋아하고 즐거워했던 일을 책방과 연결하는 작업이 먼저다. 자신의 취미나 덕질이 책과 연결되면 새로운 사업모델이 나온다. 예를 들어 국내에 그림책방이 여럿 있는데 대개 애호가들이 시작했다. 순천그림책도서관 앞에 있는 '도그책방', 당진의 '그림책꽃밭', 연천의 '굼벵책방' 등도 그림책을 좋아해서 작은도서관 관장을 하거나 그림책 활동가로 일하던 그림책 덕후가 만든 책방이다.

"책방은 누가 하느냐에 따라 카멜레온처럼 변한다. 책방지기가 재미있고 지속하고 싶은 일이 책방의 가치가 되고 비즈니스 모델이 되기도 한다. 누군가에게 책방은 라디오지만, 누군가에게는 학교 또는 갤러리이거나 창작의 동력이 되기도 한다. 그게 뭐든 저절로 만들어지는 건 없다."

연남동에 있는 '서점리스본'의 정현주 대표는 30여 년 가까이 라디오 작가로 일했다. 라디오의 전성기 시절, 옥주현·이봄·최강희·장윤주 등의 디제이와 프로그램을 만들었다. 또한 라디오의 감수성을 담아 정 대표가 2013년 발표한 『그래도, 사랑』은 20만 부가 넘게 팔렸다. 이런 이력을 지닌 정 대표는 2016년 '드로잉북 리스본'이라는 책방을 시작했다. 잠시 외도라고 생각했으나 책방 자리를 바꿔가며 10여 년을 이어가고 있다.

지금은 '연트럴파크'로 불리는 경의선숲길의 협소 건물에서 '서점리스본'을 운영한다. 경의선숲길은 원래 기차가 지나던 자리다. 이곳이 공원으로 바뀌자 철길 옆에 있던 작고 낮은 집들이 카페와 식당 등의 상

2016년 잠시 외도를 한다고 여기며
시작한 '서점리스본'은 어느덧 10년의
구력이 쌓였고, 주말이면 서점에 입장하기
위해 독자들이 줄을 서는 책방이 되었다.

가로 모습을 바꾸었다. 지금 '서점리스본'이 둥지를 튼 건물도 마찬가지다. 1층이 23제곱미터(약 7평), 2층이 20제곱미터(약 6평) 남짓한 작은 공간이라 10여 명만 서점에 들어와도 움직이기 어려울 만큼 협소하다. 그러니 경의선숲길에 사람이 몰리는 주말이면 서점에 입장하기 위해 줄을 설 수밖에 없다.

'서점리스본'은 두 가지가 유명하다. 하나는 줄을 서는 서점, 다른 하나는 책방만으로 수익을 내는 서점이다. 어떻게 이런 선순환이 가능할까. 우선 정 대표의 전직에 유의해야 한다. 정 대표는 책방을 라디오라고 생각한다. 라디오 작가로서 오래 했던 일을 '서점리스본'에서도 한다. 초대 손님을 부르고, 청취자의 사연을 읽어주고, 애청자와 소곤소곤 대화하듯 서점을 운영한다. 전문 분야의 게스트가 나와 영화나 과학을 이야기하는 라디오의 코너와, 작가를 초대해 책 이야기를 듣는 일은 다를 게 없다. 라디오 스튜디오에서 가끔 가수를 불러 노래를 듣듯, 책방에서 공연도 한다. 청취자가 사연이나 고민을 라디오에 보내면 디제이는 읽고 답변을 한다. 위로나 축하의 노래를 들려주기도 한다. 초창기 '드로잉북 리스본' 시절, 정 대표는 독자가 사랑 이야기를 들려주면 거기에 맞는 책을 추천했다. 라디오와 흡사한 책방이었다.

독자에게 맞춤한 책을 추천하는 방식은 수요가 많아지면 혼자 감당할 수 없다. 범용성을 높이기 위해 호주 '엘리자베스 북숍'Elizabeth Bookshop에서 하던 블라인드북을 시작했다. 블라인드북은 여러 서점에서 많이 시도하는 방식인데 어떤 책인지 알 수 없게 포장을 한다는 점은 같다. 한데 포장도, 고르는 책도, 힌트를 주는 방식도 책방마다 다르다.

'서점리스본'은 포장 겉면에 책 속의 한 문장을 적어둔다. 2025년 5월의 비밀책에는 이런 문장을 적었다.

"우리는 최선을 다해 타자를 상상해야 합니다."

비밀책에 드립백 커피를 포함한 세트도 만들었다. '이달의 비밀책'은 온라인 정기구독서비스로도 만날 수 있다.[2] 작가의 생일 혹은 작품의 초판 발행일 등에 맞춘 365일 생일책도 특별한 책 서비스다. 역시 블라인드북이다. 주로 선물용으로 구매하는 독자가 많다. 책갈피와 스티커 그리고 향수를 뿌려 우아하게 포장한다. 국내에서 MBTI가 유행하자 유형별로 읽으면 좋은 책을 골라 MBTI 책도 만들었다. 1층은 책방으로, 2층은 독서공간이자 행사와 생일책 전시 공간으로 사용한다. 10여 명 정도가 앉으면 만석이다. 2025년 정동에 '서점리스본 클라스'를 열기 전에는 2층에서 행사를 했다. 행사에 참여하면 겨울에는 따듯한 뱅쇼를, 여름에 레몬과 레드와인을 넣은 시원한 상그리아를 마실 수 있다. 보통의 책방에서 이런 행사를 '작가와의 만남'이라 하지만 여기서는 '파티'라고 한다. '버찌책방'의 조예은 대표가 『버찌책방은 다 계획이 있지』를 출간하고 이곳에서 마련한 파티에 참여한 적이 있다. 파티를 마무리하며 정현주 대표는 이렇게 말했다.

"진심이 아니라면 네트워크는 만들어지지 않아요. '버찌책방'이 밖으로 보여지는 걸 만들기 위해 얼마나 힘들었을까, 한편으로는 안쓰러워요."

정현주 대표가 선배로서 조예은 대표에게 건네는 따뜻한 격려였지만 정현주 대표 스스로에게도 해당하는 말로 들렸다. 책방은 누가 하느냐에 따라 카멜레온처럼 변한다. 정현주 대표에게 책방은 라디오지만, 누군가에게는 학교 또는 갤러리이기도 하다. 그게 무엇이든 저절로 만들어지는 건 없다.

영국 바스Bath에 '페르세포네북스'Persephone Books가 있다. 런던 블룸즈버리Bloomsbury에 있다가 2021년 바스로 이전했다. 아름다운 서점을 손꼽을 때마다 빠지지 않는 곳이다. 페르세포네가 낯익을 텐데 그리스 신화에 나오는 지하 세계의 여왕이다. 그리스 신화 속 여왕의 이름을 서점명으로 사용했으니 짐작할 테다. '페르세포네북스'는 페미니즘 서점이다. 런던에서 바스로 이전하면서 서점의 정체성을 강화했다. 서점의 사업모델은 18~19세기 영국을 대표하는 소설가 제인 오스틴이라는 문학적 유산을 배경으로 여성 문학을 재발견하는 일이다. 구체적으로는 19세기 말~ 20세기 중반에 출간되었으나 잊혀진 여성 작가의 책을 복간하고 서점에서 판매한다. '페르세포네북스'처럼 서점과 출판사를 병행하는 곳들이 여럿 있다. 런던 매릴러번Marylebone에 있는 '돈트북스'Daunt Books 역시 출판을 한다. 서점업과 출판업이 한몸이었다는 역사성을 실현하는 일이자, 책방의 브랜딩과 수익 구조를 연결하는 사례다.

책방에 오는 사람들은 아무래도 읽기와 쓰기에 관심이 많다. 혼자 에세이를 쓰거나 독립출판물을 출판하는 일도 흔해졌다. 더 나아가

영국의 '페르세포네북스'(왼쪽 위)나 '돈트북스'처럼 책방과 출판을 함께 하는 곳들은 전통적으로 꽤 많았다.
이는 서점업과 출판업이 한몸이었음을 환기하고, 책방의 브랜딩과 수익 구조를 연결하는 사례로도 볼 수 있다.

창작자가 되고 싶다는 꿈을 가진 이들도 많다. 이런 흐름을 반영한 워크숍도 많다. '페르세포네북스'나 '돈트북스'가 책방의 비전을 출판으로 보여준다면, 국내에는 창작자를 지지하고 지원하는 역할을 정체성으로 삼는 책방들이 있다. 망원동 '이후북스'나 홍대앞 '책방연희' 같은 곳이다.

'이후북스'는 독립서점이다. 독립출판물을 70퍼센트, 일반 단행본을 30퍼센트 정도 진열한다. 독립출판물을 전시하고 판매하는 데 만족하지 않고 예비 창작자를 지원한다. 독립출판물을 직접 만들어보는 워크숍이 이 책방의 강점이다. '이후북스' 프로그램들은 창작자 지원이라는 측면에서 가지를 뻗는다. 독립출판물을 발표한 작가나 출판사 관계자를 통해 제작 과정, 출판물 유통에 관한 강의가 만들어지는 식이다. '이후진 프레스'라는 출판사를 직접 운영하며 독립출판물을 펴낸다.

'책방연희'는 책과 도시를 이야기하는 도시 인문학 서점으로 시작해서, 지금은 "책을 읽고 글을 쓰는 느슨한 연대"를 이어가는 책방으로 발전했다. 구선아 대표는 도시사회학을 전공했고, 여러 도시의 책방을 다니며 『여행자의 동네서점』을 쓰기도 했다. 실제로 구 대표 자신이 책방을 운영하며 여러 권의 책을 펴냈다. 이에 대해 구 대표는 "콘텐츠를 직접 기획하고 생산하는 것에 큰 매력"을 느끼고, "책방을 운영하는 일이 창작에 영감을 줘서 앞으로도 책방을 중심으로 계속 새로운 이야기를 쓰고 만들고 전하고"[3] 싶다고 말한다. 책방을 운영하며 셀럽보다는 작가가 되기를 바라는 마음은 자연스럽게 '책방연희'에 투영되었다.

'책방연희'는 크게 두 축으로 콘텐츠를 기획한다. 한 축은 산책·동

서울 '책방연희'는 도시 인문학 서점으로 시작,
"책을 읽고 글을 쓰는 느슨한 연대"를 이어가는 책방으로 발전했다.

네·로컬·도시이며, 다른 한축은 글쓰기와 책 만들기이다. 특히 각종 쓰기 워크숍이 많은데 독서일기·에세이·소설·노래 가사 쓰기는 물론이고, 출판 기획·디자인·여행책·그림책 스토리보드 짜기 같은 창작자를 위한 클래스가 열린다. 아예 독립출판의 경향과 제작 그리고 유통을 아우르는 "독립출판의 A to Z" 워크숍을 진행하기도 했다. 책방지기가 재미있고 지속하고 싶은 일이 책방의 가치가 되고 핵심 활동으로 이어지며 결국 이것이 주요한 비즈니스 모델이 된 사례다.

"책방지기들이 한결같이 하는 말이 있다. '서점은 망해도 사람은 남는다.' 책방은 그림책 작가의 아지트로도, "마지막까지 같이 할 고향"이기도, 추상적인 주장을 구체화하는 공간이기도, 관념적인 생각에서 머물지 않고 독자와 함께 행동하고 실천하는 장소가 되기도 한다."

군포에 '터무니책방'이 있었다. 터무니라니 무슨 이름이 이런가 싶다. 심지어 '터무니책방'은 강남구 개포동 '송커피' 옆에 지점이 있었는데 거기 이런 말이 적혀 있었다.

"요즘 시대에 책방이라니, 정말 터무니없군요."

책방지기는 그림책 작가인 엄선이다. 그림책 『만타와 물고기』의 작가다. 공간 문화 플랫폼 '밸류브릿지'valuebridge가 운영하는 대안공간에서 '터무니없는 책 만들기'를 한 게 계기가 되었다. 조금만 서울에서 멀어져도 문화공간을 만나기란 어렵다. 엄선 작가는 '누군가 하겠지'라고 생각하지 말고 직접 해야겠다는 마음으로 책방 일에 도전했다.

조오 작가가 그림책『나의 구석』을 펴냈을 때, 물성과 의미를 연결한 이런 그림책을 펴낸 작가는 누구인가 싶어 인터뷰를 청한 적이 있다. 조오 작가는 내게 군포 금정역 근처 '터무니책방'에서 만나자고 했다. 당시 조오 작가는 독립출판물은 몇 권 나왔지만 상업 그림책은 처음 낸 신인이었다. 작가에 대한 정보가 많지 않았다. 책방에서 만나자는 그를 두고 그림책 작가이자 책방주인일지 모른다는 상상도 했다. 알고 보니 '터무니책방'은 서점이자 동시에 작가 워크숍이 진행되는 교육공간이자 책방 한쪽에서 작품 전시를 하는 그야말로 복합문화공간이었다. '밸류브릿지' 송창현 대표가 교육문화를 담당했고 책방의 큐레이션은 엄선 작가와 조오 작가가 했다.

책방은 2022년 군포에서 의왕으로 이전했다. 아울러 '송커피×터무니책방'이라는 이름을 걸고 서울로도 진출했다. 2025년 현재 서울점만 남았다. 청주에 집을 매입해, 리모델링을 거친 뒤 다시 책방 문을 열 계획으로 알려져 있다. 엄선 작가는 책방을 하는 일에 대해 이런 말을 한 적이 있다.[4]

"요즘 시대에 책방이라니 터무니없죠. 좋아서 하지 않으면, 계속해서 의미를 발견하지 않으면 할 이유가 없는 게 책방인 것 같아요. 책방을 운영해보니까 어느 하나도 호락호락하지 않더라고요. 책 시장을 보면 다들 느낄 거예요. 작가도 출판사도 책방도 버티기 힘든데, 도대체 누가 돈을 버는지. 그런데 그런 돈 안 되는 일이 가치 있어 보이더라고요."

책방에 엄선과 조오 작가가 상주하는 데다, 워크숍과 커뮤니티 그리고 수강생의 작품 전시가 연결되다보니 '터무니책방'은 그림책 작가의 아지트가 되었다. '터무니책방'이 되고 싶은 바다. '터무니책방'은 작가들의 "근거"가 되어주고 싶은 마음이 만들어가는 서점이니까. 이곳을 찾는 작가들도 '터무니책방'을 "마지막까지 같이 할 고향"이라고 부른다. 책방지기들이 한결같이 하는 말이 있다.

"책방을 해서 돈은 안 남아도 사람은 남는다."

'터무니책방'을 보고 있으면 이 말의 뜻을 알게 된다. 참, 터무니란 말은 터의 무늬라는 뜻이다. 다시 말해 터가 있었다는 뜻이자, 누군가에게 근거가 된다는 뜻을 담는다.

창작이라는 가치를 내세운 책방은 예비 창작자에게는 고향이자 근거다. 비슷하지만 조금은 다른 책방이 작가가 만들고 운영하는 책방이다. 이때 책방은 작가가 책 속에서 주장했던 바를 실천하는 장이 된다. 베스트셀러였던『공부머리 독서법』을 기억하는 독자들이 있을 테다. 이 책의 저자인 최승필 작가가 남양주에 '공독서가'라는 동네책방을 열었다. 2018년『공부머리 독서법』을 출간하기 전 최 작가는 대치동 논술

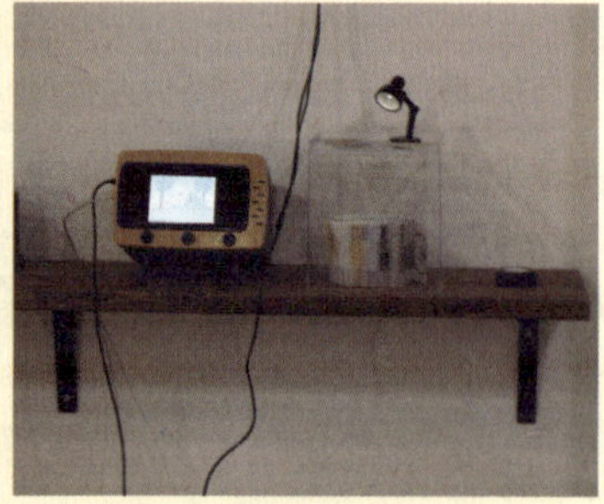

'터무니책방'은 서점이면서 작가 워크숍을 진행하는 교육 공간이자 작품 전시를 하는 복합문화공간을 지향한다.
이 사진은 2021년 무렵의 것이다.

학원에서 12년을 강사로 일했다. 최 작가는 과학과 역사책을 좋아했던 터라 지식 책을 못 읽어내는 10대에게 말로 설명했다. 아이들의 반응이 뜨거웠다. 갈급증이 생겼다.

'아니 이렇게 쉽게 말할 수 있는 걸 왜 못 하지? 논픽션을 좀 재미있게 쓸 수 없나?'

2015년 인간의 진화 이야기를 어린이 눈높이에 맞춰쓴『사람이 뭐야?』로 '창비' 출판사에서 주최한 '좋은어린이책공모'에서 기획 부문 대상을 받았다. 이후 여러 권의 어린이 교양서를 썼다. 논술 강사 생활을 접고 글을 쓰고 싶었지만 작가로 돈을 벌기란 정말 어렵다는 것도 배웠다. 우선 '책구루' 출판사를 직접 차리고 그간의 경험을 녹여 독서법을 썼다. 이 책이 바로『공부머리 독서법』이다.

출간 후 5년여 동안 최 작가는 정말 많은 강의를 했다. 대중강연 프로그램 '세바시' 유튜브 영상은 100만 뷰를 훌쩍 넘겼다. 하지만 아무리 강의를 해도 부모는 여전히 4학년이 읽을 고전 목록만 찾았다. 부모가 억지로 책을 권하다보니 어린이가 질려버린 경우도 허다했다. 최 작가가 찾은 궁극의 방법은 책방이었다. 2022년 5월 남양주에 '공독서가'를 열고 이곳에서 독서가를 만나 함께 늙어보자고 마음먹었다. 원래 카페였던 곳을 책방으로 바꾼 덕에 혼자 혹은 여럿이 읽기 모임을 할 수 있는 공간도 넉넉했다. 이곳에서 그는 독자들과 읽기 모임을 한다.

책방에는 '보는 책'이란 스티커가 붙은 책이 많았다. 도서관에서 책

남양주의 '공독서가'는 『공부머리 독서법』의 저자 최승필 작가가 아이들에게 책을 권하기 위해 만든 책방이다.
작가가 만든 책방이란 추상적인 주장을 구체화하는 공간, 독자와 함께 행동하고 실천하는 공간이다.

을 빌려서 읽어본 후 구매하는 최 작가의 독서법을 반영한 진열이다. 책방은 방학마다 '독서퀴즈 세트'를 준비한다. 학년별로 재미있게 읽을 수 있는 책과 가볍게 풀어볼 수 있는 독서퀴즈를 포함한 특별 세트다. 자신의 독서법을 역시 책방 꾸러미에 반영했다. 작가가 만든 책방이란 이처럼 추상적인 주장을 구체화하는 공간이다. 관념적인 생각에서 머물지 않고 독자와 함께 행동하고 실천하는 장소다.

소셜미디어가 활성화되며 작가와 독자가 일대일로 연결된다. 책의 홍보와 마케팅에서 작가의 중요성은 갈수록 높아진다. 작가의 인지도와 네트워크는 판매와 긴밀하게 이어진다. 우스갯소리로 작가가 책을 쓰는 시간보다 책을 홍보하는 시간이 더 길다. 이런 현상이 심화되자 직접 출판사를 차리는 작가도 늘었다. 소설가 김영하는 '복복서가'에서 자신의 소설을 펴낸다. 백희나 작가도 '스토리보울' 출판사를 운영하고, 최덕규·김윤정 작가도 '윤에디션'을 이끈다.

작가의 책방은 작가와 독자의 만남이 직접 이루어지는 공간이다. 해외에도 어린이청소년문학 작가인 주디 블룸Judy Blume 등이 책방을 운영한다. 국내에도 작가의 책방이 여럿 있다. 운영 주체에 따라 성격은 당연히 다르다. 2017년 수원에서 '마그앤그래'를 시작한 이소영 대표는 미술사를 공부했고, 잡지기자와 웹 기획자로 일했다. 2012년 『실험실의 명화』를 시작으로 과학의 눈으로 미술을 읽고, 화가의 도구와 기술로 미술의 역사를 살피는 저술 작업을 한다. 하지만 그는 작가라는 정체성을 내세우기보다 수원의 옛 동네인 권선동의 동네책방으로 자리잡기를 바란다. 그럼에도 작가라는 직업은 책방에 스며들어 '마그앤그

수원의 '마그앤그래'는 미술사를 공부한 이소영 작가가 운영하는 책방이다. 작가라는 정체성보다 동네의
책방으로 자리 잡기를 희망하지만 작가라는 직업은 책방에 보이지 않게 스며들어 있는 듯하다.

래'의 글쓰기 모임 참여자들이 함께 책을 펴내기도 했다. 이밖에도 일러스트레이터이자 에세이 작가로 활동하는 박정은이 '작업책방 씀'(폐업)에 이어 시작한 '계절책방 낮과밤'이 있고, 『한국 그림책의 역사』를 펴낸 평론가 조성순이 후암동에서 문을 연 '자작나무책방'도 있다.

2025년 파주 헤이리에 '고정순책방'도 문을 열었다. 그림책 작가인 고정순과 책방에는 긴 인연이 있다. 고 작가는 14년 동안 갖은 아르바이트를 하다 39살에 첫 그림책을 냈다. 생계도 어려운 작가 지망생이 문화예술을 어디에서 접할 것인가. 도서관이었고 책방이었다. 작가 지망생 시절, 고 작가는 우리나라 최초의 어린이 전문서점인 '초방책방'에서 일했다. 그 시절을 고 작가는 이렇게 말했다.[5]

"그 서점에서 일한 8년이 육체적으로 가장 덜 힘들었고 정신적으로는 가장 풍요로웠던 시간이었어요. '초방책방'은 그림책을 전문적으로 판매하고, 신경숙 선생님이 소유했던 외서들 같은 게 굉장히 많았기 때문에 그림책을 정말 자유롭게 공부할 수 있었죠."

이제 고정순 작가는 자신의 이름을 내건 책방에서 독자를 만난다. 독자들과 함께 글을 쓰고, 작가에게 힘이 되어준 책을 같이 읽는다. 책방에 가면 고전에 해당하는 옛날 책이 많아 놀란다. 모두 고 작가가 오래 좋아했던 책들이다. 작가가 쓴 코멘트를 따라 읽는 재미가 있다. 예를 들어 『무진기행』에는 이렇게 적혀 있다.

책방은 누가 하느냐에 따라 카멜레온처럼 변한다. 작가의 책방은 작가와 독자의 만남이 직접 이루어지는 공간이 되기도 한다. 『한국 그림책의 역사』를 펴낸 평론가가 서울 후암동에 마련한 '자작나무책방'도 그런 공간이다. ©자작나무책방

파주 헤이리 '고정순책방'은 자신의 이름을 내건 작가의 책방이다. 작가는 이곳에서 독자를 만난다. 독자들과 함께 글을 쓰고, 작가에게 힘이 되어준 책을 같이 읽는다.

"안개를 이보다 멋지게 묘사한 책은 없을 거라고 감탄하던 청년 고정순은 이제 이 책을 파는 책방지기가 되었다."

정약용이 쓰고 박서무가 엮은 『유배지에서 보낸 편지』에는 이렇게 적혀 있다.

"(초방)책방에서 일하던 시절 책만이 나를 자유롭게 해준다고 믿었고 그 중심에 아이러니하게도 '유배지에서 보낸 편지'가 있었습니다."

'고정순책방'은 말하자면 작가의 세계를 책으로 엮은 집이다.

이구동성 어렵다는
전문서점의 탄생과
생존 탐구

"지옥으로 가는 길로 여겨질 법한 전문서점이 여럿 생겼다. 이곳들은 전문 분야 대중서를 읽는 것조차 어려워하는 초보 독자들에게 길라잡이를 넘어, 같이 나아갈 공동체까지 만들어준다. 지난 10여 년 동안 여러 분야의 전문서점이 탄생하고 생존을 증명해내고 있다."

동네책방 초창기, 전문서점은 성공하기 어려운 분야라고 점쳐졌다. 간혹 '지옥으로 가는 길'로 불리는 출판 분야가 있다. 사진책, 영화책, 스포츠 서적처럼 시장이 협소한 분야다. 그러니 사진 전문서점 같은 건 하지 않는 편이 낫다는 게 상식처럼 여겨졌다.

놀랍게도 10여 년 사이 '지옥으로 가는 길'로 여겨질 법한 전문서점이 여럿 생겼다. 초창기부터 문학 전문서점이야 존재했다. 혜화동의 시 전문서점인 '위트앤시니컬', 신촌에 있는 추리소설 전문 '미스터리 유니온', 문학 전문으로 시작한 해방촌의 '고요서사', 고양의 '미스터버티고', 인천의 '문학소매점' 등이다. 그러던 것이 삼청동의 '갈다', 부산의 '동주책방' 같은 과학 전문서점으로 이어졌고, 대학로에 희곡 전문서점 '인스크립트'Inscript도 생겼다. 책방의 백화만발이다.

을지로 세운청계상가 3층에 있는 철학 전문서점 '소요서가'는 책방의 방향성에 시사점을 안겨준다. 2021년 7월 시작한 '소요서가'는 책만 파는 곳은 아니다. 철학, 예술, 역사 분야의 도서를 출간하는 '도서출판 소요서가'를 겸한다. 또 서양철학사를 시작으로 철학과 예술 분야를 강의하는 '아카데미 소요'도 함께 운영한다. 서점-출판-아카데미가 연결된 삼각형 구조다.

놀랍게도 지난 10여 년 사이 다들 어렵다고 말하는 전문서점이 여럿 생겼다.
대학로에 생긴 희곡 전문서점 '인스크립트'도 그렇게 피어난 백화만발 중 하나다.©인스크립트

"동네 책방은 재미가
가득한 곳!
오래오래 함께 해요"

책방은 윤상원 공동대표와 지인들이 시작한 철학 공부 모임에서
비롯했다. 사회인이 되면 따로 시간을 내어 공부를 하기 어렵다. 시작
했다 해도 흐지부지 끝나기 쉽다. 공부를 오래 하려면 구심점이 필요하
다. 그 중심이 책방이다. 철학 공부에서 비롯한 책방인 만큼 지식의 계
보를 구현한 탄탄한 큐레이션이 자랑이다. 서양철학의 대표작을 엄선
하고, 여기서 파생한 저작물까지 잘 정리되어 있다.

무슨 책을 읽을지 어려워하는 독자에게 적절한 책을 추천하는 일
은 책방지기의 주요한 업무다. 한데 과학이나 철학 등은 추천만으로 해
결되지 않는다. 초보 독자는 전문 분야의 대중서를 읽는 것조차 어려울
때가 많다. 이때 전문서점은 자연스럽게 길라잡이를 넘어, 아카데미를
통해 선생과 같이 공부할 학우 공동체까지 만들어준다. '소요서가'의 독
자들은 이렇게 입을 모은다.

> "사회생활을 하면서 교양을 쌓고 삶에 대한 깊이 있는 공부를
> 할 장소가 변변치 않은데, '소요서가'가 그런 장소와 기회를 마
> 련"해준다는 점이 만족스럽다. '아카데미 소요'에 참석하면 마
> 치 대학원에 온 것처럼 배움에 대한 열기가 뜨겁다."

'소요서가'는 그러니까 '소요대학' 노릇을 하는 셈이다.

전문서점 중에 몇 년 사이 가장 많은 주목을 받는 곳은 수원에 있
는 '탐조책방'이다. 국내 최초의 탐조책방이다. 2015년 탐조의 세계에
발을 들여놓은 박임자 대표가 2021년 시작했다. 새를 관찰한다니, 이

것은 전문가의 일이 아닌가. 윤무부 박사나, 새 사진을 전문으로 찍는 서정화 작가가 아닌 일반인이 새를 관찰한다는 사실 자체가 낯설었다. 적어도 정세랑 소설가 같은 탐조인이나 김금희 작가의 소설 속에서나 탐조 취미가 가능하다고 생각했다. 하지만 '탐조책방'이 등장하며 숨어 있는 탐조 인구가 표면에 드러났다. 흔히 책방이 콘텐츠를 품으면 책을 넘어 관련 용품까지 판매할 수 있다는 말을 한다. '탐조책방'이 좋은 예다. 새와 자연·생태 관련 책을 전시 판매하는 건 물론이고, 망원경 등 탐조용품의 판매를 병행한다. 특히 박 대표의 어머니 정맹순 어르신이 그린 새 그림엽서와 달력은 인기 굿즈다. 탐조 활동 프로그램도 인기다. 대단히 멀리 가지 않아도 아파트와 도시 주변에서 뿔논병아리, 물총새, 기러기 등을 만날 수 있는 탐조 프로그램을 매달 책방 인스타그램에 공지 후 진행한다.

조금 과장하면 세상에는 없는 책이 없다. 인문, 역사, 철학, 문학부터 시작해 요리, 바둑책까지 다양하다. 취미를 지닌 독자가 존재한다면 전문서점도 필요하다. 예컨대 미국의 동네책방 중 인기 있는 곳은 로맨스 책방이다.

대전 '다다르다'가 준비하고 있는 책방 중에는 축구 전문 책방도 있다. 단순히 축구책을 파는 걸 넘어 축구와 관련 있는 다양한 용품을 전시하고 판매할 예정이다. 마니아의 세계는 곧 장비의 세계다. 캠핑은 어마어마한 장비가 필요하며, 사진 역시 고가의 카메라와 렌즈를 구비해야 한다. 뜨개질이나 자수도 마찬가지다. 책뿐만 아니라 관련용품을 함께 파는 진정한 복합책방은 라이프스타일 서점이 아니라 전문서점일지 모르겠다.

크리스마스 시즌에 국내의 백화점 3사가 경쟁적으로 이벤트를 벌인다. 시작은 '신세계' 본점의 크리스마스 미디어 파사드다. 이를 보러 관람객이 모여들고, 매출이 큰 폭으로 상승했다. 영국 뉴캐슬 '펜윅'Fenwick 백화점도 크리스마스 시즌에만 선보이는 특별한 전시가 있다. 단 12일 동안 특별 쇼윈도 전시를 하는데, 전시가 공개되는 날은 흡사 축제를 방불케 한다. 쇼윈도 전시를 이용하면 극적으로 분위기를 환기할 수 있다는 뜻이다. 매장은 새로워지고 집객 효과도 높다.

'메인스트리트 트레이딩 컴퍼니'The Mainstreet Trading Company는 영국 스코틀랜드 보더스Borders 지역에 위치한 동네책방이다. 책도 팔고 카페도 운영한다. 여기에 현지 육가공품과 치즈 및 식재료를 파는 델리 숍, 주방용품과 인테리어 소품 등을 파는 홈 스토어를 겸한 복합 매장이다. 2008년 출판사에서 일하던 로저먼드Rosamund와 빌 데 라 헤이Bill de la Hey 부부가 시작했다. 이 서점의 쇼윈도 장식은 남다르다. 아예 작가들이 서점을 방문해 직접 쇼윈도에 그림을 그릴 때도 있다. 『산타는 어떻게 굴뚝을 내려갈까?』 출간 시에는 그림책 작가인 존 클라센John Klassen의 그림이 쇼윈도를 가득 채웠다. 독특한 쇼윈도는 자칫 비슷해 보이는 서점을 새롭게 할 뿐 아니라 볼거리를 제공한다.

국내는 '땡스북스'의 쇼윈도 전시가 대표적이다. 쇼윈도 전시로 주목을 끌어 독자를 서점으로 유인하고, 내부 전시와 자연스럽게 연결한다. 책과 연결한 '땡스북스'의 전시 콘셉트는 늘 신선하다. 책이라는 콘텐츠를 적절하게 이미지화한다. 『진아의 희망곡』은 임진아 작가가

'메인스트리트 트레이딩 컴퍼니'의 쇼윈도. 존 클라센의 『산타는 어떻게 굴뚝을 내려갈까?』 속 그림이 쇼윈도를 장식하고 있다. ⓒ'메인스트리트 트레이딩 컴퍼니' 홈페이지

'땡스북스'의 쇼윈도 전시는 서점 내부의 매대로 자연스럽게 이어진다.

1980~90년대 유년기에 즐긴 음악을 기록한 에세이다. 출판사와 '땡스북스'가 협업한 전시 콘셉트는 가상의 라디오 프로그램 '진아의 희망곡'이 방송되는 스튜디오였다. 책방 내부로 이동하면 가상의 스튜디오 '진아의 희망곡'에서 사용한 오프닝 멘트, 플레이리스트 등을 만날 수 있다.

책방의 쇼윈도 전시하면 '책방사춘기'를 빼놓을 수 없다. 『아침독서신문』에서 기자로 일했던 유지현 대표는 일명 '춘기 이모'로 더 친숙하다. '책방사춘기'에 대해 잊지 못할 에피소드를 갖고 있다. 2020년, 팬데믹 시절에 『동네책방 생존 탐구』를 마무리하다 '책방사춘기'가 문을 닫는다는 소식을 접했다. 곧 폐업 예정이라고 급하게 본문을 수정했다. 한데 책이 출간된 뒤 '책방사춘기'는 문을 닫지 않았을 뿐 아니라 전보다 더 활발하게 영업을 했다. 재쇄를 찍으며 즐거운 마음으로 다시 본문을 수정했다. '책방사춘기'를 보며 서점은 책방지기 혼자만의 것은 아니며, 대표조차 한 치 앞을 모를 때가 많다는 걸 절감했다. 사연은 이렇다.

유지현 대표의 집은 당시 의정부였다. 집에서 책방까지 왕복 세 시간이 걸렸다. 팬데믹이 들이닥치자 한 사람도 책방에 오지 않는 날이 이어졌고, 유 대표는 기운이 빠졌다. 책방을 닫아야겠다 마음먹고 공지를 올렸다. 신기하게도 다음날부터 독자들이 찾아와 책방에 얽힌 추억을 풀어냈다. 유 대표의 마음이 흔들렸다. 가깝게 지내던 편집자는 책방에서 전시를 해보라고 제안했다. 소셜미디어로 전시 소식을 알렸고 예약제로 독자를 맞았다. '오후의 소묘' 출판사에서 펴낸 휘리 작가의 『허락 없는 외출』을 테마 삼아 전시할 때였다. 순식간에 전시 포스터 300장이 동이 날 정도로 성황을 이루었다. 어린이책전문서점인 '책방사춘기'에 데이트를 하는 연인들도 찾아왔다. 그림책과 독립출판에 관심 있는 독자 사이에 소문이 나며 팔로우가 급격하게 늘었다.

'책방사춘기'의 소셜미디어 구독자가 1만 명을 넘자 책방은 새로운 국면으로 접어들었다. 신간 그림책이 나오면 출판사들은 가장 먼저 '책방사춘기'를 떠올렸다. 팬데믹 시절 '책방사춘기'의 '라방'은 작가를 만나고 싶은 독자들에게 귀한 자리였다. 일주일에도 몇 번씩이나 라방을 했고, 독자들은 '책방사춘기'를 방송국이라고 불렀다. 그림책을 펴내는 출판사라면 '책방사춘기'는 반드시 거쳐가야 하는 서점이었다. 폐업 직전에 놓였던 책방이 콘셉트를 확실히 세우며 전화위복의 기회를 맞았다. 이렇게 2017년 광진구에서 처음 문을 열었던 책방은 망원동을 거쳐 지금은 성산동에서 시즌3을 이어가고 있다.[6]

망원동 골목길을 걷다 시즌2 '책방사춘기'를 만나면 사방이 밝아지는 듯한 기분이 들었다. 커다란 외부 유리창이 통째로 전시 공간이 되어 독자를 사로잡았기 때문이다. '책방사춘기'는 쇼윈도뿐만 아니라 책방을 통째로 전시 공간으로 탈바꿈했다. 2021년 서현 작가가『호라이』와『호라이호라이』그림책을 출간했을 때다. 쇼윈도는 물론이고, 책방 내부에도 '호라이' 캐릭터가 여기저기 숨어 있었다. 서현 작가가 무려 사흘 동안 책방에 와서 직접 호라이 캐릭터를 그리고 붙여 전시 준비를 했다. 그때 본 '책방사춘기'는 책방 전체가 커다란 계란프라이 같았다.

책방이 한 권의 그림책으로 변하는 전시 콘셉트는 신선하고 즐거웠다. 전시와 행사 문의가 많아 유 대표가 혼자 감당하지 못할 정도였다. 결국 성산동에 책방 '북스피리언스'booksperience와 함께 '책방사춘기'

©책방사춘기

'책방사춘기' 시즌2, 망원동 시절 모습이다. 독자들은 문을 열자마자 "정말 책방이 작네요"라고 했지만,
이 작은 공간을 지키기 위해 유지현 대표는 열심히 일했다. 어느덧 그림책을 펴내는 출판사라면 반드시 거쳐가야 하는
곳이 되었다. 2021년 서현 작가의 전시가 열릴 때는 책방 전체가 계란 프라이 같았다.

'책방사춘기' 시즌3, 성산동 책방 모습이다. 책방이면서 동시에 작가의
원화도 전시하고, 더미북이나 소품 등도 배치해 다양한 공간으로 꾸려가면서
작가와의 만남을 온라인으로 방송한다.

는 또 하나의 공간 '마바사'를 마련했다. 혼자서 두 공간을 관리할 수 있지 않을까 싶었지만, 혼자는 벅찼다. 지금은 앞서 말한 대로 성산동의 '책방사춘기'로 시즌3을 이어가고 있다. '책방사춘기' 시즌3에서는 작가의 원화 전시와 더미북 혹은 소품 등을 전시하며 작가와의 만남을 온라인으로 방송한다. 소액의 대관료를 받으며 편차가 크지만 전시 중인 그림책이 100여 권 가까이 판매될 때도 있다.[7]

'책방사춘기' 말고도 망원동 '계절책방 낮과밤' 등도 전시 콘셉트 책방으로 공간 대여료를 받는다. 이밖에도 책방에서 원화 혹은 주제전시를 하는 곳은 많다. 그림책 출판사는 기대작이 나오면 책방에서 특별전시를 하고, 동네책방은 전시에 따른 공간 사용료를 받는다. 물론 출판사와 책방이 전시를 공간 대여로 볼 것이냐 협업으로 볼 것이냐에 따라 상황은 달라진다.

'보림' 출판사 권종택 대표는 한국 그림책의 산증인이다. 1976년 출판사를 시작했다. 당연히 전집판매였다. 1980년대 후반, 권 대표는 도쿄의 '마루젠'과 '크레용하우스' 서점을 방문해 그림책을 처음 만났다. 그야말로 신세계였다. 에릭 칼Eric Carle, 레오 리오니Leo Lionni, 고미 타로Gomi Taro, 헬메 하이네Helme Heine 등 지금도 사랑받는 고전 그림책을 모아 1989년 '위대한 탄생' 시리즈를 출간했고 1990년대 국내의 그림책이 태동하는 데 적지 않은 영향을 미쳤다. 이후 '보림'은 국내 창작 그림책 '연필과 크레용'에 이어 전통문화 그림책 '솔거나라' 시리즈 등을 출간하며 대표적인 그림책 출판사로 자리 잡았다.

70대 후반인 권 대표는 여전히 현장에 있다. 심지어 새로운 사업을 시작했다. '일러스트갤러리 비읍'이다. 온라인 플랫폼에서 원화를 전시·판매하지만 동네책방과 진행하는 협업에 적극적이다. 2024년 8월에는 제주의 '고요산책'·그림책방 '벨벳왓'·'보배책방'에서, 2025년 4월에는 서울 구로의 '콕콕콕' 그림책방에서 원화를 전시하고 판매했다. '콕콕콕'에서 전시한 김동수 작가의 원화 가운데 절반이 판매되었다. 책방은 전시와 모객을 책임지는 대신 판매 수익에서 일정한 수수료를 받는다.

"각자 책방을 시작한 지 10년이 넘은 세 사람의 책방지기가 남들이 하지 않는 일을 해보기로 의기투합했다. 언젠가 바다가 보이는 집에 살며 마당에 책을 진열하고 지나가는 사람에게 팔아보겠다는 꿈을 현실로 만들었다. 동네책방계의 원로가 낯선 마을의 초보 책방지기가 된 셈이다."

'숲속작은책방' 백창화 대표, '봄날의책방' 정은영 대표, 그리고 '국자와 주걱' 김현숙 대표가 공동으로 2025년 제주에 팝업책방을 열었다. 1년만 해보겠다는 뜻으로 이름도 '일년서가'라고 지었다. 제주도 동쪽 바닷가, 평대항이 내려다보이는 건물 2층에 자리 잡은 책방 유리창 너머로 한적한 바닷가 마을이 한눈에 내려다보였다. 세 명의 책방지기는 "각자 책방한 지 10년도 넘었는데 남들이 하지 않는 일을 해보자"며 의기투합했다. 언젠가 바다가 보이는 집에 살며 마당에 책을 진열하고 지나가는 사람에게 팔아보겠다는 꿈을 기어코 현실로 만든 것이다. 동네책방계의 원로가 낯선 마을의 초보 책방지기가 된 셈이다.

괴산 '숲속작은책방' 백창화 대표, 통영 '봄날의책방' 정은영 대표, 강화 '국자와주걱' 김현숙 대표가 공동으로
2025년에 제주에 차린 팝업책방은 1년만 해보겠다는 뜻으로 '일년서가'라고 이름 지었다.

1년만 하겠다고 마음먹었으니 설비 투자를 과감하게 할 수도 없고, 책을 잔뜩 들여다 놓을 수도 없었다. 게다가 돌아가며 서점을 지켜야 했다. '일년서가'의 콘셉트를 만들기가 녹록지 않았다는 말이다. 그럼에도 '일년서가'만의 특징을 궁리해냈다. 첫 시도는 책 만드는 책방, 북 아틀리에였다. 여행지에서 찍은 사진을 이용해 나만의 팝업북 만들기 체험을 할 수 있게 했다. 출판사를 정해 특별 전시도 했다. '책과 이음', '북스피어' 등이 거쳐갔다. 마지막으로 선택한 것이 '일러스트 비읍'과 협력해 원화를 전시하고 판매하는 일이었다. 2025년 4월 5일 시작한 '일년서가'는 일 년이 지나자 그대로 끝내기 아쉬워 새로운 파트너들과 함께 시즌2를 시작했다. 시즌2에는 '계수나무' 출판사 위정현 대표, '환경과생명문화재단 이다'의 김소희 이사장, 사서 출신 한지연 씨가 참여한다. 시즌1 '일년서가'를 찾았을 때 책방지기였던 '국자와주걱'의 김현숙 대표는 웃으며 이렇게 말했다.

"내 책방 팽개쳐두고 강화에서도 하지 않던 일을 제주 와서 하고 있네요."

해보니 어떠냐는 질문에 60대 중반의 책방지기는 이렇게 말했다.

"힘들어, 근데 즐거워!"

지금껏 존재하지 않던 책방 만드는 재미가 이렇다. 힘들고 즐겁다.

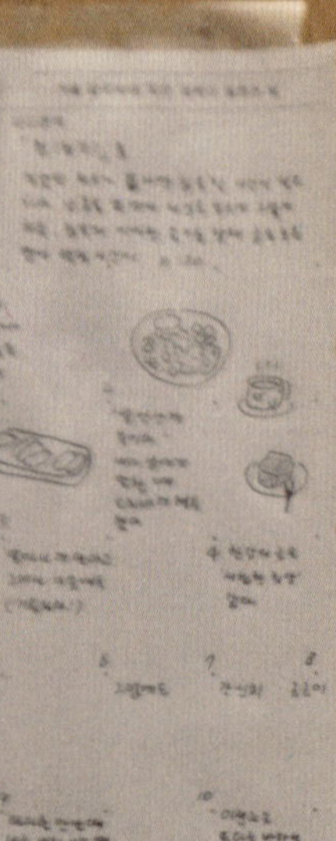
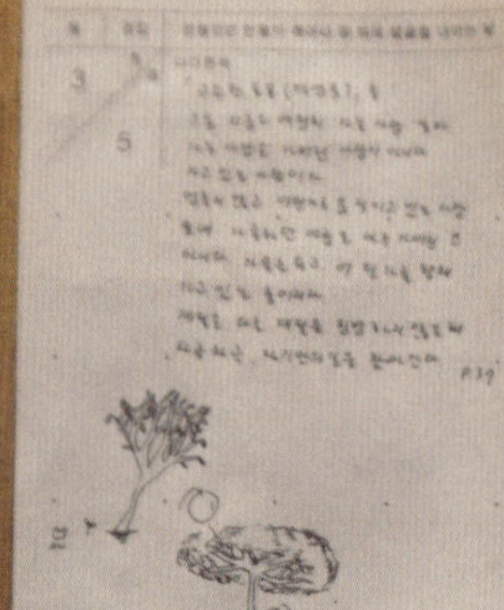
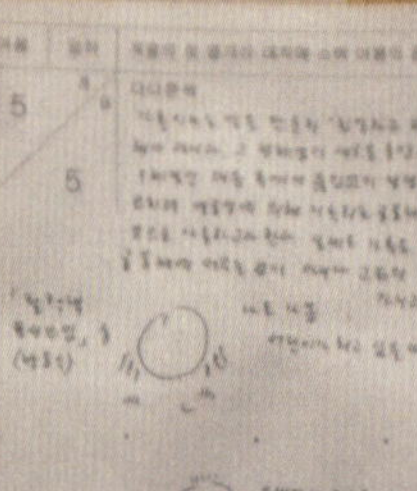
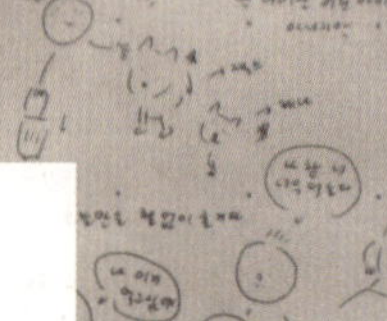

동네책방 지점은
같은 책방?
다른 책방?

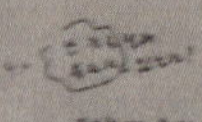
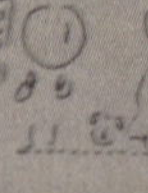

"책방은 통영이나 속초 같은 여행지에 있는지, 직장인이 많은 상암동에 있는지, 아파트가 밀집한 김포 신도시에 있는지에 따라 달라진다. 과거 대형체인서점이 붕어빵을 만들 듯 똑같은 지점을 만들던 방식과 결정적으로 다른 점이다."

일본에서도 주목을 받는 책방지기 야마시타 교헤이山下恭平는 도쿄에서 큐레이션과 기획을 중심으로 하는 '가모메북스'かもめブックス를 운영한다. '가모메북스' 부근에는 네 개의 역이 있다. 이다바시飯田橋 역, 가구라자카神楽坂 역, 와세다早稲田 역, 다카다노바바高田馬場 역은 모두 도쿄 도심에 가깝지만, 역 주변의 성격은 흥미롭게도 서로 다르다.

이다바시 역 일대는 JR과 지하철 노선이 교차하는 교통 요지로, 대기업 사무실과 관공서가 밀집해 있어 평일 낮에는 직장인 유동 인구가 많다. 가구라자카 역 인근은 이다바시 역에서 도보로 10~15분 거리지만 분위기는 확연히 다르다. 골목을 중심으로 한 단독주택지와 소규모 상점이 어우러진 주거지 중심의 동네다. 와세다 역은 와세다 대학 본교 인근이라 학생과 대학 관련 시설이 중심을 이룬다. 다카다노바바 역은 여러 노선이 만나는 환승역으로, 학생·직장인 유동 인구가 많고 음식점·게임센터·유흥 시설이 밀집한 유흥가 느낌이다. '가모메북스'는 가구라자카 역 인근에 있다.

2024년 도쿄에서 이시바시 다케후미 선생과 『동네책방 생존 탐구』 일본어판 출간 기념 북토크를 했을 때 숙소가 가구라자카 역 근처라 '가모메북스'를 방문했다. 가구라자카는 에도 시대부터 번성했던 거리로 좁은 골목에 오래된 일본식 건물이 남아 있다. 또한 프랑스풍 카페와 베이커리 등이 일찍부터 자리 잡아 '리틀 파리'라고도 불린다. 교통도 편하고 고즈넉하며 디자인숍, 잡화점 등 흥미로운 작은 가게들이 많은 동네였다. 가구라자카 역 부근이 어떤 모습인지 알고 나자 야나시타 교헤이가 왜 생활, 요리 같은 분야의 책을 중심으로 책방의 콘셉트를 잡고 라이프스타일 책방을 이곳에 만들었는지 이해가 되었다.[8]

도쿄의 전통과 이국적 분위기가 겹쳐진 가구라자카에 자리를 잡은 이 책방의 스타일이 주목을 받자 백화점 등에서 입점 제의를 자주 받았다. '가모메북스'의 분위기를 그대로 옮겨달라는 요구와 함께였다. 그때마다 야마시타 교헤이는 언제나 정중히 거절했다. 책방은 공간의 최적화가 중요하기 때문이다.

책방은 통영이나 속초 같은 여행지에 있는지, 직장인이 많은 상암동에 있는지, 아파트가 밀집한 김포 신도시에 있는지에 따라 달라진다. 과거 대형체인서점이 붕어빵을 만들 듯 똑같은 지점을 만들던 방식과 결정적으로 다른 점이다.

대형체인을 제외한 지역서점 중에는 '진주문고'가 가장 많은 지점을 운영한다. 평거동에 위치한 본점을 포함해 가좌동 엠비시점, 충무공동 혁신점, 초전점까지 모두 네 개의 서점을 운영한다.[9] 여태훈 대표가 지인들과 동네책방처럼 운영하는 '하동책방'까지 포함하면 다섯이다. 명실상부 서부 경남의 거점서점이다.

'삼일문고'는 서울점을 비롯해 지점 제안을 여러 번 받았다. 모 대기업에서는 대구점을 만들자고도 했다. 김기중 대표는 모두 거절했다.

'삼일문고'의 운영방식이 프랜차이즈를 염두에 두지 않은 구조였기 때문이다. 직원이 있지만 김 대표는 신간 발주부터 저자 섭외, 진열까지 서점의 모든 영역을 관장한다. 지점을 만든다면 지금까지와는 다른 시스템이 필요했다. 자본이 생각하듯 지금의 '삼일문고'를 복사해서 똑같이 두 번째 혹은 세 번째 '삼일문고'를 만들 수가 없다는 뜻이다. 외양을 카피한다고 지점이 되는 건 아니다. 마치 가구라자카 역 근처의 '가모메북스'가 잘 되는 걸 보고, 무조건 "'가모메북스'를 복사해놓으면 잘 되지 않을까 하고 바라는 건 무모한 생각"이라는 야마시타 교헤이의 말과 같다. 예외적으로 '삼일문고'와 비슷하지만 다른 서점은 있다. 요조와 '아이브 코퍼레이션' 송주환 대표가 공동 운영하는 신촌의 '무사책방'이다. '삼일문고'를 만든 건축가와 목수가 만들어 외양은 비슷하지만 다른 서점이다.[10]

책방지기는 책방의 시작이자 끝이다. '삼일문고'의 지점을 만들려면 우선 전문 능력을 지닌 책방지기가 필요하다. 마음먹으면 구하지 못할 것도 없겠지만 수익이 적은 책방으로는 언감생심이다. 전문 인력을 구하기도, 제대로 대우하기도 어렵다. 국내의 서점은 바로 이 지점에서 딜레마가 생긴다. 전문 인력이 필요하지만 제대로 대우할 수 없는 한계가 있다.

런던의 '돈트북스'는 매릴러번에서 시작해 현재 런던과 런던 인근에 모두 열 개 지점을 운영 중이다. 이 가운데는 다른 서점을 인수하면서 원래 이름을 유지하는 곳도 있다. 브렛 울스턴크로프트Brett Wolstencroft는 제임스 돈트의 친구이자 공동 설립자다. 지금은 매릴러번

'진주문고' 평거동 본점 안팎. ⓒ한미화

'진주문고' 가좌동 엠비시점 안팎.

'진주문고' 충무공동 혁신점 안팎.

'진주문고' 초전점 안팎.

'하동책방' 내부.

'진주문고'는 대형체인을 제외하고 가장 많은 지점을 운영함으로써
명실상부 서부 경남의 거점서점으로 자리매김했다. ©진주문고

의 '돈트북스'를 책임지는 매니저로 서점 내 도서 큐레이션 및 직원 교육, 창의적 진열 전략의 총책임자로 일하고 있다. 그는 '돈트북스'는 영국 최대 체인서점인 '워터스톤스'보다 두 배나 많은 급여를 지급한다며, 체인서점과 다른 차별점은 우수한 인재 채용과 장기 근속이라고 말한다. 전문 서점원이 독자에게 차별화된 서비스를 제공할 수 있고, 서점인이 읽은 책을 추천하고 독자에게 파는 선순환이 이루어진다. 이런 기반이 있기에 서점원들이 고른 한 권의 책을 대량 판매할 수 있다. 그래 봤자 오프라인서점에서 얼마나 팔까 싶지만 기대 이상이다. 한스 팔라다Hans Fallada의 『누구나 홀로 죽는다』Every Man Dies Alone는 브렛이 일하는 매릴러번에서만 하드커버와 페이퍼백을 포함해 약 3,000권을 판매했다.

"동네책방 중에는 '꿈틀책방'이 일찍이 다른 색깔의 지점을 개설했다. '최인아책방'은 다른 분위기의 2호점을 5년여 운영했다. '책방연희'가 지점을 운영하며, 가장 신경 쓴 것도 공간의 차별화다. 본점 외에 세 곳의 책방을 예정하는 '다다르다' 역시 모두 다른 책방을 구상 중이다."

동네책방 중에는 '꿈틀책방'이 일찍이 지점을 개설했다. 같은 김포에서 가깝게 지내던 '코뿔소 책방'이 문을 닫게 되자 인수자를 구해주려고 나섰는데 여의치 않자 2022년 책방을 인수했다. '꿈틀책방' 운양점이 이렇게 탄생했다. 다행히 고양 '행복한책방'에서 일한 경력자 김경리 매니저가 초창기 기틀을 잡아주었고 이후 가혜민 매니저가 성심껏 책방을 맡았다. 지금은 이숙희 대표가 두 곳을 직접 운영한다.

'꿈틀책방' 운양점이 있는 김포 운양동은 아파트와 단독주택지구가 있는 곳이다. 책방 앞에 공원이 있고 초등학교가 있다. 어린이를 만날 수 있는 동네다. 학교가 끝나면 집에 가는 길에 꼭 책방에 들러 가혜민 매니저에게 인사를 하고 가는 어린이가 있을 정도였다. 반나절 이곳에서 책방지기 노릇을 했을 때다. 공원에서 뛰어놀던 어린이가 책방에 와서 '언니'를 찾았다. 그 '언니'는 오늘 쉰다고 하자, 물을 달라고 했다. 물이라니! 순간 책방의 역할에 대해 많은 걸 깨달았다. 동네에서 어린이들이 갈 수 있는 곳은 많지 않다. 기껏해야 놀이터와 문구점 정도가 전부가 아닐까. 동네책방은 어린이가 하굣길에 마음 편히 갈 수 있고, 책을 살피고 심지어 물도 마실 수 있는 곳이다! 생각해보면 나 역시 어린 시절에 들락거리던 책방도 그런 곳이었다.

김포 구도심 북변동에 있는 '꿈틀책방' 본점이 골목 안에 아지트처럼 숨어 있다면 신도시에 있는 '꿈틀책방' 운양점은 개방감이 좋은 가족 책방이다. '돈트북스'의 지점이 저마다 서로 다른 동네책방처럼 운영되듯, '가모메북스'가 지역에 어울리는 색깔을 유지하듯 두 책방이 서로 다른 색깔을 띠고 김포를 지키고 있다.

물론 두 곳을 운영하는 일은 쉽지 않다. 김포의 책방 지원 정책이 사라지고, 경기가 둔화되자 당장 운영이 벅찼다. 혼자 꾸리는 책방은 책이 덜 팔려도 '내가 덜 가져가면 되지' 하고 감내할 수 있지만 직원이 생기면 인건비를 포함한 고정비를 맞춰야 하는데, 이 일이 대표의 피를 마르게 한다.

김포 '꿈틀책방' 운양점은 개방감이 좋은 가족책방이다. 본점과는 서로 다른 색깔을 띠고 김포를 지키고 있다.
맨 위의 사진은 간판을 바꾸기 전의 모습입니다.

안타깝게도 국내의 거의 모든 동네책방이 정직원을 채용할 형편이 못 된다. 유럽에서 만났던 책방들, 예컨대 스코틀랜드 에든버러의 '에든버러북숍'Edinburgh Bookshop처럼 작은 책방도 직원이 있었다. 모두 정직원은 아니지만 적어도 사람을 쓸 만큼은 책을 판다. 국내 책방은 고정 인건비를 지불할 만큼 매출이 일어나지 않는다. 공동대표가 운영하거나 임시 서점원 말고 정직원을 채용한 책방은 거의 없다. '다다르다'나 '최인아책방' 정도가 예외적으로 정직원과 함께 일한다.

'최인아책방'은 선릉점에 이어 금융 업무 중심의 오피스빌딩인 역삼동 GFCGangnam Finance Center에 2호점을 만들어 5년여를 운영했다. 선릉점을 30~50대가 찾는다면, GFC점은 20~30대가 주로 찾았다. 일하는 사람을 염두에 둔 큐레이션과 북토크, 강연, 마음 상담 등을 콘텐츠로 삼았다. 오피스빌딩 1층이지만 책방으로 들어가는 길에 다양한 식물을 두어 다른 세계로 진입하는 공간감도 만들었다. 그러나 GFC점은 2025년 2월 문을 닫았다. 임대료 상승을 감당할 수 없었기 때문이다. 잡지기자 출신 정지현 매니저가 마지막 자리를 지켰다.

'책방연희' 2호점인 '책방연희 광화문'은 '하나은행' 제안으로 시작했다. '하나은행'은 은행 업무가 디지털화되며 지점 방문 고객이 줄자 대기 공간을 서점 공간으로 만들기로 했다. '컬처뱅크'Culture Bank 전략이다. 상담 창구와 분리해서 책을 즐길 수 있는 공간을 만들어보자는 의도였고 처음에 이 공간을 '북바이북'[11]이 맡았다. '하나은행'이 공간을 제공한 덕분에 '북바이북'은 "경제적 부담 없이"[12] 책방을 운영할 수 있었다. 현실적으로 동네책방이 지점을 한다면 가장 가능한 방식이 아닐까 싶다.

스코틀랜드 에든버러의 '에든버러북숍' 안팎.

몇 군데 공간에서 입점 제안을 받았던 '책방연희'는 '하나은행'의 제 안에 응해 2024년 9월 광화문에 2호점의 문을 열었다. 구선아 대표는 광화문점의 역할을 "플레이그라운드"라고 표현했다. 홍대점은 수용 가능한 최대 인원이 10여 명이라 행사가 소규모다. 규모가 넉넉하고 다양한 "문화활동을 할 수 있는 공간에 대한 필요성"[13]을 느끼던 차에 광화문점을 대안으로 선택했다. 홍대점과 달리 광화문점은 넓다. '세종문화회관' 뒤편이라는 입지의 장점이 있어 굵직하고 재미있는 행사를 벌이기 좋다. 실제로 '북바이북' 시절에도 이곳에서 저자와 만나는 행사가 활발했다.

'책방연희'가 광화문점을 운영하며, 가장 신경을 쓴 것 역시 두 공간의 차별화다. 구 대표는 "서점은 프렌차이즈가 없다"고 했다. 제임스 돈트가 "모든 서점은 동네책방이 되어야 한다"고 했던 말과 같은 맥락이다. 홍대는 독서, 음악, 패션에 마니아적 취향을 지닌 젊은 독자들이 많으니 개성이 강한 독자에게 맞춘 큐레이션이 필요하다. 이에 반해 광화문점은 공간이 넓고 개방적이다. 평일에는 광화문 인근의 직장인이 찾고, 주말에는 나들이를 나온 가족 손님이 방문한다. 광화문점은 이들에게 맞춤한 책을 큐레이션하고, 문화 프로그램을 기획해야 한다. 홍대점이 도시와 창작자 지원을 콘셉트로 운영된다면 광화문점은 북콘서트, 영화 등 복합문화공간 콘텐츠를 기획한다.

'다다르다'의 여정은 길다. 2010년 소설 여행 프로젝트 '장터유람기'를 시작으로 지역에 단기간 살아보는 여행 스타일을 제안하는 '도시여행자' 프로젝트를 진행할 때로 거슬러올라간다. 2012년 카페와 복합문화공간이자 서점을 겸하는 '도시여행자'CITY TRAVELLER를 시작했다.[14] 2018년 젠트리피케이션 문제로 물러난 뒤 2019년 4월 대전 은행동에서 '다다르다'라는 브랜드로 책방을 재개장했다. '도시여행자'가 도시·여행·서점·출판·문화예술 기획을 아울렀다면, 책방 '다다르다'는 '삶의 다양한 방향성을 제안하는 라이프스타일 서점'을 지향한다. 112제곱미터(약 34평) 남짓한 공간에 직접 짜넣은 서가와 그 안에 담긴 책들이 단단하다. 1층은 카페와 주제 전시, 2층은 서점으로 운영한다.

'다다르다'는 부부인 김준태(라가치)와 박은영(아멜리아) 대표가 함께 운영한다. 김 대표는 서점인 이전에 '대전시티즌' 축구단의 서포터즈인 '대저니스타'의 의장을 맡았고, 로컬 콘텐츠를 발굴해 리브랜딩하고 서비스하는 일을 한다. 박 대표 역시 미장센 단편영화제 에디터로 활동했다. '도시여행자' 시절부터 두 사람은 해마다 '시티페스타'를 진행했고, '2022 대전서점대전' 역시 함께 기획 운영했다.

'다다르다'는 빵집 '성심당' 본점과 도보로 1분 거리에 있다. 대전에서만 만날 수 있는 '성심당'은 여행자들이 길게 줄을 서는 명소다. '다다르다'는 '성심당'과 함께 방문하기 좋은 이점 때문에 주말이면 줄을 서야 입장할 수 있다. 김 대표는 "한 달에 5,000여 명이 방문한다"며 "이분들이 하루 종일 대전 원도심에서 서점만 여행해도 될 정도의 콘텐츠를" 만들겠다는 계획을 세우고 오랫동안 지점 개설을 준비했다.

'다다르다'는 본점 외에 세 곳의 책방을 예정하고 있다. 첫 번째 공간인 '다다르다' 본점은 일반 서점처럼 전시 판매가 이루어지는 2층 공간과 주제가 있는 전시 공간인 1층으로 나뉜다. 1층에서는 '다다른 서

'책방연희' 광화문점은
인근 직장인, 주말 나들이 나온
가족 손님들에게 맞춤한
책과 문화 프로그램을 제공하기
위해 주로 북콘서트, 영화 등
복합문화공간 콘텐츠를 기획한다.

가'가 계절마다 옷을 갈아입는다. 2025년 봄에는 '위즈덤하우스' 출판사의 '위픽' 시리즈를 전시 판매했다. "저마다의 경험과 취향을 가진 '다다르다' 서점원들이" 책에서 문장을 골랐다. 독자는 마음에 와닿는 문장을 고르고, 그 문장으로 책에 다가가는 방식의 전시였다. 서점원 차우림이 읽고 고른 문장은 이거였다.

"믿음 없는 사랑은 가능한가. 사랑 없는 믿음은 어떤 모습인가. 그게 (…) 완전히 없을 수가 있는가."

만약 독자가 이 문장을 골랐다면, 문장을 품은 최진영의 소설에 다다르게 된다. '다다른서가'의 여름 전시는 '문학과지성사' 출판사의 시인선이다. 서점원들이 '시가 먼저 알아차리는 마음의 모양'을 시간으로 형상화해 시집을 소개하고 전시했다. 사람이 몰리는 주말이면 다다르다 2층 공간의 입장 인원이 제한된다. 그때 독자들이 1층에서 대기를 하는데, '다다른전시'는 대기를 또 다른 만남의 시간으로 바꾼 기획이다. 독자들에게도 큰 호응을 얻고 있고 전시한 책들의 판매 부수도 높다.

'다다르다'의 두 번째 공간은 '두부문고'다. 가오픈 상태일 때 잠시 방문한 적이 있다. 엘리베이터가 없는 오래된 건물로 '도기다시'로 마감한 계단이 정겨웠다. '도기다시'는 요즘에는 거의 사용하지 않는 말이다. 콘크리트 표면을 씻어 골재를 드러내는 바닥 마감 방식으로 오래된 건물에서나 볼 수 있는 특징이다. '두부문고'를 기획할 초기에는 북클럽 전용 공간으로 삼으려 했는데 시간이 흐르면서 방향을 달리했다고 했

책과   서점으로   느슨한   연결
A   LOOSE   CONNECTION   BETWEEN
BOOKS   AND   BOOKSHOP

```
        /|===|\
        /|===|\
       /  |   |  \
      /   | d |   \
      |   |/R |   |
      |   |---|   |
      |   //v\\   |
      |  /// \\\  |
      | ///   \\\ |
```

출입문은   12:00 - 20:00   @differeach
왼편입니다   휴무 없음

우리는   다   다르
WE   ARE
SO   WE

도시여행자

대전 '다다르다'의 여정은 길다. 2012년 카페와 복합문화공간이자 서점을 겸하는 '도시여행자'를 시작했다가 2018년 젠트리피케이션 문제로 물러난 뒤 2019년 4월 은행동에서 '다다르다'라는 브랜드로 책방을 재개장했다. ©다다르다

2012년 시작한 '도시여행자'가 도시·여행·서점·출판·문화예술 기획을 아울렀다면, 책방 '다다르다'는
'삶의 다양한 방향성을 제안하는 라이프스타일 서점'을 지향한다. 112제곱미터(약 34평) 남짓한 공간에
직접 짜넣은 서가와 그 안에 담긴 책들이 단단하다. 1층은 카페와 주제 전시, 2층은 서점으로 운영한다.
첫번째 사진은 '도시여행사' 시절이고 나머지는 '다나르다'의 구석구석을 담았다. ⓒ다나르다

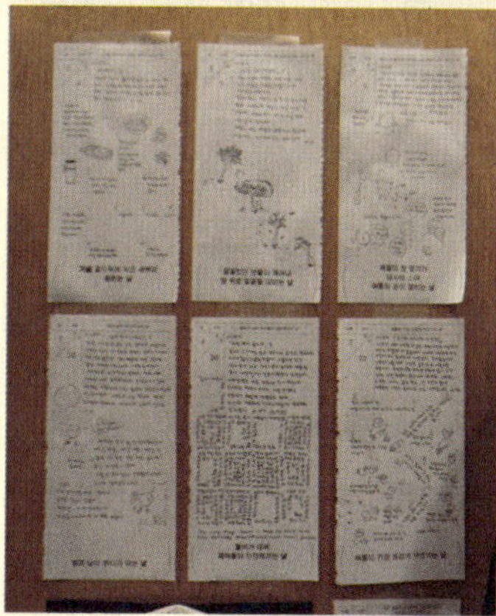

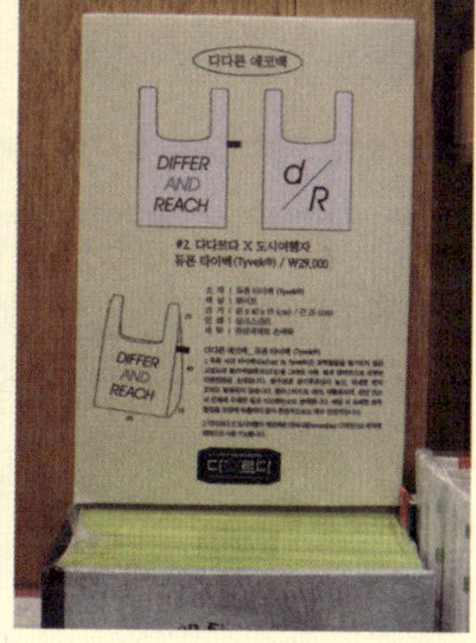

다다른 에코백
DIFFER AND REACH
d/R
#2. 다다른다 X 도시여행자
듀폰 타이벡(Tyvek®) / ₩29,000
DIFFER AND REACH

다. '다다르다'가 지점을 준비하며 콘셉트를 다듬는 데 오랜 고민을 한다는 뜻이다. '두부문고'는 '다다르다'만의 기준으로 일반 상업출판물과 독립출판물을 아카이빙하는 서점으로 새롭게 콘셉트를 잡았다. 물성이나 종이, 판형 등 모든 측면에서 창작 욕구를 자극하는 출판물을 수집하고 전시하고 판매할 예정이다. 아카이빙은 예산이 필요하니 공공의 영역이다. '원주그림책센터'나 '서울시립아카이브'가 그 예라 할 수 있다. 하지만 '두부문고'는 '다다르다'의 텍스트 덕력을 보여주는 공간으로 1년 내내 만나는 북페어 서점이 될 예정이다. 물론 공간 이용료를 받는 서점이 될 수밖에 없으며, 멤버십 회원에게는 할인 혜택을 줄 예정이다.

세 번째 공간은 집과 마당이 연결된 개인 주택에서 꾸린 '다다르다 시도'이다. 2025년 충남대 건축학과 윤주선 교수 팀이 계절학기 4주 동안 이 공간을 팝업서점으로 바꾸는 프로젝트를 했다. 단 4주 동안 디자인 싱킹, 설계, 철거와 시공을 하고 마지막 4주 차에 학생들이 팝업서점을 운영했다.[15] 충남대 건축학과 학생들의 팝업서점처럼 출판사 혹은 예비 서점인, 작가 등이 팝업서점을 열어 독자를 만날 계획이다. 첫번째 시도로 '돌베개' 출판사와 신영복 선생 10주기를 기억하는 추모 전시와 강연 그리고 북클럽을 진행했다. 팝업서점 내부를 통해 오래된 주택 내부로 진입할 수 있다. 북클럽 프로그램은 주택에서 이루어진다. 외부로 연결된 팝업전시 공간과 정적인 주택내부 공간이 연결되는 흥미로운 책방이다.

네 번째 공간은 축구를 콘셉트로 한다. 김준태 대표의 이력을 안다면 '올 것이 왔다'고 생각할 테다. 김 대표는 '도시여행자' 시절에도 축구 유니폼 등을 서점에서 진열했고 '대전시티즌'의 상품화 사업권을 통해 축구 문화를 확산하는 프로젝트를 진행한 적이 있다. 4년 동안 '대전시티즌' 브랜드를 디자인하며 모은 축구 관련 물품과 자료가 어마어마하다. 이 자료가 네 번째 공간 '축구사회'의 기반이다. 세계 축구 유니폼을 판매하거나 축구와 관련된 비정기간행물을 만들 예정이다. 축구 잡지 구매를 포함한 입장료가 있는 유료 책방을 모색 중이다.

백 명이 책방
주인이 되기도,
한 명이 공간을
사용하기도

"진보초의 '우치야마서점'은 1917년 시작했다. 백 년 서점이다. 진보초의 '파사주'는 책장 임대 수익으로 운영하겠다고 나선 서점이다. 일본의 서점 역시 전통적인 방식으로 운영이 어렵다. 이 두 곳은 일본 서점의 변화를 단적으로 보여준다."

도쿄 간다 진보초는 170~180여 개의 고서점이 있는 거대한 책의 거리다. 워낙 많은 서점이 있어서 진보초의 가볼 만한 서점 18곳을 소개한 박순주의 『하나의 거대한 서점, 진보초』라는 책을 길라잡이 삼아 가는 걸 권한다.

앞서 언급했던, 2024년 도쿄에서 『동네책방 생존 탐구』 일본어판 출간 기념 북토크 시작 전 이시바시 다케후미 선생의 안내를 받아 '책거리' 김승복 대표와 함께 진보초의 서점을 함께 돌아보기로 했다. 마침 도쿄에 출장 왔다가 책방에 들른 데즈카야마 가쿠인帝塚山学院 대학의 이나가와 유키稲川由紀 교수도 동행을 했다. 이나가와 유키 교수는 서울대학교에서 한국어를 공부했는데, 그때 그를 가르친 분이 한국에서도 유명한 로버트 파우저 전 서울대 교수다. 이나가와 유키 교수는 그 인연으로 로버트 파우저 선생의 『외국어 학습담』을 일본어로 옮기기도 했다.

진보초 구석구석에 있는 여러 책방을 다녔는데, 이시바시 선생이 진보초에서 단 하나의 서점을 소개한다면 이곳이라며 이끈 곳이 있다. '우치야마內山서점'이다. 『하나의 거대한 서점, 진보초』에는 소개되지 않은 곳으로, 선생이 생각하는 진정한 서점의 역할이 무엇인지 짐작할 수 있게 해줬다.

'우치야마서점'은 중국과 아시아 관련 서적을 다루는 전문서점으로, 1917년 우치야마 간조內山完造 부부가 중국 상하이에서 시작했다. 그러니까 백 년 서점이다. 1935년 동생인 우치야마 가기치內山嘉吉가 도쿄에서 같은 이름으로 서점을 열었다. 중국에서는 일본책을, 일본에서는 중국책을 취급하는 서점이 되었다. 진보초에 백 년이 넘은 서점이 여럿 있지만 그 가운데 '우치야마서점'이 남다른 이유가 있다. 상하이에서 '우치야마서점'은 일본과 중국 문화인들의 살롱 역할을 했다. 특히 창업자인 우치야마 간조는 양심의 목소리를 지닌 중국의 소설가 루쉰과 돈독한 우정을 맺고 물심양면으로 지원했다. 진보초의 책방에 가면 이런 역사를 보여주는 사진과 자료를 만날 수 있다. 창업자인 우치야마 가기치에 이어 아들 우치야마 마세內山真世가 뒤를 이었고, 현재는 3세인 우치야마 신內山真이 운영하고 있다.

이시바시 선생은 이어서 '간다고서적센터' 3층에 있는 자연·식물·동물 분야 전문 고서점 '도리우미쇼보'鳥海書房와 5층의 어린이책 전문 '미와三輪서점' 등을 들른 뒤 마지막으로 '파사주 바이 올 리뷰스'PASSAGE by ALL REVIEWS, 이하 '파사주'를 소개했다. 이들 서점은 진보초의 어제와 오늘을 상징하는 듯했다.

'파사주'는 진보초와 어울리지 않는 유럽풍 인테리어를 갖춘 셰어형 서점シェア型書店」, 棚貸し書店이었다. 굳이 번역하자면 공유서점이라고나 할까. 서점이란 지금껏 운영 주체가 단일했는데, '파사주'는 서점·출판사·개인 등 누구나 원하는 사람이 각자의 서점을 운영하는 특이한 형태였다. 책장을 빌릴 수 있는 한 달 임대료는 위치와 크기에 따라 다른

도쿄 진보초 서점 탐방 중 들른 '우치야마서점'. 계단 쪽 벽에 붙은 흑백 사진 속 인물은 중국 상하이에서 서점을 시작한 우치야마 간조 부부로, 1915년에 촬영한 사진이라고 되어 있다. 사진 옆에는 '우치야마서점'이 백 년이 되었음을 알리며 독자들에게 감사를 전하는 내용의 안내문이 붙어 있다.

도쿄 진보초 서점 가운데 몇몇 곳만 둘러보는 데도 시간이 꽤 걸렸다. 사진 오른쪽은 김승복 대표와 이시바시 다케후미 선생, 왼쪽은 이나가와 유키 교수. ©LEE

일종의 테크 서점으로서 일본에서도 새로운 시도로 주목을 받고 있는 책장 임대 서점 '파사주' 안팎.

데 한 칸에 대략 5,500엔 선이다. 한국 돈으로 5만 2,000원 정도면 한 칸 서점을 한 달 동안 운영할 수 있다. 공간이 허락만 한다면 백 명이 한 책방의 주인이 될 수도 있는 구조였다.

'파사주'를 소개할 때 이시바시 선생은 일본의 대표적인 불문학자 가시마 시게루鹿島茂의 아들인 유이 로쿠로由井六郎가 운영한다는 점을 강조했다. 덕분에 초기부터 '파사주'에 유명 인사들이 대거 입점할 수 있었고, 이런 인플루언서들이 오랫동안 소중하게 간직한 책이나 소장품을 판매하며 화제를 몰았다고 했다.

'파사주'는 일종의 '테크' 서점으로 보였다. 주인이 저마다 다르니 이를 시스템화, 자동화하지 않으면 운영이 어려운 건 당연하다. '파사주'는 개인이 재고를 관리하고, 판매하는 모든 과정을 프로그램으로 구축했다. 책장마다 큐알코드가 있어 독자 역시 책장의 주인이 어떤 사람인지, 어떤 책을 진열했는지, 진열한 책은 어떤 내용인지 등 책장 관련 정보 등을 손쉽게 확인할 수 있게 했다.

'파사주'는 일본 서점의 변화를 단적으로 보여준다. 일본의 서점 역시 전통적인 방식으로 운영이 어렵다. 이때 '파사주'가 책장 임대 수익으로 서점을 운영하겠다고 나선 것이다. 2022년 3월 본점, 2023년 3월 2호점을 거쳐, 2024년에는 3호점인 '파사주 솔리드'PASSAGE SOLID의 문을 열었다. 3호점인 '파사주 솔리드'는 진보초와 멀지는 않지만 임대료는 훨씬 비싼 야스쿠니 거리靖国通り에 자리를 잡았다. 서가의 30퍼센트 정도만 셰어형 서점으로 운영한다. 책이 덜 팔리는 만큼 책방 일부를 임대해 기존 서점을 유지해보는 실험이다. '파사주'는 이 방식으로

향후 체인화를 시도할 계획처럼 보였다.

"목포의 '포도책방'은 128명이나 되는 책장 주인의 큐레이션으로 운영되는 시민 참여 공유서점이다. 다시 말해 "모두가 주인이 되는 책방"을 꿈꾼다. 이를 통한 지역 재생과 소통 등 사회적 가치를 실현하려는 바람을 담았다."

"한국에도 '파사주' 같은 서점이 생길 것 같나요?"

진보초에서 만난 일본인들은 이렇게 물었다. 그만큼 '파사주' 방식은 일본에서 관심이 집중되는 모델이었다. 매사에 회의적인 편이라 이렇게 답했다.

"다양한 분야의 책을 읽는 'BTS'의 RM 정도는 끌어들여야 가능하지 않을까요?"

예상은 바로 어긋났다. 2025년 2월 목포에 한국형 공유책방이 생겼다. '포도책방'이다. 일제 강점기 군산과 더불어 쌀 수탈을 위한 전초기지였던 목포에는 조선미곡창고 주식회사의 쌀 저장고가 있었다. 이곳 2층의 198제곱미터(약 60여 평) 공간을 조경민 대표가 임대를 받아 책방으로 꾸몄다. 일명 '조반장'으로 불리는 조경민 대표는 도시재생 ·

도시기획을 전문으로 하는 사단법인 '서울산책'의 대표로 활동했다.[16] 그런 그가 고향인 목포로 돌아와 책방을 시작했는데, 단순한 책방이 아닌 128명이나 되는 책장 주인의 큐레이션으로 운영하는 시민 참여 공유 서점을 열었다. 다시 말해 "모두가 주인이 되는 책방"을 꿈꾼 것으로, 이를 통한 지역 재생과 소통 등 사회적 가치를 실현하려는 바람을 담았다.

책장 임대료는 크기와 형태에 따라 다르다. 평대 진열대는 연간 10~30만 원, 책장은 3만 원 정도로 다양하다. 책장 주인은 수익금을 책방과 나누고 일정 금액은 지역사회에 기부한다. 예상했던 것보다 호응이 커서 입점하려면 대기가 필수다.

'포도책방'의 가장 큰 재미는 남의 책장을 들여다보는 즐거움이다. 서가를 보면 그 사람이 누구인지 알 수 있는 법. '포도책방'의 책장에는 주인의 전직과 취향 등이 그대로 드러난다. "섬 이야기와 역사서가 가득한 사학과 교수의 책장, 환경 관련 서적을 내놓은 지역 환경단체의 책장" 등 다종다양한 책장을 만날 수 있다. 조 대표는 이렇게 말한다.

"남의 책장을 들여다보는 것… 거기에서 책으로 연결되는 관계가 잊혀져 가는 공동체 문화나 정신을 다시 이어주는 계기가 되는 것 같습니다."

'포도책방'은 목포에서 멈추지 않는다. 강화에도 '모두가 주인인 서점'이라는 캐치프레이즈를 걸고 2025년 가을에 문을 열었다. 누구나 책방의 주인이 될 수 있다는 공지가 뜨자마자 신청자가 몰려 얼마 지나지

일본의 '파사주'와는 다른 방식으로 책장 임대형 책방을 시도하고 있는 목포 '포도책방'. ⓒ포도책방

목포에서 책장 임대형 책방을 처음 시도한 '포도책방'은 2025년 강화에도 문을 열었다. 누구나 책방의 주인이 될 수 있다는 공지가 뜨자마자 신청자가 몰려 얼마 지나지 않아 마감되었다. ©강화포도책방

목포에서 책장 임대형 책방을 처음 시도한 '포도책방'은 2026년 3월 전남 광주에서도 문을 열었다. 지하 1층부터 4층까지 건물 하나를 모두 사용한다. 약 344개의 책장 역시 누구나 책방의 주인이 될 수 있다는 공지가 뜨자마자 신청자가 몰려 얼마 지나지 않아 마감되었다. 이제 막 간판을 단 모습(위)과 준비 중일 때의 모습(아래)이다. ©포도책방

않아 마감되었다. 전남 광주에도 새로운 '포도책방'이 2026년 3월 정식으로 문을 열었다. 이번에는 훨씬 큰 규모다. 목포에 이어 조경민 대표가 운영한다. 광주역 뒤편 지하 1층부터 지상 4층까지 건물 하나를 통으로 사용한다. 530제곱미터(약 160평) 규모에 344개의 책장으로 층마다 분야별 구분을 두었다. 이곳 역시 전국에서 신청자가 몰려 금세 마감이 되었다.

"책방의 변신은 근본적으로 책이 덜 팔리기 때문에 생겨난 고육지책에 가까울지 모르겠다. 동네책방의 10여 년은 책의 판매 부진을 대체할 비즈니스 모델을 모색하고 실험하는 시간에 가까웠다. 책방의 유료화 모델 역시 책이 덜 팔리는 시대, 서점들이 선택한 하나의 생존 전략이다."

앞서 말한 '고정순책방'이 문을 연 지 3개월여가 되었을 때 방문한 적이 있다. 전직 책방 매니저이자 이제 신인 책방 대표가 된 고 작가가 느낀 책방은 어떤 모습일지 궁금했다. 고 작가는 대뜸 이렇게 말했다.

"정신이 번쩍 들었어요."
"이상과 현실의 괴리를 느끼고 있는 중이에요."

작가가 아닌 책방지기로 독자를 맞아보니 막연히 예상했던 것보다 책방 운영이 훨씬 더 어렵다는 뜻이었다. 특히 독자들이 생각했던 것보다 그림책을 사지 않는다고 했다.

"왜 책방지기들이 책방 문을 닫고 도서관 등에 가서 수업을 하는지, 책방 문을 열고 닫는 시간이 들쑥날쑥할 수밖에 없는지 알겠어요."

이어서 그는 이렇게 덧붙였다.

"책방에서 직접 워크숍과 프로그램을 진행하는데 이건 작가라서 누리는 특혜이고, 다른 그림책방은 어떻게 버티나 싶어요."

책방의 변신은 근본적으로 책이 덜 팔리기 때문에 생겨난 고육지책에 가까울지 모르겠다. 책방을 하려면 책의 판매 부진을 대체할 비즈니스 모델이 필요하다. 동네책방의 10여 년은 이를 모색하고 실험하는 시간에 가까웠다. 한국은 물론이고 일본에서 생겨난 책방의 유료화 모델 역시 고민의 시작은 같다. 책이 덜 팔리는 시대, 서점들이 선택한 하나의 생존 전략이다.

유료화 모델은 점점 더 다양해지고 있다. 한남동 '블루도어북스'가 완전 유료 책방이라면 해방촌 '고요서사'는 책방의 일부를 유료화했다. 성수동에 있는 '시일북스앤웍스'SEIL Books&Works는 책방이자 코워킹coworking 스페이스다. 공유오피스 사용료는 월 25만 원이다. 서점으로 문을 여는 건 일주일에 단 하루 토요일뿐이다. 토요일 오후 12~7시 사이에는 누구나 서점을 방문할 수 있다.[17]

"집 놔두고 왜 카페에서 공부를 해?"

'스타벅스' 같은 카페에서 공부나 일을 하는 젊은이들을 향해 기성세대가 자주 하는 말이다. 이런 현상을 선뜻 이해하지 못한다. 중장년층에게는 멀쩡한 집을 두고 쓸데없이 카페에서 돈을 쓰는 일이 낭비처럼 보일 수 있다. 그러나 젊은 세대의 주거 환경은 열악하다. 이들에게는 제3의 공간이 절실하다. 대학 시절부터 고향을 떠나 서울 생활을 하다 제주에 안착한 셰프 임정만은 이렇게 말한다.[18]

"제주에 내려오기 전 단골 카페가 둘 있었다. 한 곳은 상수동 당인리 끝자락에 있던 카페 '캐비넷', 다른 한 곳은 홍대 '녹색광선'. 두 카페 모두 손님의 밀도와 소음의 크기가 적당했다. 서울이라는 도시에서 나의 집은 언제나 비루했고, 좋은 카페를 몇 확보해두는 일은 삶의 질과 관련이 있었다."

젊은 세대에게 아늑하고 조용한 나의 집을 갖는 일은 아득히 먼 소망이다. 서울 시내에서 월세 100만 원을 줘도 사람이 살만한 쾌적한 집을 구하기 어렵다. 그나마 커피 한 잔 값으로 고요한 공간과 시간을 살 수 있다면 그건 가능한 투자다. 집을 대신해줄 휴식의 공간을 돈을 주고 사야 한다는 사실이 서글프지만 현실이 그렇다. 여기에 더해 책을 읽기에 최적의 공간을 누릴 수 있다면 어떨까.

기성세대인 내게도 유료 책방은 언뜻 천상의 공간처럼 느껴졌다. 인간이 혼자 있을 때 가장 하기 좋은 건 뭘까. 음악을 듣거나 책을 읽는 것 정도가 아닐까. 하지만 좁은 집에는 온갖 잡동사니가 쌓여 있다. 책한 장을 넘기기가 무섭게 알람이 울리고 어느새 인터넷 쇼핑몰을 뒤적거린다. 이런저런 잡념에 끌려다니지 않고 책을 읽으며 말없이 두 시간을 보내는 일은 그만큼 어렵다. 온전히 자신에게 집중하는 시간을 돈을 주고 사는 편이 더 나을지 모른다. 유료 책방은 아날로그 공간이 주는 내면의 휴식과 고요를 극대화한 곳이다.

책방은 책방대로 유료화가 필요하다. 콘셉트를 독특하게 내세운 책방일수록 대중 독자를 상대해서는 운영이 어렵다. 하지만 고양이와 덕질에는 돈을 아끼지 않는다고도 하지 않던가. 책방은 이런 공간을 사랑하는 소수의 독자를 대상으로 유료 책방을 운영한다. 책방의 고유한 분위기를 해치지 않으면서도 독자들과 더 밀접하게 만날 수 있는 방법이다. 책방의 유료화는 대중 독자가 탄생하기 이전의 시대로 돌아가는 현상일지도 모르겠다. 책방은 점점 소수의 사람들만 책을 읽던 1700~1800년대 모습으로 돌아가고 있다.

동네책방은 같은 자리에 머물지 않는다. 독자에게 어떤 책을 보여줄 것인가, 어떤 문화적 향유를 전달할 것인가, 소수의 독자를 대상으로 어떻게 운영할 수 있을 것인가를 고민하며 끊임없이 변신한다. 이제 서점은 책을 전시하고 판매하는 공간만은 아니다. 함께 책을 읽을 사람을 모아주고, 책 이야기를 할 자리를 마련해주는 곳이기도 하다. 집중해서 읽을 수 있는 환경을 제공하고, 그것이 가능하도록 서비스하는 곳이다.

앞으로의 책방이 어떻게 변할지는 누구도 장담할 수 없다. 다만 점점 더 특별한 공간이 될 가능성이 높다. 전문적인 콘셉트를 내세운 유료 책방, 프로그램의 질이 높은 책방, 지역독자와 함께 커뮤니티를 단단하게 구축한 책방, 아날로그의 정수를 보여주고 비즈니스 모델과 잘 연결한 책방 등이 대안이 될 수도 있겠다. 어떻게든 책방은 사라지지 않을 것이다. 그러나 과거의 모습이 아닐 거라는 것, 지금까지와는 다른 길을 걸어야 한다는 것만큼은 확실하지 않을까.

우리의 중형서점은
지금, 어디에 서 있는가

중형서점들은
이렇게
다 없어져도
되는 걸까

"우리에 비해 산업적 기틀이 훨씬 단단해 보이는데도 일본 서점 역시 흔들리고 있다. 일본 서점을 지탱해준 건 잡지와 만화책이었다. 디지털 미디어가 보편화하면서 과거만큼 잡지와 만화책이 팔리지 않게 되었다. 그러자 어쩔 수 없이 심각한 불황이 이어졌다."

2018년 국내에서 번역 출간된 『책의 미래를 찾는 여행, 서울』은 일본의 북디렉터 우치누마 신타로內沼晋太郎와 편집자 아야메 요시노부綾目宜伸가 한국의 동네책방 붐을 취재해서 쓴 책이다. 이 책을 처음 봤을 때 '서점은 일본이 많고, 한국은 이제 생기기 시작했을 뿐인데'라고 혼잣말을 했다. 충실한 인터뷰가 담겨 흥미롭게 읽었지만, 저자들이 한국에 동네책방이 생겨난 현상을 놀라워하는 게 일본인 특유의 과장과 호들갑이라고 여겼다.

2024년 외신을 접하고서야 이미 지난 10여 년 동안 일본 서점의 불황이 꽤 심각했다는 사실을 알았다. 일본의 출판 규모는 1996년 2조 6,564억 엔(한화 약 26조 5,640억 원)으로 정점을 찍은 후 지속해서 감소했다. 2022년에는 최고치의 절반 수준인 1조 1,292억 엔(한화 약 11조 2,920억 원)이었다. 서점 수 역시 2만 5,000곳으로 정점에 올랐다가 계속 줄어들었다. 2024년 일본의 서점은 1만 417곳으로 집계되었다. 2014년부터 2024년까지의 10년 동안 일본 서점 수의 추이를 그래프로 살피면 그 심각성을 확연히 느낄 수 있다. [표4-1][1]

일본의 모든 서점은 재판매가격유지再販制度, 우리로 말하자면 도서정가제를 엄격하게 지킨다. 온라인서점 '아마존'이 일본에 진출했지만,

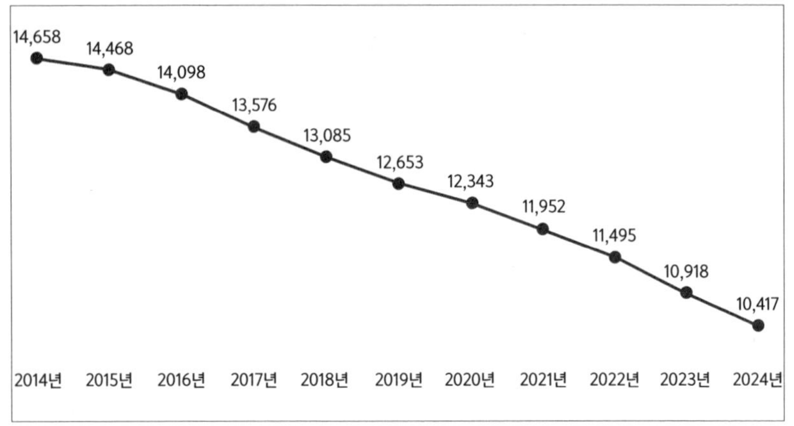

출처: 일본출판인프라센터 자료를 바탕으로 재구성.

예외는 없다. 일본은 전통적으로 전국 체인 말고도 지역을 대표하는 오래된 중형서점이 있고, 이런 서점은 지역에 여러 개의 지점을 거느리고 있다. 우리에 비하면 규모의 경제를 이룬 곳이 여럿 있다. 전국에 약 70여 개 지점을 둔 '기노쿠니야紀伊國屋서점', 약 100여 개의 지점을 둔 '마루젠&준쿠도'丸善&ジュンク堂 서점 등처럼 도쿄를 중심으로 전국의 여러 지점을 거느린 중앙 대형체인서점뿐 아니라, 교토를 거점으로 약 40여 개 지점을 운영하며 지역 문화와 결합한 '오가키大垣서점'이나 요코하마를 중심으로 약 40여 개 지점을 통해 오랜 기간 지역 독자층을 형성해온 서점 '유린도'有隣堂 같은 지역 밀착형 체인서점도 산업의 기틀을 갖췄다.

이처럼 우리에 비해 산업적 기틀이 훨씬 단단해 보이는데도 일본 서점이 흔들리는 이유는 뭘까. 종이책의 매출 감소는 일반적이지만 일본의 서점이 특히 어려운 원인은 뭘까. 그동안 서점 강국이라고 생각했던 일본의 사례를 통해 서점업의 본질을 좀 더 확실히 이해할 수 있다.

서점을 배경으로 한 일본 소설이나 만화는 꽤 많다. 이야기의 얼개는 비슷하다. 동네 어르신이 매달 서점에 와서 잡지를 산다. 그런데 이번 달에는 잡지 발간일이 한참 지났는데 어르신이 오지 않는다. 서점원은 걱정이 되어 직접 자전거를 타고 잡지를 배달하러 간다. 짐작대로 어르신은 몸이 아프고, 매달 보던 잡지를 가져온 서점원에게 고마워한다. 다시 시간이 흐른다. 이번에는 어르신의 가족 중 한 사람이 서점에 온다. 그는 서점원에게 그동안 고마웠다는 인사와 함께 부고를 전한다. 그날 서점원은 혼자 맥주를 마신다. 대충 이런 줄거리다.

서점원과 독자 사이에 있을 법한 아름다운 이야기다. 잡지 한 권을 팔아서 얼마나 수익이 나겠는가. 독자를 소중히 여기는 서점원의 마음이 있기에 가능한 일이다. 과거 일본의 많은 독자는 잡지 애호가였다. 누구나 종이신문이 일상이었듯 일본의 독자는 잡지를 구독했다. 특히 만화 잡지의 인기는 어마어마했다. 잡지 연재 뒤 단행본으로 출간하는 게 일반적이라 만화의 기반은 잡지였다.

이런 사정 때문에 지금도 일본 대형 서점에 가면 잡지와 만화 서가의 방대함에 놀란다. 주간지·여성지·만화 잡지는 말할 것도 없고, 마니아들이 즐길 법한 잡지의 종류도 많다. 잡지는 발행 주기가 있다. 유통기한이 정해져 있으니 서점은 기간 내에 팔리지 않은 잡지를 반품한다. 이 방식으로 서점에서 현금이 돌았다. 즉 일본의 서점에서 잡지는 중요한 운영 기반이었다.

디지털 미디어가 보편화하면서 과거만큼 잡지가 팔리지 않게 되었다. 특히 만화는 웹으로 보는 게 당연시된 지 오래다. 그러니 서점에서 잡지와 만화가 덜 팔린다. 결과적으로 서점에 자금이 돌지 않는다. 당연히 운영이 어려워졌다. 막연히 생각했던 것처럼 일본의 서점에서도 모든 책이, 특히 단행본까지 잘 팔리는 건 아니었던 것이다. 말하자면 오랜 시간 동안 일본의 서점을 지탱해준 건 상품회전율이 높은 잡지와 만화책이었다. 일본의 출판도매상 '도한'의 영업부장 출신인 고지마 슌이치小島修一도 이렇게 말한다.[2]

> (일본의 서점에서 진열하는 책들이) "과거에는 연간 3회전, 지금은 2회전"(밖에는 안 되며), "매출의 절반은 잡지와 만화책이었다."

일본 역시 단행본은 서가에 꽂혀 있는 시간이 길었음을 알 수 있다. 서점의 현금 흐름은 잡지와 만화가 책임졌고, 그로 인해 안정적으로 운영을 해왔는데, 이 분야의 매출이 급감하니 경영이 악화되고 결국 서점 폐업으로 이어졌음을 알 수 있다. 이는 적자를 감당하며 운영할 수 있는 서점은 일본에도, 한국에도 없다는 분명한 사실을 보여주고 있다.

"국내에도 중형급 지역서점이 여럿 있었다. 그러나 2010년대 중반 즈음에 이르러 거의 사라졌다. 그나마 오래 버티던 곳들도 2020년대로 접어들면서 결국 폐업했다. 그만큼 지역의 중형서점들은 녹록지 않은 기나긴 겨울을 보내고 있다. 과연 그들은 어떤 겨울을 보내고 있는 걸까."

일본 서점의 줄 이은 폐업의 사정을 들여다본 것은 우리 중형서점의 현실을 살피기 위해서다. 온라인서점의 점유율이 70퍼센트까지 높아진 지 오래다. 누군가는 편리한 온라인서점이 있으니 이제 오프라인서점은 필요 없다고 말할 수 있다. 대형체인서점이 있으니 동네책방과 지역 중형서점은 없어도 된다고 여길 수도 있다. 그러나 대부분의 독자는 온라인서점에서 필요한 책을 정해서 구매한다. 알고리즘의 유도에 따라 비슷한 분야의 책을 중심으로 살피게 된다. 아무래도 만날 수 있는 책의 범주가 좁아진다. 이를 보완해주는 것이 오프라인서점이다. 오프라인서점에 가면 새로 나온 책은 물론 다른 주제의 책들도 훑어보게 된다. 독자가 책의 물성을 직접 만지면 자연스럽게 낯설고 새로운 주제로 빨려 들어간다. 온라인서점과 오프라인서점은 같은 서점이지만 독자의 경험이라는 측면에서 완전히 다른 곳이다.

오프라인서점이라고 해서 다 같지 않다. 이왕이면 같은 지역에 중형서점과 동네책방이 함께 있는 게 좋다. 이럴 수 있다면 더할 나위 없다. 서로 지향이 달라 상호 보완적 관계가 있다. 지역에서 좀 더 밀접한 커뮤니티를 만나고 싶다면, 책방지기가 꾸며놓은 개성적인 공간을 즐기고 싶다면, 모처럼 여행을 떠나 잠시 쉬어갈 수 있는 휴식의 공간을 찾는다면 동네책방이 제격이다. 한편으로 가까이에 동네책방만 있다면 독자는 아무래도 갈증을 느낄 수밖에 없다. 아무 생각 없이 혼자서 책 속으로 스며들고 싶을 때, 다양한 책들 속에서 새로운 책의 흐름을 느끼고 싶을 때, 청소년들이 참고서를 고를 때 맘 편히 들를 수 있는 중형서점도 필요하다.

국내에도 지역의 중심으로 자리 잡은 중형서점이 여럿 있었다. 그러나 국내의 서점은 1996년 5,378개로 절정을 기록한 뒤 지속적으로 감소했다. 그동안 지역서점들은 대형체인서점의 지역 진출, 온라인서점의 공세를 비롯해 크고 작은 일들을 무수히 겪어야 했다. 끝내 이를 견디거나 이겨내지 못한 지역의 대표 중형서점들이 문을 닫기 시작했다. 2006년 대구 '제일서적'과 '제일문고'가, 2010년 부산 '동보서적'이 폐업했다. 2003년에는 대전 '문경서적'이, 2009년에는 대전 '대훈서적'이 문을 닫았다. 여기에 그치지 않고, 2010년을 전후로 중형서점의 매출은 급감했고 위기감도 더욱 심해졌다. 2010년대 중반 즈음에 이르러 중형서점은 거의 사라졌다. 오래도록 지역을 지켜온 중형서점의 잇따른 폐업 소식은 충격적이었다.

25년을 이어온 서울 은평구 '불광문고'가 2021년 문을 닫은 데 이어 2023년에는 24년 동안 춘천을 지켰던 '광장서적'이 영업을 중단했고, 2024년 9월에는 대전 '계룡문고'도 사라졌다. 그나마 잘 버티고 있다고 생각했던 중형서점들이 2020년대로 접어들면서 결국 폐업한 것이다. 그만큼 중형서점들은 녹록지 않은 기나긴 겨울을 보내고 있다. 과연 그들은 어떤 겨울을 보내고 있는 걸까. [3]

"중형서점의 고정비 규모는 작은 책방과 비교할 수 없이 크다. 매출이 하락세를 이어가면 인건비와 임대료 등 고정비를 감당할 수 없게 된다. 2000년대 이후 우리 독자는 지역 거점서점을 차례로 잃어왔다. 잃어버린 서점을 다시 만나기는 아마도 어려울 것이다."

2,000제곱미터(약 600여 평)의 규모에 20여 명의 직원을 두었던 중대형급 서점 '계룡문고'는 1986년 대전 은행동 '유락백화점'에서 출발해 2007년 선화동으로 자리를 옮긴 뒤 40여 년 동안 대전을 지켜왔지만 결국 경영 악화로 문을 닫았다.

대전의 또다른 중형서점 '문경서적'이 2003년에, '대훈서적'이 2009년에 문을 닫은 뒤로도 '계룡문고'는 한참을 더 버텼다. 거기에는 '책 읽어주기와 독서 운동'이라는 '계룡문고'의 저력이 숨어 있었다. 이동선 대표는 일찌감치 서점이 단지 책을 파는 곳만이 아니라 독자를 키워내는 곳이라는 사실에 눈을 떴다. 이동선 대표와 현민원 이사는 서점 안팎은 물론이고 여러 학교와 유치원 등을 비롯한 곳곳에서 그림책 읽어주는 활동을 지속적으로 펼쳤다. 어린이부터 청소년까지 서점 견학을 하고 나면 현민원 이사가 읽어주는 그림책 낭독을 만날 수 있는 문화 공간도 있었다. 이 힘으로 2000년대를 시작하며 들이닥친 대형서점의 지점 개설, 홈쇼핑의 어린이 책 할인 판매, 대형 마트의 할인 공세 등 엄혹한 외부 환경에 맞서 버틸 수 있었다. 실제로 2010년 무렵 다른 중형서점들의 매출이 해마다 10퍼센트 가까이 하락하고, 결국 무너질 때도 '계룡문고'는 건재했다. 당시 중형서점의 폐업이 줄을 잇자 "계룡문고가 서점의 희망이 아닐까" 하는 취재 기사가 나오기도 했다.[4] 이동선 대표

2000년대 이후 우리 독자는
지역 거점서점을 차례로 잃어왔다.
대전 '계룡문고'도 그렇게 역사 속으로
사라졌다. 하지만 '계룡문고'의 이동선 대표는
'왜요 아저씨' 혹은 '책 읽어주는 늑대아저씨'로
독자의 마음에 남아 있다. 어린이를 환대하고
언제나 그림책을 읽어주던 책방 아저씨를
우리는 두고두고 그리워할 테다.

는 당시를 회고하며 '계룡문고'는 그 시절에도 해마다 매출이 10퍼센트 이상 상승했다고 말했다.

　과거의 서점은 변화의 파고에 크게 흔들리지 않는 업종이었다. 하지만 2000년대 이후 서점을 둘러싼 환경이 급변했다. 그만큼 사회 변화가 가팔랐다는 뜻이기도 하다. '계룡문고'가 힘들어진 첫 번째 이유는 대전 원도심의 공동화 현상이었다. 대전은 기차역이 있는 동구를 중심으로 출발해 발전했으나, 점차 도시의 중심을 서쪽으로 확장했다. 이후 서구 둔산동을 거쳐 유성구가 본격적으로 개발되면서, 동구와 중구에 살던 시민들이 앞다투어 서쪽으로 이동했다. 대전 인근에 세종시가 들어서면서 인구가 대거 이동함에 따라 원도심의 공동화 현상은 특히 더 심해졌다. 연쇄적으로 원도심에 있던 어린이집과 유치원이 문을 닫았다. 저출산까지 더해져 '계룡문고'를 찾는 부모와 어린이가 해마다 뭉텅뭉텅 줄었다. '계룡문고'는 다른 지역서점에 비해 참고서 매출이 낮고 단행본의 매출이 높은 편이긴 했지만, 어린이와 청소년이 사라지자 서점의 캐시 카우cash cow 역할을 하던 참고서 매출이 급락하면서 영향을 받지 않을 수 없었다.

　'계룡문고'의 상황은 2022년부터 외부에 알려졌다. 건물주인 '대전 테크노파크'는 '계룡문고'와 2020년 3월 재계약을 하면서 팬데믹 상황을 고려해 임대료와 관리비를 6퍼센트 깎아줬다. 이후 2022년 재계약을 앞두고 다른 업체와의 형평성을 들어 약 1,200만 원의 임대료와 관리비를 요구했다. 이 시점에 '계룡문고'는 이미 임대료를 감당할 수 없었다.

서점을 찾는 독자가 줄어든 시간을 '계룡문고'는 지역 독서운동을 기반으로 한 견학과 납품 등 서점 외 매출로 버텨왔다. 도서 판매가 급감하고 납품 매출이 하락세를 이어가며 인건비와 임대료 등 고정비를 감당할 수 없었다. 중형서점의 고정비 규모는 작은 책방과 비교할 수 없이 크다. 고정비를 감당할 수 없게 되는 순간부터 현금 흐름에 빨간불이 들어온다. 매출과 비용의 균형이 깨지면 걷잡을 수 없는 적자가 눈덩이처럼 쌓인다.[5] 과거 호황기와 달리 지금 중형서점은 고정비용과의 싸움이라 해도 과언이 아니다.

2000년대 이후 우리 독자는 지역 거점서점을 차례로 잃어왔으며 앞으로 '계룡문고'만 한 중형서점을 다시 만나기는 어려울 것이다. 오늘날과 같은 환경에서 이만한 규모의 중형서점이 생겨날 가능성은 매우 희박하기 때문이다.

"한편으로 폐업이 아닌 변신을 택한 곳들이 생겨났다. 누구에게 물어도 서점업은 사양사업이며 미래가 없다고 여겼다. 그럼에도 불구하고 몇몇 지역의 중형서점들이 리모델링을 했다. 어렵고 힘든 시기를 보내고는 있으나 오늘날까지 건재해 그 자리를 지키고 있다."

이런 상황에도 불구하고 2010년대 중반으로 접어들면서 지역서점의 어려움을 적극적으로 극복하려는 모색이 이어졌다. 폐업이 아닌 변신을 택한 곳들이 생겨났다. 이미 국내 중형서점 중 절반 이상이 폐업을 한 상황이었고, 온라인서점의 성장세는 가팔랐다. 누구에게 물어도 서점업은 사양사업이며 미래가 없다고 여겼다. 가장 먼저 변신을 꾀한 곳은 강원도 속초 '동아서점'이다. 1956년 서점 겸 문구점 '동아문구사'로 시작한 이곳 역시 2000년대 중반부터 2014년까지 지속해서 매출이 감소하고 적자가 이어졌다. 여느 중형서점들처럼 김일수 대표 역시 폐업을 고민했다. 그런데 뜻밖에 아들이 돕겠다고 나섰다. 아버지에 이어 아들 김영건 대표가 서점을 맡았다. 2015년 건물을 매입하고 리모델링을 진행하며 서점을 완전히 리뉴얼했다. 김영건 대표는 많은 서점이 문을 닫을 때 "오히려 대출을 받아 서점 규모를 몇 배 늘리려 하니까" 주변에서 많이들 만류했다고 말했다. 그는 리뉴얼을 마치고 2017년 '동아서점'의 이야기를 담은 책『당신에게 말을 건다』를 출간했고, 이 책을 통해 3대째 이어지는 서점이라는 스토리가 전국적으로 알려졌다. 한때 문을 닫을 뻔한 '동아서점'은 이제 속초에 가면 반드시 가봐야 할 명소가 되었고, 새로 연 지 3년 6개월 만에 흑자를 기록했다.[6]

　나 역시 속초에 가면 '동아서점'에 간다. 처음 간 날, 권정민 작가의 첫 그림책『지혜로운 멧돼지가 되기 위한 지침서』와 김혜순 시인의 시「피어라 돼지」가 작은 책상에 함께 진열되어 있었다. 서정적이면서도 독특한 큐레이션 때문에 그 자리에 한참을 서 있었다. '동아서점'은 독자가 단숨에 날아오르는 상상력을 큐레이션에 담는다. 마치 김 대표의 에세이『우리는 책의 파도에 몸을 맡긴 채』에서 서점 주인의 고단함을 세탁소에 비유한 것과 비슷한 방식이다.[7]

대대적인 리모델링을 거쳐 속초에 가면 반드시 가봐야 할
명소로 거듭난 '동아서점'. ©동아서점

"서점과 세탁소는 자영업이라는 점을 제외하면 이렇다 할 교집합이 없다. 그런데도 서점 일을 하면서 자주 세탁소의 일을 떠올리곤 했다. (…) 서점을 세탁소라고 가정하면, 그 책들을 맡긴 누군가가 있다고 생각하면 조금은 위로가 되기도 한다. 내가 책을 고를 때 떠올린 사람들이 바로 그 책을 맡긴 주인들일까. 『훔쳐가는 노래』는 삶이 마음먹은 대로 흘러가지 않는다는 것을 알아가기 시작한 청년이 골랐으면 좋겠다. 『마당씨의 식탁』은 처음 부모로부터 독립해 자신만의 가족을 꾸리기 위해 안간힘을 쓰고 있는 사람에게 가면 좋겠다."

인구 8만여 명의 작은 소도시 속초가 책방의 도시로 거듭난 데는 1984년부터 서점업을 해온 '문우당서림'의 건재도 한몫을 했다. '문우당서림'은 2018년 1월 리모델링을 했다. 지역의 오래된 중형서점인 이곳은 리모델링 후 독립출판물 코너, 작가의 방, 스터디 룸 등 지역 독자와 여행자를 불러모으는 시도와 큐레이션을 선보였다.

다른 지역에서도 비슷한 시도가 이어졌다. 2017년 12월 경기도 안산 '대동문고' 사동 본점이, 2018년 5월에는 경남 '진주문고'가 리모델링을 했다.

'진주문고'가 5개월 동안 문을 닫고 돈을 들여 리모델링을 한다고 했을 때 상황을 아는 이들로부터 대부분 "미쳤다"라는 반응이 나왔다. '진주문고'는 1986년 인문사회과학서점 '개척서림'으로 시작했다. 경남 진주를 대표할 뿐 아니라 1998년 IMF구제 금융이나 2008년 서브

프라임모기지 사태 등 여러 차례 위기를 겪었으나 건재했다. 그렇지만 2015년 이래 해마다 매출이 10퍼센트씩 줄었으니 "미쳤다"는 반응이 틀린 것도 아니었다. '진주문고' 여태훈 대표는 변화를 선택한 이유를 이렇게 돌아본 적이 있다.

"변신을 통해 (서점이 독자에게 할 수 있는) 최소한의 예의를 다하고 싶었다."

리모델링을 통해 '진주문고'는 임대 공간까지 서점으로 확장했다. 1층에는 '진주커피'와 지역 독자를 위한 진주 콘텐츠 중심의 전시 공간을, 2층에는 문화공간 '여서재'를, 3층에는 다양한 큐레이션 서가를 마련했다. 이러한 리모델링은 지역 거점서점이라는 존재감을 새롭게 다질 뿐만 아니라 변화에 맞춰 서점을 혁신하겠다는 강력한 의지의 표명이었다. '진주문고'는 2026년 창업 40주년을 맞았다. 여전히 성장하고 있는 드문 사례다. 물론 쉬운 일은 아니었다. 그럼에도 성장할 수 있었던 동력은 진주를 기반으로 지역 거점서점으로 강력하게 자리 잡은 점과 2000년대 이후 변화한 서점 환경에 적극 대응했기 때문이 아닌가 싶다.

"놀랍게도 2010년대 후반 중형서점 여러 곳이 새롭게 문을 열었다. 하지만 2026년 현재 문을 닫은 곳이 많다. 결정적 원인은 2020년 닥친 팬데믹이었다. 서점을 찾는 독자가 급격히 줄어들었고 적자가 누적되자

1986년 문을 연 '진주문고'는 "변신을 통해 독자에게 최소한의 예의를 다하고 싶다"며 2018년 리모델링을 했다. 왼쪽은 리모델링 전, 오른쪽은 현재 건물에 붙은 간판.
©진주문고

책 진 주 문 고

2025
엄실롱
회원전

B

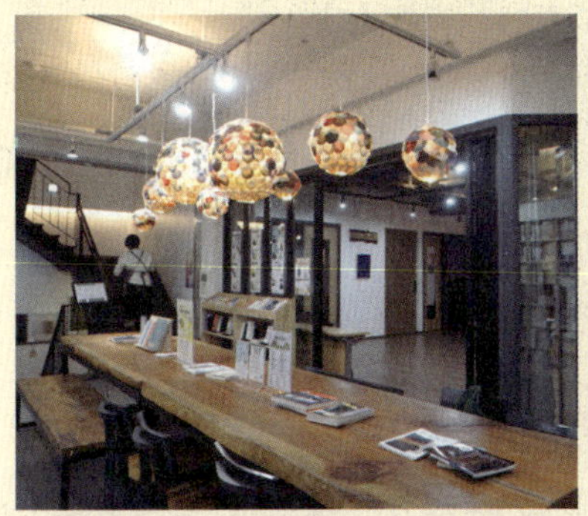

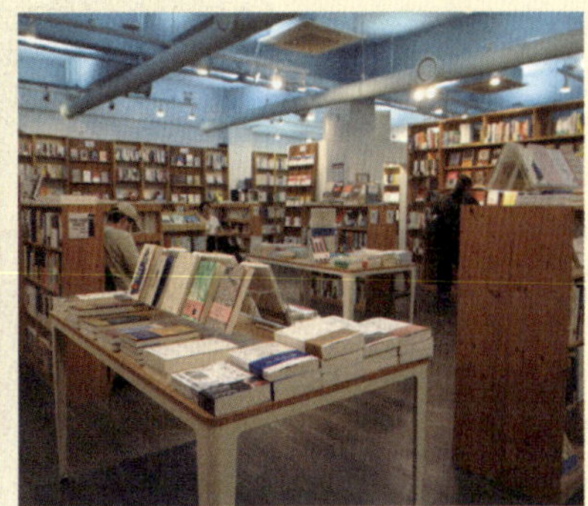

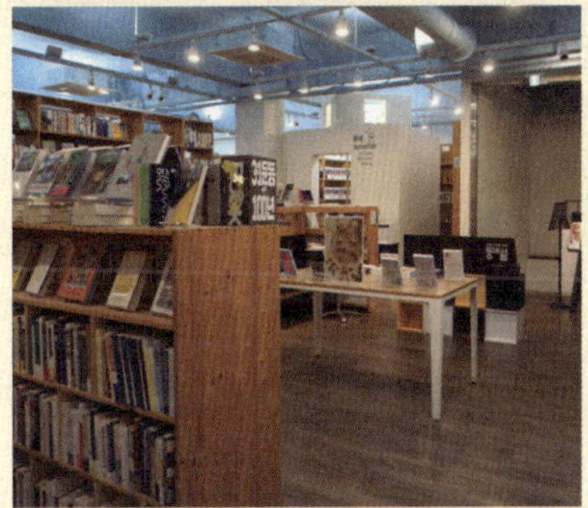

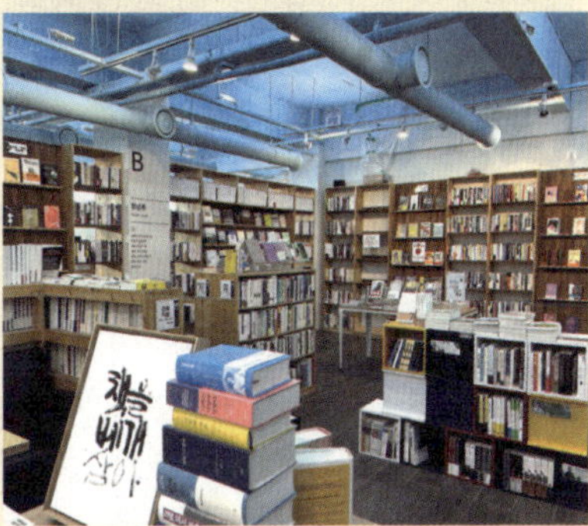

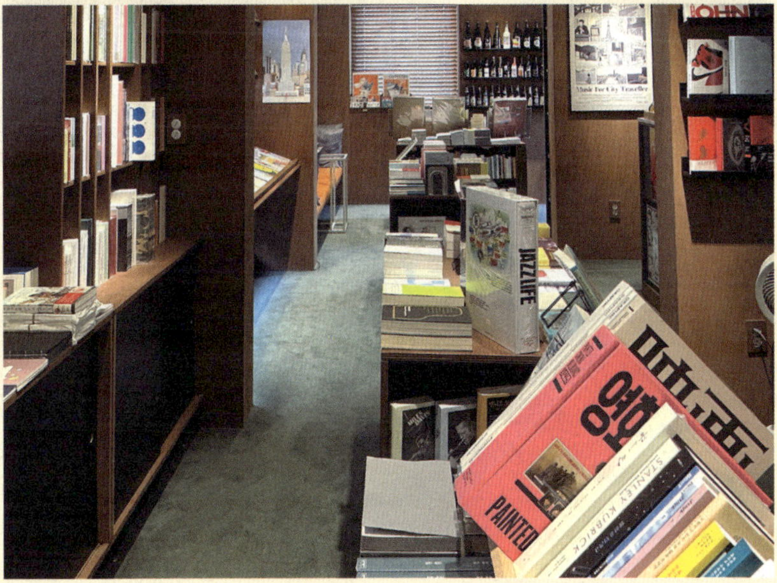
Music For City Traveller
JAZZ LIFE
STANLEY KUBRICK
PAINTED

우리동네 마음건강지킴이
마음이음
책방
구미정신건강복지센터
삼일문고 프로그램
1
2
3
4
5

구미 '삼일문고'를 처음 보았을 때 그 앞에 서서
앞으로 구미 시민들은 이런 서점을 가졌다는 사실을 자랑스러워해도 좋겠구나 생각했다.

삼일문고
삼일문고
Art Center DA
Gangter

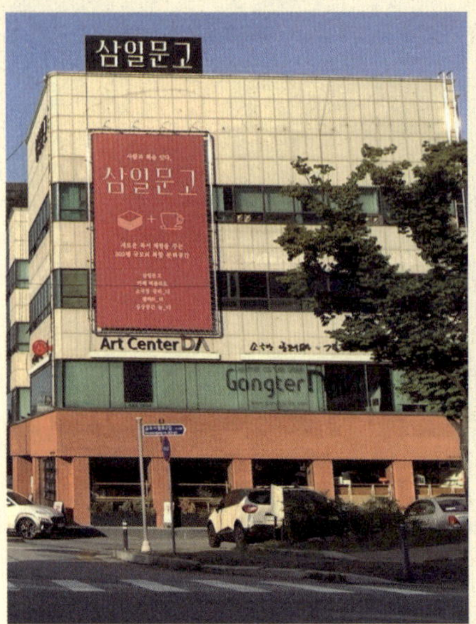

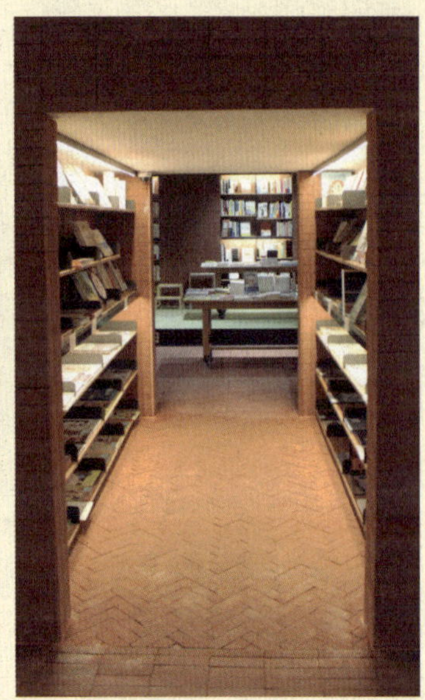

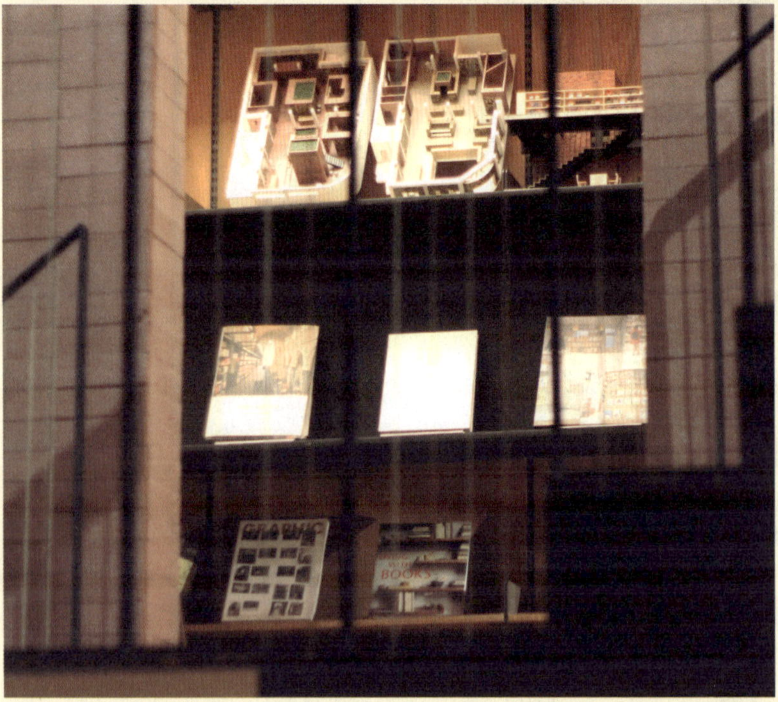
BOOKS

오늘의 신간
오늘의 신간
오늘의 신간
오늘의 신간
오늘의 신간
오늘의 신간
오늘의 신간
오늘의 신간

① 알파벳과 색깔을 봅니다
2층
1층
지하

② 책인을 봅니다
서가번호
서가벨
서가번호
청구기호

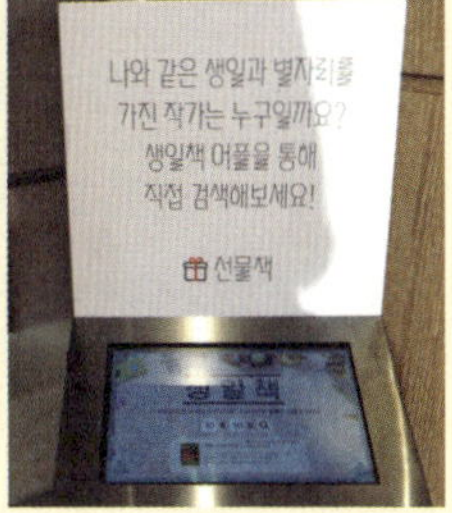

나와 같은 생일과 별자리를
가진 작가는 누구일까요?
생일책 어물을 통해
직접 검색해보세요!
선물책

손실을 감당하기 어려웠다."

놀랍게도 이 무렵 지역에 중형서점 여러 곳이 문을 열었다. 2017년 구미 '삼일문고'가 생겼다. 굉장한 서점이 생겼다는 전언을 듣고 부랴부랴 구미로 내려갔다. 예상치 못한 곳에서 만난 '삼일문고'의 경이를 아직도 기억한다. "서점에 와야 할 수천 가지 이유를 담고자" 만든 아름다운 서점이 거기 있었다. '삼일문고' 앞에 서서 생각했다.

'앞으로 구미 시민은 박정희의 고향이 아니라 이만한 서점을 가졌다는 사실을 자랑스러워해도 좋겠구나.'

'삼일문고'의 김기중 대표는 이후 학습관과 문학관까지 오픈하며 서점 공간을 지속적으로 확대했고, 그 결과 현재 1,652제곱미터(약 500평) 규모를 지닌 경북 최대 규모의 서점으로 성장했다.

2017년 12월, 춘천에도 중형서점이 생겼다. '데미안'이다. 4,600제곱미터(약 1,400평)가 넘는 규모에 카페, 베이커리, 근현대 문예지 전시실, 미술갤러리, LP음악감상 공간 등을 갖춘 대규모 서점이었다. 그러나 '데미안'은 2021년 4월 경영 악화로 영업을 종료했다.

2018년 12월, 이번에는 강릉에 '고래책방'이 생겼다. 지하 1층, 지상 4층 규모다. '고래책방'의 김선희 대표는 생물학과를 졸업하고 교수로 일했다. 몸담았던 학교가 폐교되며 무엇을 할까 고민하다 책방을 시작했다.[8] 김 대표가 가장 역점을 둔 공간은 지하 1층의 큐레이션이다.

춘천의 사업가이자
문학 애호가인 대표가
지역사회에 기여한다는 마음으로
자기 소유 건물에서
막대한 월세 수입을 포기하고
시작한 서점 '데미안'은 그러나
결국 문을 닫았다.

강릉 '고래책방' ©박숙희

강릉을 말해주는 공간으로 꾸미고 싶어, 강릉의 인물과 문인들 그리고 커피에 관한 책을 모았다.

2018년 11월, 서울 을지로입구역에 생긴 '쓰타야'의 한국판 '아크앤북스'도 있다. 서점 규모는 859제곱미터(약 260평)로 공간의 가치를 높이는 부동산 개발로 유명한 공간 기획 업체 오티디OTD코퍼레이션이 만들었다. '성수연방', 광화문 디타워의 '파워플랜트', 플리마켓 '띵굴' 등 복합문화공간 여럿을 만들어온 곳이다. '아크앤북스'는 입구 천장에 8,000여 권의 책을 터널처럼 배치하고 일상·주말·스타일·영감 같은 주제로 책을 진열하고, 여러 굿즈를 함께 판매했다. 서점과 함께 식당과 카페 등이 같이 입주한 형태가 특이했다. 책을 팔아서는 이익이 나지 않지만, 책은 좋은 집객 상품이라는 점을 핵심 가치로 내세운 복합서점이었다. 전략은 이랬다. 우선 서점으로 사람을 모은다. 방문한 독자가 서점에 머물 뿐 아니라 식당과 카페를 이용할 수 있도록 공간을 연출한다. 즉 책을 둘러싼 여러 점포가 매출을 낳는 모델이었다. 이는 역설적으로 중형서점이 책만 팔아서 손익을 맞추기 어렵다는 사실을 말해줬다.

을지로입구역이라는 입지의 특성상 인근 직장인들이 서점을 찾았다. 서울 중심가에 서점이 생겼다고 해서, 서점과 음식점의 매출을 합쳐 영업 한 달 만에 손익분기점을 넘겼다고 해서 놀라워했던 것도 잠시, 오래 버티지 못하고 2021년 4월 영업을 종료했다. 직접적 원인은 2020년 닥친 팬데믹이었다. 서점을 찾는 독자가 급격히 줄어들었고 적자가 누적되자 손실을 감당하기 어려웠다. 결국 '아크앤북스' 시청점은 폐업의 길을 걸었고, 대신 여의도·롯데월드·수지·월계 등 다른 지점이 영업 중이다.

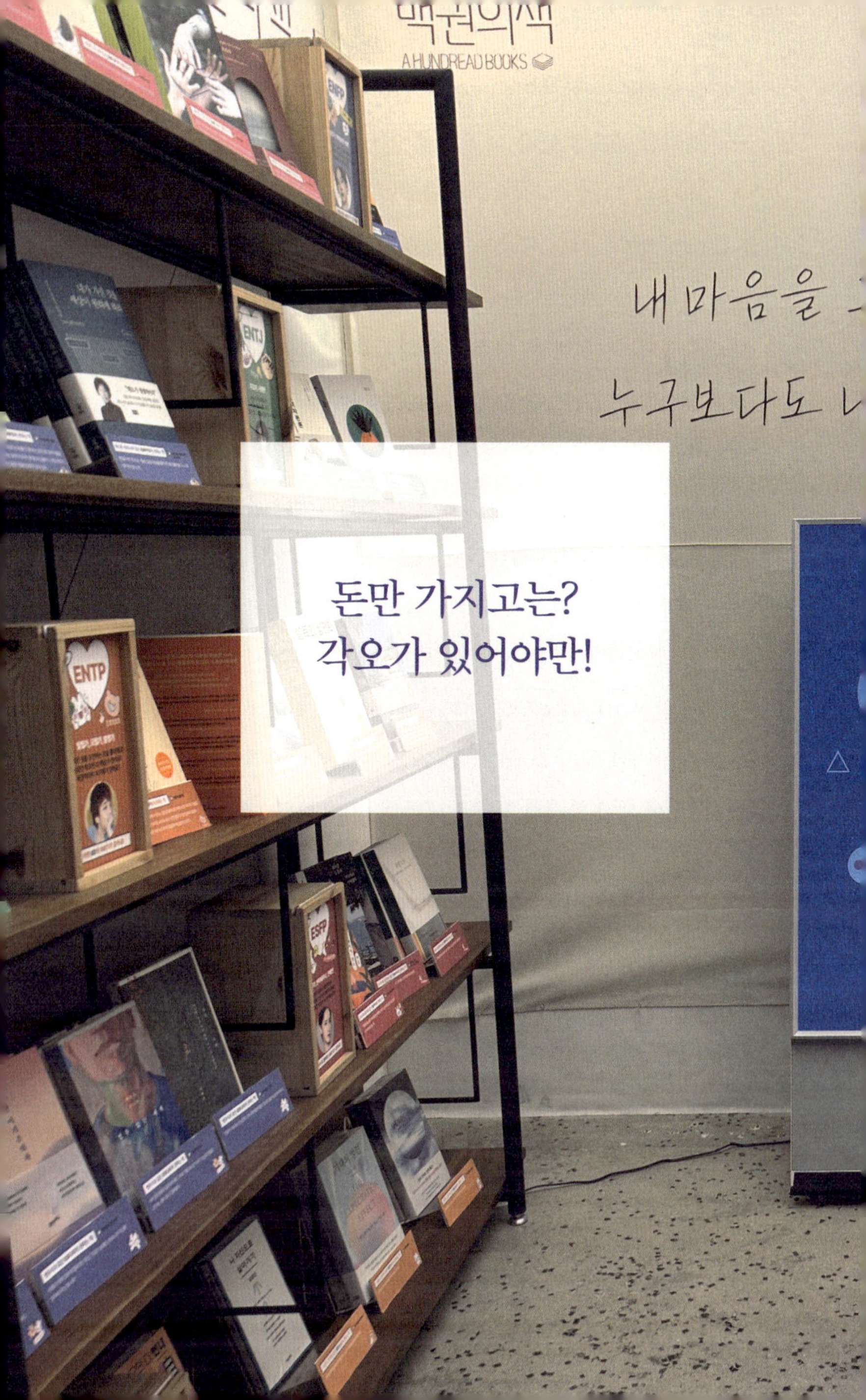
백권의책
A HUNDREAD BOOKS
내 마음을
누구보다도 나
돈만 가지고는?
각오가 있어야만!
ENTP
ENTJ
ESFP

"창업할 때 들어간 자본금을 영원히 회수하지 못할 확률이 높다. 오늘날 중형서점이 처한 어쩔 수 없는 구조이자 현실이다. 그러다 보니 중형서점은 돈이 있다고 누구나 할 수 있는 일이 결코 아니다. 서점에 대한 애정과 각오가 없다면 돈만으로는 결코 할 수 없다."

진주 '진주문고', 충주 '책이있는글터', 고양 '한양문고', 군산 '한길문고', 구미 '삼일문고' 등은 지역을 대표하는 서점이다. 이들 중형서점이 모인 '한서협'은 서점을 활성화하기 위해 함께 고민한다. 서점학교를 열거나 '시작책'이나 '종이약국' 서가를 기획하고 운영했다. 지금도 서점인이 함께 이달에 읽으면 좋을 문학책을 골라 추천하는 '서점 친구들 추천 책'을 발표한다.

2017년 구미에서 '삼일문고'를 시작한 김기중 대표는 '한서협'의 신입 회원이 되었다. '한서협'은 마치 농촌 마을로 귀농한 청년을 맞이하는 심정이었다. 기존 회원들은 감개무량했다.

"몇십 년 만에 맞이하는 신입 회원이냐!"

2000년대 이후 중형서점은 사라지기만 할 뿐 생기는 일은 없었기 때문이다. 이들은 자본가들이 '베이커리 카페는 만들어도 중형서점에는 투자하지 않는다'며 한탄했다. 지역 여기저기에 들어선 대형 베이커리 카페와 달리 중형서점은 투자금 회수가 불가능한 구조이기 때문이다. 중형서점을 오픈하려면 10억 원 이상의 투자금이 필요하다. 건물의

'한서협'은 지역서점 활성화를 위해 서점학교, '시작책'과 '종이약국' 서가 등을 공동 기획했다. 또 매달 '서점 친구들 추천 책'을 발표한다. 2026년 현재 '삼일문고' 권주은, '진주문고' 이병진, '군산 한길문고' 김우선, '한양문고' 주엽점 김민애, '책이있는글터' 신현순 서점원이 책을 선정하고 리뷰를 쓴다.

보증금이나 임대료를 제외하고도 내부 공사, 인테리어, 서가 제작 등에 많은 자본이 필요하다.

창업 규모나 운영 방식에 따라 다르지만 보통 사업을 시작할 때는 투자금을 2~3년 안에 회수하는 걸 목표로 삼는다. 투자금을 회수하는 기간이 길어지면 사업은 망한 것으로 본다. 예외적으로 사업의 성장성이 높다면 회수 기간을 길게 설정할 수도 있다. 이런 일반적인 투자의 원칙에서 중형서점은 예외 업종이다. 창업할 때 필요한 투자금은 적지 않지만 단기간에 회수할 가능성이 거의 없기 때문이다. 더 솔직하게 말하자면 영원히 자본금을 회수하지 못할 확률이 높다. 오늘날 중형서점이 처한 어쩔 수 없는 구조이자 현실이다. 그러다 보니 중형서점은 돈이 있다고 누구나 할 수 있는 일이 결코 아니다. 서점에 대한 애정과 각오가 없다면 돈만으로는 결코 할 수 없다.

앞에서 언급한 4,600제곱미터(약 1,400평) 규모의 서점 '데미안'은 춘천의 지역기업인 '옥산가'의 김현식 대표의 결단으로 2017년 12월 문을 열었다. 사업가이자 문학 애호가인 김 대표는 지역사회에 기여한다는 마음으로 자기 소유 건물에 서점을 시작했다. 서점을 열기 전 이 건물의 한 달 월세 수입은 6,300만 원이었다. 그 수입을 포기하고 시작한 일이었다. 팬데믹의 여파를 무릅쓰고 2021년 4월까지 4년여를 버텼지만 결국 문을 닫았다. 서점의 전성기라면 모를까, 중형서점을 새로 시작하고 적자를 면하고 이익을 내기까지 얼마나 오랜 시간을 버텨야 할지 예측할 수 없다.

2017년 시작한 '삼일문고'는 5년이 지나서야 겨우 적자를 면했다.

이것도 김 대표 부부가 서점에서 가장 오래 일하며 얻은 결과다. 지금도 김 대표의 아내는 회계와 어린이책의 발주를 책임진다. 김 대표는 나머지 모든 책의 신간 발주를 맡고, 서점의 세세한 부분을 직접 챙긴다. 그럼에도 서점은 말 그대로 적자를 면한 수준이다. 지역 중형서점의 성공사례로 손꼽는 '삼일문고'도 이렇다. 김기중 대표의 말처럼 "서점은 천천히 성장한다."

가장 큰 이유는 서점의 마진율이 낮기 때문이다.[9] 도서는 판매자가 정가를 정할 수 없다. 할인율도 법적으로 정해져 있다. 동네책방이나 지역서점의 마진율은 대략 20~30퍼센트 정도로 고정적이다. 도서 판매로 얻은 20~30퍼센트의 마진에서 다시 인건비, 임대료, 운반비, 소모품비 등 판매관리비를 제외하고 남는 돈이 영업이익이다. 개별 업장에 따라 다르지만 2024년 발표된 업종별 평균 영업이익률은 베이커리는 6.3퍼센트, 카페는 7.2퍼센트 정도다.[10] 서점의 평균 영업이익율은 0.8퍼센트로 조사되었다.[11] 중형서점 '삼일문고'의 영업이익률도 1퍼센트 선이었다. 2024년은 고금리와 고물가로 어느 업종이나 남는 게 없었지만, 서점의 영업이익률은 그중 낮다. '삼일문고'는 자가 건물에서 서점을 한다. 임대료와 감가상각비까지를 엄밀히 계산하면 이익률이 없는 것과 다름없다고 보아야 한다.

"매년 쏟아지는 신간이 수만 종이며, 중형서점은 특성상 다양한 책을 위탁으로 갖출 수밖에 없다. 따라서 입고 도서 중에 회전율이 높은 도서가 필요한데, 이를 책임져주는 것이 참고서와 베스트셀러였다. 그런데 이 버팀목이 흔들려버린 것이다."

우리 중형서점의 현실은 앞서 살핀 일본 서점의 사례와 유사하다. 일본 서점들의 안정적 매출을 맡아온 것이 회전율 높은 잡지와 만화였다면 우리는 참고서와 납품이 이 역할을 담당해왔다.

물론 중형서점이라고 해도 주로 방문하는 독자층이 누구냐에 따라 분야별 매출 비중은 편차가 있다. 2025년 '삼일문고'의 참고서 매출 비중은 10퍼센트로 비슷한 규모의 다른 서점보다 상대적으로 낮다.[12] 통상적으로 중형서점에서 참고서가 차지하는 비율은 대략 50퍼센트 남짓하다. 다시 말해 중형서점의 매출은 납품과 참고서에서 나온다. 한데 참고서 매출은 지속해서 감소세다. 통계청 학령인구 자료를 보면 초등, 중등, 고등학생의 수는 2007년 무렵 790만 명이었으나 2025년 511만 명이다. 이 숫자는 더욱 가파르게 감소할 예정이다. 출생아 숫자는 1994년에는 72만 명이었으나 2023년에는 23만 명으로 줄었다.

여기에 더해 강력한 변수가 등장했다. '쿠팡'의 참고서 판매다. 지역의 참고서 총판이 모두 '쿠팡'에 입점했다. 오늘밤에 참고서를 주문하면 새벽 배송으로 내일 아침 문 앞에 책이 와 있다. 중형서점의 기반이었던 참고서 매출이 심각한 타격을 입었다.

서점업은 위탁판매가 기본이다. 서점이 출판사나 도매상으로부터 책을 먼저 받고 나중에 팔린 만큼 도서 대금을 지급하는 방식이다. 서점이 위험 부담을 더는 방식이지만 위탁판매라고 만만하게 볼 수 없다.

지역 중형서점의 경우 일단 규모가 크다. 그렇다면 진열할 책도 그만큼 많이 필요하다. 하지만 중형서점이라고 해서 입고된 책이 빨리 팔려나 가지는 않는다. 편의점의 맥주나 과자는 진열되자마자 팔리고, 식당도 점심 시간에는 테이블이 여러 번 회전된다. 업장은 회전율이 높아야 매출이 오르고 자금이 흐른다. 책은 특성상 회전율이 매우 낮다. 중형서점에 진열된 책은 매대에 깔렸다가 안 팔리면 서가에 꽂힌 뒤 여러 번 자리를 옮기다가 재고로 잠기는 경우가 많다.

중형서점은 기본 설비 투자 외에도 서점을 열고 나면 책을 사기 위해 꾸준히 투자를 해야 한다. 먼저 입고된 책이 재고로 남아 있어도 끝없이 출간되는 신간을 또 입고해야 한다. 이 구조에서 도매상 역시 무한정 서점에 책을 공급할 수는 없다. 거래 계약을 맺을 때 서점의 잔고를 얼마까지 인정할 것인지를 협의한다. 즉 위탁 도서의 전체 규모를 정한다. 협의한 잔고 이상의 금액은 매달 결제해야 한다. 그것도 점점 옛말이 되어 가고 있다. 이제는 규모가 큰 중형서점이나 작은 동네책방이나 위탁보다는 현금을 주고 책을 사는 구조가 보편화되고 있다. 서점이 신간을 사려면 현금이 필요하다. 흔히 서점인이 하는 말이 있다.

"열심히 책을 팔았는데 왜 수중에 돈이 없을까."

책을 팔아 번 돈으로 다시 책을 샀기 때문이다. 중형서점은 이런 악순환에 빠지지 않고 원활한 자금 흐름을 만들어야 버틸 수 있다. 특히 신규 서점이라면 선순환이 이루어질 때까지 지난한 시간을 인내해야 한다. 힘들게 중형급 서점을 만들었다 해도 긴 시간을 버텨야 하는 구조니 어려움은 더욱 커진다.

위탁판매 구조에서는 당연히 중형서점의 반품률이 높다. 팔리지 않는 책을 재고로 안고 있다면 손해다. 제때 반품해서 과지급을 막아야 서점을 안정적으로 경영할 수 있다. 서점원이 바쁜 이유 중 하나가 반품 작업 때문이다. 잡지와 만화 판매 비중이 높은 일본 서점의 반품률은 2022년 32.6퍼센트였다.[13] 반면 한국 서점의 단행본 평균 반품률은 18.1퍼센트다.[14] 일부 판매가 기대되는 책은 반품 없는 매절 조건으로 입고하지만 모든 책을 그렇게 구매할 수는 없다. 매년 쏟아지는 신간이 수만 종이며, 중형서점은 특성상 다양한 책을 위탁으로 갖출 수밖에 없다. 따라서 중형서점은 입고 도서 중에 회전율이 높은 도서가 필요한데, 이를 책임져주는 것이 참고서와 베스트셀러였다. 그런데 이 버팀목이 흔들려버린 것이다.

도시 한 곳이
중형서점
하나를 품는 데
걸리는 시간

"독자의 성원은 저절로 생기지 않는다. '진주문고'가 받은 성원은 지역 독자들과 어떤 관계를 맺었는가를 보여주는 증거다. 방학이면 '책이있는글터' 근방 엄마들이 도시락을 싸서 자녀를 서점에 보내기도 했다. 서점은 자녀가 친구들과 책 보고 공부하고 놀 수 있는 가장 안전한 공간이었다."

서점으로 부를 이루던 시절이 있었다. 해방 후 서점을 시작한 1세대 서점인들은 물론이고, 1980~90년대 서점을 시작한 1.5세대 서점인들까지만 해도 2000년대 초반까지는 성장을 이루었다. 2010년을 전후로 많은 중형서점이 문을 닫았고 오늘날 상황은 녹록지 않다.

2020년대 이후까지 살아남은 중형서점은 단지 서점이라는 의미만이 아니라 지역에 반드시 필요한 공간이라는 신뢰를 얻은 곳이다. 그러한 믿음을 오랜 시간 지켜오고 지역사회에 유무형으로 봉사해온 곳이다. 지금도 서울과 수도권 밖으로 조금만 더 나가면 지역에서 문화를 향유하는 일이 쉽지 않다는 걸 깨닫게 된다. 예전에는 더했다. 지역에 도서관조차 변변치 않았던 시절, 중형서점은 오래도록 지역 거점서점으로서 문화공간 역할을 도맡아왔다. 서점은 다양한 책을 볼 수 있는 공간이자 지역에서 흔치 않은 강의와 북토크와 클래스 등을 접할 수 있는 문화공간이었다. 그나마 살아남은 중형서점 가운데는 참고서 비중이 낮고 단행본 판매 비율이 높은 곳이 많다.

'진주문고'는 IMF로 큰 위기를 맞닥뜨렸다. 여태훈 대표는 크게 고심하다 마지막으로 서점을 제대로 해보자고 마음먹었다. 1999년 원도심에 있던 서점을 아파트가 막 생겨나던 평거동으로 이전하면서 규모를 대폭 확장했다. 부족한 자금은 김장하 선생에게 도움을 받기도 했다. 그러고도 돈이 부족했다. 여 대표는 독자들에게 10만 원짜리 선 도서구입권을 팔았다. 놀랍게도 진주 시민이 구입해준 선 도서구입 금액이 무려 5,000만 원에 이르렀다. '진주문고'를 제대로 살리겠다는 뜻을 이해하고 시민들이 십시일반 도움을 준 것이다. 서점에게 보내는 독자의 성원은 저절로 생기지 않는다. 이때 보내준 독자들의 성원은 1986년부터 '진주문고'가 지역 독자들과 어떤 관계를 맺었는가를 보여주는 증거다. 이 마음을 잊지 않고 여 대표는 2010년대 중반 이후 매년 매출이 하락하는데도 불구하고 2018년 리모델링을 단행했다. 진주 시민의 사랑을 기억하고 진주의 서점으로 남겠다는 마음이자 진주 시민이 보여준 사랑을 갚는 일이었다.

충청북도 충주 '책이있는글터'는 지금도 서점 1층 제일 좋은 곳에 그림책을 보기 좋게 진열하고 어린이 독자가 마음 편히 즐길 수 있도록 읽는 공간을 마련해두었다. 서점이 상업공간이라면 가장 주목도가 높은 공간에 독자가 가장 많이 찾는 베스트셀러나 참고서를 두는 편이 맞다. 한데 1층에는 그런 책이 보이지 않는다. 그림책을 편히 앉아서 읽을 수 있는 공간이 독자를 반기니 마치 어린이도서관에 온 듯한 느낌이다. '책이있는글터'는 충북권에서 그림책과 어린이책을 만날 수 있는 유일한 서점이다. 3층의 '더불어숲'은 언제나 충주 시민에게 무료 개방한다. 방문했을 때도 어린이들은 놀고, 10대들은 앉아서 공부를 하고 있었다. 3층에는 저자와의 만남이나 워크숍 혹은 시민대학이 열릴 수 있는 넓은

책방의 아름다움은 어디에서 나오는 걸까. 충주의 학부모들에게 '책이있는글터'는 자녀가 친구들과 책 보고 공부하고 놀 수 있는 가장 안전한 공간이다. 충주에서 자란 아이들은 훗날 어른이 되어서도 이 책방을 잊을 수 없을 것이다.

공간부터, 독서모임을 할 수 있는 작은 공간도 있다. 이런 공간이 있으니 방학이면 근방의 일하는 엄마들이 아예 도시락을 싸서 자녀를 서점에 보내기도 했다. 부모에게 서점은 어린이가 친구들과 책 보고 공부하고 놀 수 있는 가장 안전한 공간이었다.

흔히 서점이 아름답다고 할 때 의미는 복합적이다. 서점에 책이 많고, 건물이 멋지고 인테리어가 아기자기하고, 주변 풍경이 근사할 때도 서점은 아름답다. 하지만 뭐니 뭐니 해도 정성과 사랑이 느껴질 때 가장 아름답다.

독자의 기억에 남는 서점은 어떤 곳일까. 나의 경우 온기를 느꼈던 서점이다. 서점 주인의 얼굴은 기억나지 않아도 매번 책만 읽고 가던 소녀를 친절하게 대해준 마음은 오래 남았다. 비슷하게 방학 때 매일 서점을 찾는 아이에게 춥다며 방에 들어가 읽으라고 권한 서점 할머니, 혹은 떡볶이나 고구마 등을 함께 나눠 먹던 작은 서점은 어른이 되어서도 잊을 수 없다.

"오프라인서점을 운영하는 어려움은 점점 가속화되고 있다. 하나의 정책을 만들 때마다 고려해야 할 요인이 여럿 있음을 모르지 않는다. 하지만 해당 정책이 현장에서 불러올 파급효과에 대해서는 더욱 더 치열하고 구체적인 고민이 필요하다."

중형서점의 입지는 점점 좁아지고 있다. 지역의 거점서점조차 공공적

가치를 구현할 여유가 없다. 중형서점은 규모가 큰 만큼 직원이 여럿 필요하다. 특히 2~3층 구조를 지닌 서점은 층마다 관리할 수 있는 서점 원이 필수다. 과거라면 열 명이 넘는 서점원이 이를 감당할 수 있었으 나 지금은 턱도 없다. 중형서점을 운영해서 얻는 이익으로 필요한 만큼 서점원의 인건비를 감당할 수 없다는 뜻이다. 인력이 감소해도 충원할 수 없다. 단기 서점원을 충원하는 것도 버거우니 전문성 있는 서점원을 채용하는 건 이루지 못할 꿈이다. 인원이 줄어들수록 남아 있는 서점 원들이 많은 일을 다 감당해야 한다. 전문성을 쌓기는커녕 진열과 반품 등 기본 업무를 해내기도 벅차다. 이런 사정은 고스란히 악순환으로 이 어진다. 서점이 독자를 제대로 맞이할 준비가 되어 있지 않으면 독자의 발길은 더 멀어지기 때문이다.

오프라인서점을 운영하는 어려움은 점점 가속화되고 있다. 과거 보다 책이 덜 팔리는 데다 온라인과 오프라인서점의 이중가격도 발목 을 잡고 있으며, 제도 운영의 문제도 있다. 앞서 말했듯 참고서와 함께 중형서점을 받쳐주는 납품을 둘러싼 환경도 어렵다. 개정도서정가제 이후 납품 시장에 유령회사들이 대거 뛰어들었다. 이로 인한 폐해가 커 지자 여러 지자체에서 '서점인증제'를 도입했다. 이후로 많은 지자체에 서 서점인증을 받은 지역서점에게 납품을 받고 있다. 모든 지역서점에 균등하게 납품을 배분하는 방식이다. 이걸로 문제가 해결이 된 걸까. 직원 열 명이 있는 중형서점도 한 해에 5,000만 원어치 납품을 하고, 16 제곱미터(약 5평)짜리 참고서만 들여놓고 파는 서점을 혼자 운영해도 '균등하게' 5,000만 원어치 납품을 한다. 이처럼 규모나 성격을 고려하지 않은 균등 납품은 정책 운영자의 입장에서는 얼핏 합리적으로 보일 수는 있겠지만 지역의 오래된 중형서점에게는 현실적으로 경영 악화를 가속화하는 요인이 되고 있다. 춘천 '광장서적'이나 대전 '계룡문고'는 폐업의 원인으로 매출 하락과 함께 납품 감소를 꼽았다. 하나의 정책을 만들 때마다 고려해야 할 요인이 여럿 있음을 모르지 않는다. 하지만 해당 정책이 현장에서 불러올 파급효과에 대해서는 더욱 더 치열하고 구체적인 고민이 필요하다.

"도시 한 곳이 서점 하나를 품는 데는 오랜 시간이 걸린다. 잃는 건 하루아침이지만 다시 만들어내는 데는 정말 오랜 시간과 노력이 필요하다. 그 중요성과 공공성에 대한 인식은 희미해지고 있다. 공공성을 간직한 서점이 사라진 미래 사회는 어떤 모습일까."

'삼일문고'는 2017년 문을 연 직후부터 주목을 받은 것처럼 보이지만 정작 구미 시민에게 알려지기까지는 생각보다 긴 시간이 필요했다. 2025년 하반기에 이르러서야 '삼일문고'의 회원 수가 5만 명을 넘어섰다.[15] 무려 9년여 만의 일이다. 회원이 5만 명이라고 하지만 가족 단위로 오는 경우까지 포함하면 실제 서점을 다녀간 구미 시민은 10만 명에 육박할 테다. 구미 인구가 2025년 12월 현재 약 40만 5,000명이니 이 정도면 지역의 거점서점으로 자리매김했다 하겠다. 도시 한 곳이 서점 하나를 품는 데는 이만한 시간이 걸린다. 반대로 지역의 거점서점이 사라지면 이만한 시간과 독서인구를 잃는 것이다. 잃는 건 하루아침이지만 다시 만들어내는 데는 정말 오랜 시간과 노력이 필요하다.

1970~80년대 초반만 해도 초등학교에 도서관이 없었고 지역 도서관도 만나기 어려웠다. 2000년대 이후부터 도서관 운동이 시작되었다. 그 결과 도서관도 많아졌고, 또한 책을 파는 다양한 플랫폼도 생겨났다. 온라인서점뿐 아니라 전자책과 오디오북 플랫폼도 있다. 아예 콘텐츠로 구독서비스를 하는 곳도 여럿이다. 소비자들은 온라인상에 떠도는 정보와 콘텐츠를 따라가기도 벅찬 세상이다. 더욱이 가까이에 도서관이 많이 생겨 책을 빌려보기도 쉬워졌다. 환경이 변했으니 이제 지역 거점서점은 사라져도 되는 걸까.

출판연감에 따르면 한 해 발행되는 책의 종수는 대략 6만 종이고 이 가운데 온라인서점에서 유통하는 책은 대략 1,000종 남짓하다. 지역 거점서점인 '책이있는글터'에서 1년에 두 권 이상 판매되는 책은 지금껏 대략 2만 종이 넘었다. 이연호 대표는 점점 서점에서 팔리는 책의 종수가 줄고 있다며 "그만큼 독자들의 시야가 좁아지고 있다는" 뜻이 아니겠느냐고 했다. 그저 시야가 좁아지는 정도가 아니다. 학계에서 이미 검증이 끝나 파기된 주장을 버젓이 펼쳐대는 유튜브의 책이 베스트셀러가 되는 세상이다. 좁아진 세상에서 사람들은 편향과 확증에 내몰리고 있다.

그나마 책을 사는 사람도 드물다. 누구나 아파트 가격이 오르면 영혼을 팔아서라도 집을 사야 하고, 주식이 오르면 나만 돈을 못 벌까 두려움에 떤다. 정신적 스트레스에서 오는 피곤함은 각종 영상과 OTT로

때운다. 알고리즘으로 소비자를 몰아가는 유튜브와 SNS를 보기도 벅
찬데 책 읽을 시간을 내기란 쉽지 않다. 서점에 갈 일은 갈수록 줄어든
다. 15세기 구텐베르크가 인쇄술을 발명한 이래 서점은 가장 위험한 시
간을 맞고 있다. 앞으로 오프라인서점이란 과거에 존재했으나 지금은
사라진 공간이 되지 않는다는 보장이 없다.

일본의 사상가·철학자이자 문화비평가인 우치다 다쓰루内田 樹는
"지적이라는 건 새로운 앎에 대한 갈망이 솟아나는 상태"라고 정의한
다. 한 사람으로서 가장 좋지 않은 상태는 "불량한 정보와 지식이 가득
해서 더는 새로운 지식과 정보가 들어갈 여지가 없는 상태"라고 했다.
무릇 성숙한 인간이라면 "자신의 신념 체계를 부수고 무방비하게 열린
상태가 되어" 배울 수 있고 성장할 수 있어야 한다.[16] 인류는 지금껏 이
런 시민을 만들고 열린사회를 만들기 위해 투쟁해왔다. 한 사람을 열린
상태로 만들어주는 공간, 이곳이 서점이다.

온라인플랫폼이 많은데 굳이 오프라인서점이 필요하냐고 반문할
수 있다. 독서 경험을 되돌아보면 온라인플랫폼에서 고르는 책은 당장
써먹을 책이다. 무얼 읽어야 하는지 모르는데 온라인서점을 배회하는
사람은 없다. 오프라인서점은 다르다. 당장 살 책이 없어도 가는 곳이
다. "서가를 느릿느릿 훑으며 그날 꽂히는 책을"[17] 고르는 곳이다. 책은
당장 읽으려고 사는 게 아니라는 책벌레들의 격언이 있지 않은가. 언젠
가 읽을 것을 전제로 사는 게 책이다. 말하자면 현재가 아니라 미래의
나를 앞당겨 만나는 일이다. 이런 만족감을 최대한 충족할 수 있도록
다양한 책이 있는 공간이 지역 거점서점이다.

생각해보면 서점이란 원래가 비효율적인 공간이다. 소비자는 칫솔이, 양말이 필요해서 산다. 서점에서도 당장 필요한 책을 산다. 또한 언젠가 읽고 싶은 책을 산다. 현재의 책이 아니라 미래의 책을 산다. 서점의 진짜 효용은 독자가 몰랐던 책이 이렇게나 많다는 걸 깨닫는 장소, 즉 자신의 무지를 발견하는 곳일 때 가장 높다.

다양한 책을 전시하고 진열하는 지역 거점서점의 중요성과 공공성에 대한 인식은 어느덧 희미해지고 있다. 공공성을 간직한 서점이 사라진 미래 사회는 과연 어떤 모습일까, 상상만으로도 아득하다.

제5부

책방이 모두 사라진
내일을 바라지 않는다면

오래전부터
취약한 구조의
국내 출판유통

"국내 출판유통은 구조적으로 취약했다. 1997년 IMF구제 금융 사태를 비롯해 경기 불황이 닥칠 때마다 최대 규모의 도매상이 속절없이 무너지곤 했다. 최근까지 도매상의 부도는 연례행사처럼 이어졌다. 그때마다 출판사는 물론이고 인쇄 제본 등 관련 업체도 타격을 입었다."

1990년대 중반 출판사에 입사했던 시기, 잘 팔릴 것 같은 새 책이 전국의 서점으로 나가는 과정은 대략 이랬다. 출판사는 책이 나오기 전에 '보문당'이나 '송인' 같은 주요 도매상과 직거래 대형서점에게 책을 몇 부나 받을지 먼저 타진한다. 인기 작가의 새 책이라면 전국 단위 도매상에서는 몇천 부 단위를 주문한다. 보통은 제작처에서 물류 창고로 입고시킨 뒤 도매상이나 서점으로 보내지만, 이런 경우 도매상이 제본소로 바로 트럭을 보내 수천 권의 책을 바로 싣고 간다. 초판 2만 부를 찍는 빅셀러는 이런 구조에서 가능했다. 전국에 5,000여 개의 서점이 있던 시절의 이야기다. 멀지 않은 미래에 스마트폰이나 인공지능 같은 게 나올 거라는 걸 까마득하게 몰랐던 때의 일이다.

국내의 출판유통은 그 시절부터 구조적으로 취약했다. 군소 도매상이 난립했고, 유통처·출판사·제작처 등은 현금이 아닌 어음으로 대금을 치렀다. 1997년 IMF구제 금융 사태를 비롯해 경기 불황이 닥칠 때마다 '보문당' 같은 최대 규모의 도매상이 속절없이 무너지곤 했다. 이후로도 대학천과 지방 도매상의 부도는 연례행사처럼 이어졌고, 그때마다 출판사는 물론이고 인쇄 제본 등 관련 업체도 타격을 입었다.

2020년대 들어서도 유통의 부침은 이어졌다. 국내에서 두세 번째로 규모가 컸던 도매상 '송인서적'과 '북플러스'가 결국 역사 속으로 사라졌다. 온라인서점 '인터파크'는 부도가 난 '송인서적'을 인수한 뒤 '인터파크송인서적'으로 이름을 바꾸었다. '인터파크'는 구조 개편을 시작하며 '인터파크송인서적'을 매각하려고 했지만 실패한 뒤 2021년 회생 신청을 거쳐 결국 파산신청으로 이어졌다.[1] 한때 연간 매출이 500억 원에 이르렀고 세 번째로 큐모가 컸던 도매업체 '북플러스'도 도매 사업은 만성 적자였다. 마트 사업팀과 3자 물류에서 흑자를 내며 다른 도매업의 적자를 보전하는 상태였으나[2] 결정적으로 주주와 경영진의 분쟁으로 2025년 2월 파산 선고를 받았다.

도매상의 좌초는 출판환경의 변화를 반영한다. 도매상 내부의 운영상 문제도 있겠으나 출판유통환경의 변화에 제때 대응하지 못한 이유도 크다. 출판사의 온라인서점 직거래 증가, 개정도서정가제 아래에서 납품의 어려움, 5퍼센트 남짓한 이익률의 한계 등 과거와 다른 환경은 도매업체 모두에게 큰 어려움이었다.

그렇게 하나둘 사라지면서 이제 출판사가 신간을 전국 서점에 보낼 수 있는 전국 규모의 도매상은 엄밀히 말해 '웅진북센'(북센)과 '출판협동조합' 정도가 남았다. 지역을 기반으로 한 대구 '세원출판유통'이나 부산 '한성' 등 일부의 도매가 존재하지만 예전 대형 도매업체의 규모와는 비교가 어렵다. 어린이책이 전성기를 누리던 시절 여럿 존재했던 어린이책 전문도매상도 거의 다 사라졌다. 1990년대 초반 어린이전문서점이 등장하자 어린이책을 원활하게 공급하기 위해 어린이책 전문도매상 '서당'이 만들어졌으나 2022년 결국 문을 닫았다. 이렇듯 갈수록 입지가 좁아진 도매상들은 대부분 역사 속으로 사라졌다.

"출판유통은 도매상을 기본으로 삼던 때와는 달라졌다. '쿠팡'의 도서 시장 과점도, 온라인서점의 도매 진출도 이런 현상 중 하나다. 출판과 서점에 종사하는 이들이 안정적으로 사업을 이어가기 위해서, 이를 위한 기본 바탕인 유통질서가 지켜지기 위해서 도매상은 꼭 필요하다."

최근 출판유통의 핵은 '쿠팡'이다. '쿠팡'은 2020년부터 주요 출판사와 직접 계약을 맺고 도서를 공급받기 시작했다. 2020년 9월 출판사들에게 보낸 「직거래 사업 제안서」에 따르면 도서 매출이 2019년 1,019억 원, 2020년 2,500억 원에 이르렀고, 2021년까지 6,000억 원 달성 예정을 목표로 한다고 적시되어 있다.[3]

출판사마다 차이는 존재하지만 2023년 무렵부터 '쿠팡'의 매출이 온라인서점 '알라딘'을 넘어선 곳들이 생겨났다. 한번 선택한 제품·서비스·플랫폼에 묶여 다른 대안으로 옮기기 어려워지는 현상, 즉 쇼핑-배송-콘텐츠 서비스를 하나의 구독경제로 묶는 록인 효과lock-in effect로 국내에서 '쿠팡'의 지배력은 엄청나다. 내일 아침 아이가 신을 실내화를 오늘 밤에 주문해도 받을 수 있다. '쿠팡' 없이 어떻게 살았을까, 싶게 생활용품 시장에서 지배력이 엄청나다. 여기에 도서가 얹어진 형태니, '쿠팡'이 성장할수록 도서 시장에서 지배력을 발휘할 거라는 사실 또한 예견된 일이었다.

업계 관계자들은 2024년 '쿠팡'의 도서 매출이 5,000억 원 정도라고 추산한다. 근거는 2024년 '알라딘'의 매출이 4,555억 원이고 '예스24'가 6,558억 원을 기록했기 때문이다. 실제로 개별 출판사에서 '쿠팡' 매출은 '예스24'와 유사한 수준을 기록했다는 전언이다. 이대로 가면 '쿠팡'의 도서 매출이 '예스24'를 넘어설 것이라는 추측도 무리는 아니다. '대한출판문화협회'에서 발표한 「2024년 출판시장 통계」에 따르면 주요 서점의 매출은 표 5-1과 같다. 이 가운데 '북스리브로'라는 이름으로 여러 지역에서 서점을 운영하던 ㈜리브로는 2025년 '북플러스'의 파산과 맞물리며 거의 영업이 종료되었다. 이에 따르면 대략 다섯 개 주요 서점의 매출이 약 2조 2,500억 원이라는 계산이 나온다. 다만 이 순위에는 '쿠팡'의 도서판매 부문이 빠져 있다. [4]

2023년 초부터 '알라딘', '예스24', '인터넷교보문고' 등 온라인서점 3사는 무료 배송이 가능한 도서 금액을 1만 5,000원으로 인상했다. '쿠팡'은 유료 멤버십인 '와우 멤버십'의 회원이라면 1만 5,000원 이하의 책을 한 권만 사도 무료 배송과 무료 반품이 가능하고 쿠팡 캐시 적립도 할 수 있다. 그러다 보니 "특히 주 소비자가 양육자인 '아동 도서'나 '요리책'의 경우 '쿠팡'이 온라인서점 3사(교보문고·예스24·알라딘)를 제치고 매출 1위인 것으로 추정하고 있다."[5] 물론 모든 출판사가 '쿠팡'과 직접 거래하는 건 아니다. 출판사가 '쿠팡'과 직거래를 하면 '쿠팡' 물류의 요구에 맞게 납품해야 하므로 규모가 작은 출판사들은 직접 거래하지 않는 경우가 많다.

2025년 9월 『한겨레』의 보도에 따르면 '쿠팡'은 직거래 출판사와

[표 5-1] 2024년 주요 서점의 매출액 및 영업이익 현황 (단위: 백만 원)

기업	2024년				2023년	
	매출액	증감률	영업이익	증감률	매출액	영업이익
(주)교보문고	977,052	8.4%	-12,250	적자 유지	901,374	-36,047
예스24(주)	655,803	2.2%	18,506	104.4%	641,894	9.055
(주)알라딘커뮤니케이션	455,530	-2.0%	12,674	-9.8%	464,998	14,058
(주)영풍문고	149,511	7.5%	356	-81.4%	139,068	1,919
(주)리브로	14,548	-13.4%	-346	적자 유지	16,802	-350
합계	2,252,444	4.1%	18,940	흑자 전환	2,164,136	-11,365

출처: 「2024년 출판시장 통계」, 대한출판문화협회.

매년 계약을 갱신하고 그때마다 공급률을 낮춘다. 또 매출이 늘어날 때마다 일정 비율의 성장장려금을 받는다. 보통 출판사는 온라인서점의 자체 판매관리시스템SCM에 접속해서 자사 도서의 재고와 판매 현황, 구매 독자의 나이와 성별 정도를 확인할 수 있다. 하지만 '쿠팡'은 구매자 정보를 보려면 월 600만 원을 내야 한다고 한다. 반면 직매입한 도서를 정산하는 데는 최장 60일이 소요된다.[6]

갈수록 '쿠팡'이 출판 생태계에 미치는 영향은 심각해지고 있다. 우선 책방의 매출이 영향을 받는다. 전국구 책방인 A서점의 경우 방문자 대비 실구매율이 전년 대비 감소했다. B책방은 2024년 대비 20퍼센트 정도 매출이 감소했다. 특히 참고서를 주로 판매하는 지역서점은 훨씬 더 직접적인 타격을 입었다. 독자들이 '쿠팡'을 이용해 참고서를 구매하기 때문이다. 2025년 8월 '교보문고', '예스24', '알라딘', '영풍문고'와 일부 지역서점에서 판매데이터를 제공받아 발표하는 출판전산망 판매 리포트에서도 지역서점은 전년 대비 판매 권수와 판매액 모두 감소세를 보인다.[7]

출판유통의 문제는 독자에게 직접적으로 피부로 와닿지 않는다. 하지만 서점을 움직이는 원동력이 유통이다. 특히 서점을 운영하면 비로소 출판유통의 실체를 만나게 된다. 도매상에 주문한 책이 제때에 오지 않는다거나, 아예 책을 구할 수 없다거나, 도매 거래처마다 공급률이 다르다거나 하는 문제는 결국 유통의 문제다. 한국출판유통에는 "공급률 문제, 선입금 주문 방식, 비거래 도서 문제, 배송 기간 문제, 택배비 부담 등의 공급자와의 문제"[8] 등 여러 난제가 산적해 있다.

최근 국내 출판유통은 도매상을 기본으로 삼았던 과거와는 크게 달라졌다. '쿠팡'의 도서 시장 과점도, '교보문고' 및 '예스24'와 '알라딘'같은 온라인서점의 도매 진출도 이런 현상 중 하나다. 언뜻 생각하기에 대형온라인서점이 도매업에 진출해서 더 편리해진 점이 많은데 구태여 전국 규모 도매상이 존재해야 할까 싶다. 새로운 유통경로가 생겨날 때마다 당장의 이익보다 먼저 살펴야 할 것이 있다. 기존의 유통질서를 혁신하는지 아니면 파괴하고 생태계를 교란하는지 여부다.

분명한 사실은 출판사 - 도매상 - 서점이라는 유통경로는 그저 오래된 관행이기 때문에 유지해야 하는 게 아니라는 점이다. 책의 유통에서 도매상의 역할은 매우 크고 중요하다. 단적으로 아무리 큰 서점이라도 유통되는 모든 책을 보관할 수는 없다. 책을 보관하고 배송하는 도매상의 역할은 근대 출판의 핵이다. 출판과 서점에 종사하는 이들이 안정적으로 사업을 이어가기 위해서, 이를 위한 기본 바탕인 유통질서가 지켜지기 위해서 도매상은 꼭 필요하다.

대형·온라인서점의
도매 겸업,
좋거나 혹은 나쁘거나

"2020년부터 '교보문고'가 도매에 본격 진출했다. 지역서점이 그동안 고질적으로 겪었던 도서 수급 관련 여러 문제가 해결된 것도 사실이다. 그럼에도 '교보문고'의 도매업 진출에 대해 여러 단체에서 앞으로 있을지 모를 '교보문고'의 독과점에 대해 크게 우려했다."

1980년대부터 2000년대까지 '교보문고'는 의욕적으로 전국에 지점을 늘리려 했다. 전국 지역서점들은 '교보문고'의 지점 설립에 반대하며 팽팽하게 맞섰다. 모두 다 옛말이다. '교보문고'도 더 이상 지점을 확대하려고 하지 않지만, 거기에 맞설 지역서점조차 남아 있지 않다.

동네책방을 운영하기도 힘들지만, 대형오프라인서점을 운영하기도 힘든 시절이다. 지금은 서점 규모가 크면 클수록 더 위험하다.[9] '교보문고'는 전국에 40여 개의 지점을 두고 있다. 당연히 인력이 많이 필요하다. '교보문고'가 2020년 쓴 인건비는 572억 원으로, 같은 시기 '예스24'는 절반 정도에 불과했다. 전국에 40여 개 매장을 지닌 '교보문고'는 고정비에 해당하는 인건비와 관리비의 규모가 크니, 매출이 늘어도 돈을 벌기 어려운 구조다.

2021년 세 번째 규모의 대형서점으로 손꼽혔던 '반디앤루니스'가 파산했고, '영풍문고'도 영업손실을 기록했다. 2023년 '교보문고'는 1980년 창사 이래 최초로 희망퇴직 신청을 받았다. 기억 속 '교보문고'는 장기근속 근무자가 유난히 많았던 서점이다. 하지만 서점 환경이 변하자 10년 이상 근무한 직원을 대상으로 희망퇴직 신청을 받았고, 전체 직원의 40퍼센트 정도가 퇴직했다. 전국에서 손꼽을 정도로 매출이 좋은 '교보문고' 대구점은 25년 동안 4개 층으로 매장을 운영했는데 2025년 11월 1개 층을 폐쇄했다. '효율적으로 동선을 재배치'하기 위해서라고 발표했지만 결국 서점의 환경이 달라졌다는 뜻이다.

'교보문고'의 굵직한 변화는 또 있다. 2020년 '교보문고'는 그동안 소극적으로 운영하던 도매업에 확대 진출하겠다는 발표를 했다. 이미 도매업을 하기에 유리한 조건을 갖고 있었다. 우선 국내 거의 모든 출판사와 거래한다. 이 때문에 본격적으로 진출하기 이전에도 이미 소극적인 도매 거래를 해왔다. 지역서점이 납품 등의 이유로 필요한 도서를 공급받으려면 '교보문고'와 거래할 필요가 있었다. 2020년 거래 서점은 이미 716개에 이르렀다. 또한 출판사와 직거래를 하기 때문에 공급률에서 유리했다. 이에 대해 도매업 관계자들은 '교보문고'가 "기존 도매업체에 비해 우월적인 매입률로 기존 도매유통보다 2~3퍼센트 낮은 공급가로 도서관 납품"[10]을 할 수 있었다고 말한 적이 있다.

'교보문고'의 도매업 진출은 2020년 '서련'이 지역서점 28곳과 함께 '교보문고'와 MOU를 맺으며 가시화되었다. 지역서점과 '교보문고'가 판매망을 구축해 수급에 어려움을 겪는 책을 좀 더 낮은 공급률로 제공하기로 합의했다. 이후 '교보문고'와 거래하는 서점은 2021년 1,010개, 2022년 5월 기준으로 1,100개까지 늘었다.[11] '교보문고'의 도매 사업 매출액은 2021년에 약 870억 원으로, 전체 매출의 약 10퍼센트 수준이었다. 2024년에는 약 2,253억 원으로 전년 대비 296.5퍼센트나 상승했다.[12] '교보문고'의 도매업 진출 이후 '예스24'와 '알라딘' 역시 적극적으로 도매업에 나섰다.

도매상은 도서 유통의 근대화에 큰 역할을 했고 지역서점이 원활하게 책을 수급받기 위해서 필수적인 존재다. 일본이나 독일에서 출판 도매상은 단순히 책을 보관하는 창고나 배본하는 물류 회사 이상의 역할을 한다. 서점원 교육이나 서점의 도서 큐레이션이나 리뉴얼 상담 등을 포함해 서점 운영 전반에 관한 서비스를 제공한다. 참고로 도매상과 비슷한 역할을 하는 총판도 있다. 총판이란 잡지와 참고서를 취급하는 대리점을 일컫는다. 참고서나 잡지는 출판사가 지역별로 유통 권한을 총판에게 위임하며, 총판을 거쳐 지역 서점에서 유통된다. 지역총판은 특정한 지역에서 참고서와 잡지의 공급 권리를 갖지만, 때로 단행본의 도매업을 겸할 때도 있다.

이런 관행에 따라 지금껏 국내의 중소형서점은 전국 규모, 혹은 지역 도매상을 복수로 거래하며 책을 공급받았다. 그러나 2020년부터 국내 최대 소매서점인 '교보문고'가 도매상으로 기능하며 판도가 달라졌다. 그때까지 도매상에 대한 지역서점의 원성은 드높았다. 지역서점이 도서를 수급하고 구색을 맞추는 일에 난항을 겪었기 때문이다. 반면 '교보문고'가 도매에 진출하고 나자 지역서점이 고질적으로 겪었던 문제들이 해결된 것도 사실이다. 그럼에도 '교보문고'의 도매업 진출에 대해 '한서협', '책방넷' 그리고 기존 도매상은 앞으로 있을지 모를 '교보문고'의 독과점에 대해 크게 우려했다.

"도매상은 동네책방과 거래하기 위한 준비가 전무했다. 책방들은 주문 도서를 제때 공급받을 수 없는 일이 일상이었다. 고압적 태도와 만성적인 문제로 거래하기에 여간 불편하지 않았다. 그러던 중 온라인서점들이 앞다퉈 도매업을 시작했다. 없는 책이 없었고 시스템도 편리했다."

2015년 무렵부터 동네책방이 생겨났지만, 도매상은 이에 대한 준비가 전무했다. 2000년 전후, 지역서점들의 폐업이 잇따랐던 터라 도매상은 신규 책방과 거래하는 일이 조심스러웠다. 당연히 새로 생겨난 동네책방이 도매상과 거래하기 어려웠다. 초창기 책방 창업스쿨에서 제공한 중요한 영업 노하우는 도매상 담당자의 전화번호를 일러주는 일이었다. 그뿐만 아니라 계약 절차도 복잡하고, 보증금이 필요했고 반품이 아닌 주문 도서를 받을 때도 책방이 택배비를 부담해야 했다. 주문 도서도 제때에 공급받을 수 없는 일은 일상이었다. 2014년 제주 구좌읍 종달리에서 시작한 '소심한책방'은 주문한 책을 받으려면 길게는 20여 일이 걸렸다고 회고했다. 게다가 종달리까지 물류 배송 차가 들어오지 않았다. 책을 보냈다는 연락을 받으면 책방지기가 직접 차를 몰고 제주공항 화물청사로 택배를 찾으러 가야 했다.

　사정이 이렇자 처음에 동네책방은 출판사와 직거래를 선호했다. 어차피 큐레이션 책방을 지향하니 반품이 안 되는 조건으로 출판사와 직거래를 해도 큰 문제는 없다고 여겼다. 출판사와 거래하면 도매상보다 5퍼센트라도 공급률이 낮으니 유리하기도 했다. '땡스북스'는 500개 이상의 출판사와 직거래를 하기도 했다. 연차가 쌓여가며 책방지기는 차츰 도매상의 필요성을 깨달아갔다. 매번 도서를 주문하고, 계산서를 발행하고, 결제하고, 반품하는 등 제반 업무를 출판사별로 하다보니 효율이 떨어졌다. 직거래 출판사의 책을 재고로 떠안는 일도 잦았다. 결국 도매상을 이용하는 편이 낫다는 걸 경험으로 알았으나 도매상의 고압적 태도와 만성적인 문제로 거래하기에 여간 불편하지 않았다.

그러던 중 '교보문고'가 도매업을 시작했다. 기존 도매상과 비교할 때 '교보문고'는 없는 책이 없었고 시스템도 편리했다. '교보문고'가 도매업에 진출한 이후 기존 도매상이 동네책방과 지역서점을 대응하는 방식과 시스템이 대폭 개선되었다. 예컨대 동네책방 초창기, 도매상에 반품을 하고 처리되어 환불받기까지 길게는 6개월이 걸렸다. 그 시간에 책방 대표가 겪는 정신적 고통이 심하니, 차라리 도매상에 반품하지 않는 편이 낫다고 했다. 그러나 '교보문고'가 도매업에 진출한 이후 도매상의 반품 처리는 1주일 정도로 단축되었다.

비슷한 시점에 '예스24' 법인 서비스 팀도 지역서점에 책을 공급하고 있었다.[13] 지주회사인 '한세예스24홀딩스'의 자회사 중에 '동아출판'이 있다. 참고서와 교육 사업을 하는 오래된 출판사다. '예스24'는 '동아출판'의 전국구 참고서 총판인 셈이었다. 실제로 책방 대표 중에는 '교보문고'보다 '예스24'가 참고서와 잡지까지 모든 구색을 가장 잘 맞춘다고 말하기도 한다.

도매업에 적극적으로 나선 온라인서점은 굿즈와 저자 북토크 등을 동네책방에 지원하는 건 물론이고 주문과 반품 시스템도 빠르고 정확하다. 출판유통의 오래된 숙제였던 책의 적시 공급, 투명한 정산, 신속한 반품 처리 등을 상당히 해결했다. 이제 동네책방은 주문한 지 6개월 이내의 도서는 언제든 반품할 수 있으며, 반품할 때도 박스당 택배비만 부담하면 된다. 결제 조건도 유연해졌다. 도서를 주문할 때는 선결제가 기본이지만 현금이 아닌 카드로 대금을 결제할 수도 있다.[14] 또 매번 결제하거나 예탁금을 두지 않고 한 달에 한 번 도서 대금을 정산할 수도 있다. 이렇듯 대형소매서점 3사가 도매업에 진출하며 책방은 선택지가 많아졌다. 책방은 메인 거래처를 '북센'으로 하든, '교보문고'로 하든 선택하고, 온라인서점 중 한 곳을 복수 거래한다. 각 도매업체의 조건이 다르기 때문에 책방의 사정에 따라 선택은 다르다.

"'교보문고'에 대한 지역서점과 동네책방의 우려는 한강 작가가 노벨상을 수상하며 현실이 되었다. 지역서점과 동네책방은 한강 작가의 책을 공급받을 수 없었다. 품귀 현상이 일어났다. '쿠팡'에서도 판매하는 책을 동네책방과 지역서점은 구할 길이 없었다."

현실적으로 '교보문고'의 도매 진출에 따른 편의가 있는 건 사실이지만 이에 대한 서점의 입장은 온도 차이가 있다. 지역서점을 대표하는 '서련'의 이종복 전 회장은 도매상이 제대로 도서 공급을 못하는 상황을 염두에 두고 이렇게 말했다.

"중소서점을 차별하지 않고 지역서점의 가치를 존중한다면 그 누구와도 함께하겠다.”

동네책방들의 모임인 ‘책방넷’은 우려를 밝혔다.

“이미 교보와 작은 규모의 거래들을 하고 있다. (…) 지금의 역
할로도 충분하다. 교보가 도매업에 진출한다면 새로운 갑의
탄생”(이 될 것이다.)

전국 40여 개 중형서점이 모인 모인 ‘한서협’은 처음부터 ‘교보문
고’의 도매업 진출에 강력하게 반대했다.[15] ‘교보문고’의 시장 지배력이
커지면 일어날 수 있는 폐해와 독과점을 크게 우려했다. 실제로 ‘한서
협’은 달라지는 유통환경에 대해 적극적인 대응을 시도한 적도 있다.
2021년 주식회사 ‘보인’을 설립하여 폐업하는 ‘인터파크송인서적’을 인
수, 새로운 도매회사를 만들고 물류 시스템 등을 활용하려 했다. 하지
만 인수금 확보에 실패하며 ‘지역서점이 주도하는 도매상’을 만들자는
계획은 물거품이 되었다.

이러한 우려는 2024년 10월 10일 한강 작가가 노벨상을 수상하며
현실이 되었다. 수상 소식이 알려진 뒤 작가의 책은 불과 6일 만에 100만
부 판매를 돌파했지만 지역서점과 동네책방은 책을 구할 수 없었다. 독
자들은 동네책방에 전화를 걸어 “얼마 전 서점에서 한강 작가의 소설을
봤는데 지금 가면 살 수 있느냐?”고 묻거나 “작가의 전작을 사겠다”고
했다. 전주 ‘잘익은언어들’은 서점 외벽에 한강 작가의 노벨상을 축하하

한강책, 교보에 반송하려는 '동네책방의 분노'

"교보랑 거래 안 하고 싶어요. 이 책들은 회송 처리할 예정입니다."

전북 군산 한길문고의 문지영 대표는 그 귀한 '한강 책'을 포장도 풀지 않고 구석에 쌓아 놓았다. 교보문고에서 보내온 책들이어서다. 지난 11일 '책의 날' 행사 때문에 서울에 왔던 문 대표는 광화문 교보문고 매대에 쌓여 있던 한강 책(원)을 목격하고 어리둥절했다. 10일 노벨 문학상 수상자 선정 소식을 듣고 바로 다음날 교보문고 영업담에 전화했지만 "기다리라"는 말만 들었기 때문이다. 소매(고객 판매)와 도매(서점 공급)를 겸하는 교보문고는 10일부터 14일까지 도매 주문 창을 닫았다가, 15일부터 종당 10권으로 제한해 주문 접수를 재개했다.

한강 책 123만부 판매(교보·예스24·알라딘 집계, 지난 20일 기준)라는 전례 없는 상황 속에서, 수상 직후 주문 창이 닫혀 교보문고에 책을 주문하지 못했던 동네 서점의 분노와 목소리가 가라앉지 않고 있다. 교보문고가 아래적으로 지역 서점과의 상생을 위해 22~31일 오프라인 매장에서 한강 책 판매를 한시적으로 제한하는 조치까지 취했지만, 동네 서점들은 되레 호소문까지 내며 재발 방지 대책을 촉구하고 있다.

'전국동네책방네트워크'는 지난 23일 '올해 대한민국 독서문화의 실표줄을 끊어놓겠다는 것인가'라는 호소문을 내어 대형 유통사를 강하게 비판했다. 이들은 호소문에서 "소매와 도매를 같이 하는 교보의 경우 (한강 책) 도매를 중지하고 소매로 자사에서만 판매를 독점했고, 예스24와 열라딘 등에서도 도매로 책을 받는 데 오랜 시간이 걸렸다"며 "전국 수백개의 작은 책방들은, 욕심으로 얼룩진 대형 유통사의 민낯과 우리나라 출판유통의 불공정과 불합리를 절절하게 체험하는 중"이라고 밝혔다.

이들은 특히 교보문고를 문제 삼고 있다. 2022년 이후 교보문고와만 거래하는 지역 책방이 전체의 50%에 이를 정도로 절대적인 위처를 차지하기 때문이다. 어정은 전국동네책방네트워크 국장은 한겨레와 한 통화에서 "교보문고가 책방들과 '상생'한다고 마케팅할 게 아니라 (초기 잘못에 대해) 사과부터 해야 한다"고 목소리를 높였다.

이번 일을 계기로 출판사나 대행 유통사가 제대로 된 매뉴얼을 만들어야 한다는 지적이 나온다. 백원근 책과사회연구소 대표는 "책을 구하기 힘든 상황이 되니까 지역 서점이 뒷전으로 밀렸는데, 이번 사태를 학습 기회로 삼아서 출판사나 대행 유통사가 앞으로 어떻게 할지 최소한의 매뉴얼을 만들어야 한다"고 짚었다. 그는 또 "책이 공공재라고 생각한다면 동네 책방을 우선시할 필요가 있다"고 말했다.

이에 대해 교보문고는 "주문 창을 닫은 것은 노벨상 발표 뒤 한 서점에서 3천권을 주문하는 등 수요가 폭주했기 때문"이라며 "14일 책이 입고되기 시작해, 15일 지역 서점의 주문을 받고 배본했다"고 밝혔다. 도매 물량을 소매 물량으로 돌린 것 아니냐는 질문에는 "출판사 재고분 중 일부가 들어와 광화문점과 강남점에서 소량 판매된 것일 뿐"이라고 해명했다.

구둘래 기자 anyone@hani.co.kr

전북 군산 한길문고의 문지영 대표가 포장도 풀지 않고 구석에 쌓아 놓은 교보문고 한강 책들. 한길문고 제공

노벨상 직후 도매주문 막혀
전화해도 "기다리라" 말만
다음날 광화문점 가보니 책 '수북'
"뒤늦게 상생마케팅 말고 사과부터"

2024년 10월 25일 한강 작가의 노벨상 수상 이후 한강 작가의 책 공급 관련 상황을 보도한 『한겨레』 기사.

는 현수막도 내걸었다. '잘익은언어들'은 주택가에 있는데, 책방에 좀처럼 발걸음을 하지 않던 동네 주민들이 제 발로 찾아와 한강의 책을 찾았다. 내 주변에서도 1년에 책 한 권 사지 않던 지인들이 한강 작가의 소설을 사겠다고 했다. 이른바 한강 특수가 일어났다.

문제는 지역서점과 동네책방이 한강 작가의 책을 공급받을 수 없었다는 사실이다. 뜻밖의 수상 소식이 알려지자 작가의 책은 금세 동이 났다. 수요에 비해 공급이 부족해 품귀 현상이 일어났다. 한강 작가의 책은 '교보문고', '예스24', '알라딘' 같은 대형소매서점이자 도매업체에 먼저 공급되었다. 특수한 상황 앞에서 출판사도, 소매업을 겸한 도매업체도 작은 서점을 배려하지 않았다. '쿠팡'에서도 판매하는 책을 동네책방과 지역서점은 구할 길이 없었다.[16]

　사태가 이렇게 돌아가자 '서련', '한서협', '책방넷'에서 보도자료를 냈다. 사태의 심각성을 깨달은 '교보문고'가 한강 작가의 책 판매를 잠시 중단했다. 전후 상황을 설명하는 대신 갑자기 '지역서점과의 상생'이라는 카드를 꺼내 들었다. 소식을 들은 시민들은 박수를 보냈다.

　　"역시 교보문고답다, 훌륭하다!"

　여러 언론은 전후 사정을 알아보지 않고 '교보문고'의 보도자료를 그대로 베꼈다. 지역서점과 동네책방이 가장 분노한 대목이다. 그렇지만 일반 독자들 사이에 '교보문고'의 '상생 카드'는 미담으로 회자되며 더 널리 퍼졌다.

　한국 작가가 가까운 시일 내에 또다시 노벨상을 받기란 쉽지 않을 테다. 한강 작가의 노벨상 수상은 뜻밖에 대형소매서짐이 도매입을 겸하는 일이 바람직할지, 도매상의 과점이 출판유통에 어떤 영향을 미치는지에 대해 많은 교훈을 남겼다.[17]

"유통구조 개선 없이는
책방하기 너무
어려운 환경"

"책만 팔아서는 책방 운영을 할 수 없다. 많은 책방지기들은 이렇게 말한다. 개인의 능력과 성실만으로 책방을 안정적으로 운영하기는 어려운 시대다. 이 사실을 인정하는 것으로부터 문제를 풀어가야 하지 않을까. 이에 대한 정부의 의지가 무엇보다 필요하다."

출판사는 도매상이나 개별 서점 등에 책을 '공급'하고, 서점은 도매상이나 출판사로부터 '입고'된 책을 받아 판매한다. 출판사가 도매상과 서점에 책을 정가의 몇 퍼센트에 공급하느냐를 두고 '공급률'이라고 말한다. 1만 원짜리 책을 7,000원에 공급하면 공급률은 70퍼센트고 책방의 마진은 3,000원이다. 공급률에 따라 출판사, 도매업체, 서점의 마진이 결정되니 모두 여기에 촉각을 곤두세운다. 공급률은 유아·문학·사회과학·전문서 등 출판 분야마다 다르며, 출판사와 도매업체 사이의 계약에 따라서도 달라진다. 따라서 같은 책이라도 서점이 어느 도매상으로부터 도서를 공급받느냐에 따라 공급률도 달라질 수 있다.[18]

국내 출판유통의 특수성 가운데 하나가 출판사와 중·대형서점이 직접 거래하는 비율이 높다는 점이다.[19] 이 전통이 이어져 2000년대 온라인서점이 처음 등장했을 때 출판사와 직거래 계약을 맺었다. 이때 온라인서점은 운송료와 할인 판매 등을 이유로 도매상보다 더 낮은 공급률을 요구했다.[20] 낮은 공급률로 책을 공급받았던 온라인서점은 이를 발판으로 도매까지 진출했다.

오늘날 도매업체에서 지역서점이나 동네책방으로 책이 입고될 때, 편차가 있긴 하지만 공급률은 대략 정가의 70퍼센트 정도다. 서점의 마진율은 30퍼센트 정도다. 하지만 같은 소매서점이라도 온라인서점의 공급률은 이보다 훨씬 낮다. 여기에 대량 부수를 매절로 매입하면 또 한 번 공급률이 내려간다. 이런 구조 때문에 온라인서점은 정가 판매가 아닌 10퍼센트 할인+5퍼센트 마일리지 적립을 해도 영업이익을 낼 수 있다. 반면 지역서점이나 동네책방은 30~25퍼센트의 마진율에서 온라인서점처럼 할인을 하면 남는 게 없다. 마진율이 15~10퍼센트 선으로 내려가기 때문이다. 마진(매출총이익)에서 임대료, 인건비, 수도광열비 등 모든 경비를 제외해야 하는데 할인을 하면 마진율이 더 적어져 생존이 위협받기 때문이다. 결국 지역서점이나 동네책방은 삼중고에 시달릴 수밖에 없다. 책의 판매 부진, 저조한 회전율 그리고 낮은 마진율이라는 시스템의 문제가 서점의 발목을 잡는다.

지금 서점업이 힘든 이유는 여럿이다. 우선 디지털혁명기에 독서인구가 줄어드는 건 필연적이다. 과거에 비해 도서관 등의 인프라가 비교할 수 없이 좋아졌다. 여기에 기업형 중고책방이 전국으로 확산되었다. 책을 읽는 사람도 줄어드는 데다가 그나마 독자라고 해도 사지 않고 빌리거나 중고로 살 수 있는 시스템이 완벽하게 구축되었다. 그런 와중에 앞서 살핀 것처럼 지역서점이나 동네책방의 마진율은 위협받고 있으며 그러다 보니 영업이익률도 낮다. 앞서 펴낸 책『동네책방 생존탐구』에서 나는 책방이 생계의 수단이 되기는 어렵다고 썼다. 차라리 본업을 지닌 채 책방을 운영하거나 취미나 사회 기여의 방법으로 책방을 하는 게 낫다는 생각을 피력했다. 책 출간 뒤 만나는 책방지기들에게 이에 대해 물어보곤 한다. 이런 답이 당연하다는 듯 돌아온다.

"책만 팔아서는 책방 운영을 할 수 없어요. 다들 투잡을 하지 않나요?"

강원도 영월 산속에서 '인디문학 1호점'을 운영하는 윤태원 대표는 매년 겨울이 오는 11월이면 서점 문을 닫는다. 다음 해 3월 정도까지 인근 공장에서 노동자로 일했다. 제주 '풀무질'의 은종복 대표도 종종 편의점에서 일했다. 개인의 능력과 성실만으로 책방을 안정적으로 운영하기는 어려운 시대다. 이 사실을 인정하는 것으로부터 문제를 풀어가야 하지 않을까.

과거 한 권의 책은 대개 출판사에서 만들어진 뒤 도매상을 거쳐 동네책방에 도달해 독자의 손에 쥐어졌다. 이제 전국 단위의 도매업은 특이한 모습으로 재편되었다. 과거부터 도매상이었던 '북센'과 대형소매서점이었다가 도매업을 겸하기 시작한 '교보문고', '예스24', '알라딘'이 공존하는 형태다. 이는 국내의 특수한 유통형태다.

일본은 '도한'과 '닛판' 두 곳을 통해 각 서점에 책을 공급한다. 미국도 '잉그램'Ingram과 '베이커앤테일러'Baker&Taylor 등 소수의 대형 도매업체가 시장을 점유한다. 우리와 비슷한 경우라면 대만 정도를 들 수 있다. 한중일의 출판유통과 서점 시스템에서 종종 비슷한 점을 발견할 때가 있다. 한국뿐 아니라 대만과 일본에서도 젊은 세대를 주축으로 한 작은 출판사와 동네책방이 성장하는 것도 한 예다. 특히 한국과 대만은 일본 도매상 시스템을 본보기로 삼아 유통시스템을 발전시켰다는 공통점이 있다. 한국과 대만은 대형체인서점과 출판사가 직거래하는 구조를 발

1989년 문을 연 '청핀서점은 대만을 대표하는 대형체인서점이다. 처음에는 예술과 인문학 서적에 중점을 두었지만, 점차 종합 서점으로 발전했다.

'청핀서점은 대만뿐 아니라 일본, 홍콩, 중국 본토, 말레이시아 등
아시아 여러 지역에 50여 개의 지점을 거느리고 있다.
사진은 일본 도쿄 니혼바시에 진출한 '청핀서점' 니혼바시점.

전시켰다. 한국에 '교보문고'가 있다면 대만에는 '청핀서점'誠品書店, Eslite Bookstore이 있다. '교보문고'가 도매업을 시작하며 자체 유통망을 확충하겠다는 의지를 보였지만 이미 '청핀서점'은 자체물류 시스템을 확보하고 도매기능을 수행 중이다. '청핀서점'은 대만을 대표하는 대형체인서점이다. 1989년 문을 열었다. 처음에는 예술과 인문학 서적에 중점을 두었지만, 점차 종합 서점으로 발전했다. 특히 쇼핑몰 운영과 결합해 인문학, 예술, 창의성, 그리고 라이프스타일을 핵심 가치로 삼는 걸로 유명하다. 서점에서 시작했지만 백화점, 문화예술 창작, 전시, 호텔, 부동산 등 다양한 사업으로 진출했다. 대만을 여행할 때 꼭 방문해야 할 명소이자 24시간 운영하며 대만의 독특한 문화 콘텐츠를 보여주는 곳으로 자리 잡았다. 대만뿐 아니라 일본, 홍콩, 중국 본토, 말레이시아 등 아시아 여러 지역에 50여 개의 지점을 거느리고 있다.

2021년 9월 '청핀서점'은 청핀 스마트 물류센터를 가동하며 도매 및 유통사업을 시작했다. 이전까지는 '청핀서점'의 체인서점에 도서를 공급했으나 이때부터 물류 효율과 수익다각화를 위해 동네책방 등에 도서를 공급하는 도매업을 시작했다.

'청핀서점'이 도매업에 진출하기 전 대만 최대 도매상은 '농쉐'農學, Nong Xue였다. 편의점과 동네책방, 온라인서점에 도서를 공급했다. '청핀서점'은 데이터를 기반으로 삼은 도매업을 시작하면서 출판사와 직거래 비중을 높이며 공격적으로 나섰다. 당연히 '농쉐'뿐 아니라 기존 도매업체들이 폐업 등 압박을 받았다. 이에 '농쉐'는 중소형 출판사의 책을 집중적으로 유통하는 방식으로 전략을 수정 중이다. 물론 장점이 없지 않다. '청핀서점'이 도매업에 진출하면서 대만 동네책방은 여러 편의를 누리게 되었다. 우선 '청핀서점'의 물류 처리가 신속하고 '청핀서점'의 큐레이션 정보를 얻을 수 있었다. 반면 우려도 만만치 않다. 동네책방의 판매와 마케팅 관련 데이터가 그대로 도매업에 진출판 '청핀서점'에게 노출된다.

대만은 도서정가제가 시행되지 않아 온라인서점인 '보커라이'博客來, Books.com.tw와 '청핀서점'의 가격 경쟁이 심하다.[21] '청핀서점'은 출판사와 직거래를 통해 낮은 공급률에 책을 받지만, 동네책방은 불가능하다. 원천적으로 가격 경쟁력에서 열세다. 이런 이유로 동네책방은 향후 시장을 지배한 '청핀서점'이 공급률을 올리거나, 인기 도서를 '청핀서점'에 우선 입고할 수 있다는 우려를 표명한다.

대만 동네책방 협동조합인 '대만 동네책방 문화협회'台灣獨立書店文化協會, The Taiwan Independent Bookstore Culture Association는 정부에 유통 독과점 방지를 위한 정책 지원과 도서의 가격 할인 경쟁을 막기 위해 도서정가제新書售價規範를 입법화해달라는 요구 등을 하고 있다. 대만 문화부는 동네책방 지원책으로 청년을 위한 문화포인트 가산제, 창업지원금, 활동비나 전시 등을 위한 운영비 직접 보조 등의 정책을 내놓았다. 대만의 구조적 문제는 우리 출판 유통의 현실과 놀랍도록 닮아 있다.

어느 업종이나 한 기업의 지배력이 강화되면 가장 먼저 피해를 입는 것은 소비자이고, 그 다음은 상대적으로 열악한 조건을 지닌 소매업자일 수밖에 없다. 출판유통을 둘러싼 많은 문제는 지역서점과 동네책방의 힘만으로는 결코 해결할 수 없다. 매우 오래되고 거시적인 구조의 문제이기 때문이다. 이에 대한 정부의 의지가 무엇보다 필요하다.

"책생태계가 붕괴되면 거시적이고 문화적인 역량을 기대할 수 없다. 정책입안자들이 지역서점과 동네책방의 필요성과 공공성에 대해 동의해야 긍정적인 연구와 정책이 만들어질 수 있다. 오프라인서점에 혜택이 돌아갈 방법이 없다기보다 적극적인 개선 의지가 없는 게 더 큰 문제다."

1971년 설립한 '스타벅스'는 2018년 밀라노에 처음으로 리저브 로스터리Starbucks Reserve Roastery Milano 매장을 열기 전까지 무려 47년 동안 이탈리아에 진출하지 못했다. 워낙에 에스프레소가 유행과 시대의 흐름에 흔들리지 않고 사랑받았기에 진출이 어려웠다. 이탈리아 국민이 자발적으로 에스프레소를 사랑한 덕분만은 아니다. 에스프레소 문화를 보호하려는 정부의 강력한 의지와 정책이 있었다. "의회가 에스프레소 바 운영에 적극적으로 개입해 매장의 수·운영 시간 등을 통제하고, 각 매장의 커피 가격을 단일화했다. 그러자 글로벌 기업이 진입하기 어려워졌고, 저렴한 가격의 에스프레소를 팔면서도 이탈리아의 카페들은 이윤을 남길 수 있는 독특한 구조를 지니게 되었다."[22] 이런 사례를 만날 때마다 고유한 문화를 지켜나가려는 국가의 정책이 얼마나 중요한지 묻게 된다.

지역서점과 동네책방의 이익률을 살피면 필연적으로 도서정가제와 만나게 된다. 한국은 도서정가제가 시행되는데도 한 권의 책을 오프라인서점과 온라인서점에서 서로 다른 가격으로 살 수 있는 희한한 구조다. 물론 지역서점 중에 법정 할인율을 시행하는 곳도 있다. 서점의 이익률이 낮아지는데 왜 할인을 할까? 이익 이전에 생존을 해야 한다는 조급함 때문이다. '책방연희'의 구선아 대표는 이에 대해 이렇게 말했다.

> "개인적으론 완전 도서정가제가 된다고 해서 작은 책방이 대형서점과 경쟁 구도가 갖춰진다고 생각하진 않습니다. 책방의 규모, 책의 종수, 공간의 편리함과 책 외에 제공되는 서비스를 작은 책방이 대형서점만큼 따라가긴 힘들 테니까요. 다만 작은 책방에 와서 마음에 드는 책을 발견하고도 대형서점에서 15퍼센트 할인을 받고 사기 위해 사진만 찍어가는 일은 줄어들 거로 생각합니다."

되돌이표처럼 책방의 생존을 말하기 위해서는 언제나 도서정가제로 되돌아온다. 성산동 동네책방 '개똥이네책놀이터'의 정영화 대표의 말이 맞다.

> "완전한 도서정가제, 온라인서점의 무료 배송, 카드사 제3자 할인 문제 등 도서 유통구조의 개선 없이는 책방을 하기는 너무 어려운 환경"(이다.)

　2014년 11월부터 시행된 개정도서정가제는 출판문화산업진흥법에 따라 '문화체육관광부 장관이 3년마다 도서정가제를 재검토'하여 규정을 완화, 폐지, 보완하도록 명시한다. 이에 따라 3년마다 도서정가제협의회가 만들어진다. 2024년 당시 연초부터 정부는 웹 콘텐츠를 도서정가제에서 제외하겠다는 방침을 공식화했다. 성장 가능성이 높은 새로운 콘텐츠 산업인 웹툰과 웹소설을 종이책 중심의 규제에서 분리하는 쪽으로 출판문화산업진흥법을 개정한다는 계획이었다. 이에 민관협의체 구성과정에서 출판계와 웹툰 업계가 팽팽하게 맞섰다. 문제는 각 주체의 이해가 상충하며 합의에 이르지 못했을 뿐만 아니라 지나치게 서로를 비난하며 소모전으로 치달았다는 점이다.

　2026년 역시 도서정가제협의회가 결성될 테지만 바람직한 논의를 할 거라 낙관할 수 없다.[23] 장기적인 문화 육성보다는 해당 산업의 단기적 성과를 중시하는 우리 정책 기조에서 완전도서정가제는 쉽지 않다. 특히 지난 시기 도서정가제를 둘러싼 혼란을 되돌아보면 과연 정부가 서점과 출판유통을 보호하고 육성하려는 의지를 가졌는지 묻게 된다.

　출판문화생태계의 미래를 고민하기는커녕 그때그때 시끄러운 문제를 잠재우려고 급하게 만들어진 정책은 큰 혼선을 불러왔다. 이는 그저 혼란에 머물지 않는다. 출판서점생태계에 속한 수많은 종사자가 큰 고통을 겪었고 그 가운데 많은 이들이 사업을 접을 수밖에 없었다.

　정책을 입안할 때는 변화와 효율성도 필요하지만 균형도 소중하다. 책생태계가 붕괴된 자리에서 거시적이고 문화적인 역량을 기대할 수 없다. 정책입안자들이 지역서점과 동네책방의 필요성과 공공성에 대해 이해하고 동의해야 긍정적인 연구와 정책이 만들어질 수 있다. 예컨대 서점인이 개선되길 바라는 정책 중에 온라인서점의 무료 배송을 유료 배송으로 바꾸는 일이 있다. '쿠팡'이 유료 회원 서비스를 통해 도서를 무료 배송하고 있는 현실을 고려하면 쉽지 않은 문제다. 하지만 이런 문제를 풀어나가는 것이 정책입안자의 할 일이다. 프랑스는 '반 아마존 법'에서 온라인서점의 무료 배송을 규제하고 있다. 오늘의 상황에서는 오프라인서점에 혜택이 돌아갈 방법이 없다기보다 이를 개선하려는 적극적인 의지가 없는 게 더 큰 문제다.

정책을 위한 정책 NO,
현장을 변화시킬
질문과 정책 YES!

"지역서점이나 동네책방들이 살아가는 가장 확실한 방법은 납품이다. 이를 둘러싸고 많은 문제와 잡음이 끊이지 않는다. 해결하는 방법은 간단하다. 해당 지역의 공공 납품을 지역서점에서 정가로 구매한다는 조건을 걸면 된다."

일본의 출판도매상 '도한'에서 임원으로 일하다 5기 연속 적자를 내던 '아카하루明はる서점'을 2년 반 만에 크게 실적을 반등시켜 살려낸 뒤 컨설턴트로 경력을 바꾼 고지마 슌이치小島俊一는 『2028 거리에서 서점이 사라진다면』이라는 책에서 당장 몇 년 후에 거리의 서점이 종말을 맞을 거라는 전제하에 왜 서점이 어려운지, 서점계의 구루guru들은 어떤 이야기를 하는지를 들려준다. 책을 읽다가 '서점이 없거나 사라질 위기에 처한 지방자치단체 관계자 여러분께'라는 소제목 아래 쓰인 글을 읽고 쓴 웃음을 지었다. 결국 서점을 유지하는 가장 확실한 처방은 일본에서도 '납품'이었다. 고지마 슌이치가 서점 소멸 지역의 공무원들에게 당부하는 말을 요약하면 이렇다.[24]

> "자치단체 내의 학교도서관, 공공도서관에 책을 납품받을 때, 지역에 매장이 있는 서점과 정가로 책을 구매한다는 수의계약을 맺는다. 장비나 서지 데이터는 경쟁 입찰을 통해 도입한다. 이런 내용을 지방 자치 조례로 정한다. 그리고 서점의 매장 면적, 재고 금액, 취급 상품 및 서비스, 영업 시간, 휴무일 등의 요소를 종합적으로 고려해 경쟁 입찰로 결정하고 최소

5~10년을 계약한다."

2024년 지역서점 실태조사 결과 우리 역시 '지역서점 소멸 지역'이 여섯 곳이나 된다. 전북 임실군·순창군, 경북 청송군·봉화군·울릉군, 경남 의령군이다. 서점이 한 개밖에 남지 않은 '지역서점 소멸 위험 지역'도 21곳이나 된다. 출판문화산업진흥법 제7조의 2항(지역서점 활성화 지원 등)에는 이런 구절이 있다.

"문화체육부장관은 실태조사 결과 지역서점이 없는 지역에 대하여는 해당 지방자치단체의 장과 협의하여 별도의 지원책을 마련하여야 한다."

고지마 슌이치의 조언에 따르면 이를 해결하는 방법은 간단하다. 해당 지역의 공공 납품을 지역서점에서 정가로 구매한다는 조건을 걸면 된다. 지역서점이 살아가는 가장 확실한 방법은 납품이다. 납품을 둘러싼 잡음이 계속 생기는 것도 이 때문이다.

2024년 서점실태조사에 1,809곳의 서점이 응답했다. 이 자료에 따르면 지역서점의 매출은 단행본이 36.4퍼센트이고, 학습참고서가 32.9퍼센트다. 2022년 37.4퍼센트이던 학습참고서 비중이 32.9퍼센트로 줄었다. 이는 평균적인 수치다. 실제로 지역서점에서 참고서의 비중은 50퍼센트를 상회한다. 그렇지만 매출의 하향세는 어디나 뚜렷하다. 참고서는 이제 지역서점의 안전지대가 아니다.

참고서 매출이 떨어지니 납품은 더 중요해졌다. 실제로 동네책방은 규모 있는 납품 한 건으로 1년 치 운영비를 마련한다. 규모가 큰 대학 도서관이나 공공도서관의 경쟁 입찰은 나라장터www.g2b.go.kr를 통해서 이루어지는데 선정될 확률이 매우 낮다. 동네책방이 기댈 수 있는 납품은 대개 수의계약이다. 도서관이나 학교가 우수한 업체를 선정해 도서를 공급받는 계약으로, 공정성을 위해 계약의 범위는 일정 금액 이하로 정해져 있다. 대개는 1,000만 원 내외다. 경기도 고양시는 전국 최초로 2015년부터 시립도서관, 공립 작은도서관, 이동도서관의 자료 구입비 전액을 관내 지역서점에서 사용하는 정책을 시행해 다른 지역 서점의 부러움을 샀다. 지금까지 고양시 도서관센터는 경기도 지역서점 인증을 받은 고양시 서점과 수의계약으로 도서관 자료 구입을 진행하고 있다.[25] 2020년 팬데믹 당시에는 고양시와 고양시 도서관센터 자료 구입 예산 중 미집행된 9억 4,500만 원을 10퍼센트 할인 없이 정가로 구입한 사례도 있다. '행복한아침독서' 한상수 대표가 제안한 의견에 귀를 기울인 시의원의 발의 덕분이었다. '행복한아침독서'는 사회적기업으로 운영되는 독서운동단체다. 독서신문 발행, 독서프로그램 지원, 도서관 용품 납품, 도서관 위탁 사업, 동네책방 '행복한책방' 운영 등을 한다. 고양시는 '지역서점 도서 납품제'에 이어 2021년 '친구야 책방 가자'를 도입했다. 청소년에게 책방에서 사용할 수 있는 고양북페이를 지급하는 사업이다. 그 결과 2015년 무렵 24~29곳이던 고양 지역 서점은 2022년 현재 40곳으로 늘었다.[26]

"서점 정책을 단기적이고 임시적으로 바라보는 시각은 서점 생태계에 아무런 도움이 되지 않는다. 게다가 지역서점 활성화 사업은 정권에 따라 둘쑥날쑥하다. 명시적이고 직접적으로 지역서점 활성화를 위한 법적 기반을 마련해야 한다는 목소리도 있다."

지역서점에서 단행본 판매의 비중은 낮다. 단행본은 들이는 노력에 비해 의미 있는 매출이 발생하지 않는다. 즉 품만 많이 들고 매출은 적다. 그러니 참고서와 납품에 의존한다. 심지어 오로지 납품을 위해 운영되는 서점도 있다.[27] 현재 지역서점인증제는 사업자등록증의 서점업을 확인할 뿐이지, 서점을 어떻게 운영하는지를 살피지는 않는다. 그러자 공간을 축소하고 임대료가 싼 지하로 옮겨 실제 서점은 최소한으로 운영하고 납품만 하는 곳도 생겨났다. 지역서점인증제는 지역 서점 조례에 근거한다. 내용은 이러하다.

'일정한 요건을 갖춘 해당 지역 내의 서점을 심사하여 지역서점으로 인증하고 조달 계약 체결 시 우대하고, 홍보·시설 개선을 지원하고 경영 컨설팅 및 교육 훈련을 제공하는 혜택'을 주는 제도.

그러나 막상 이런 사업을 실시하는 지자체는 썩 많지 않다. 도리어 지역서점이나 동네책방은 서점인증제를 두고 "지역 납품을 할 수 있는 자격"을 부여하는 일에 불과하다고 말한다.

서점인증제를 위한 지역서점에 대한 정의는 지자체마다 다르다. 지역서점에 대한 지원을 다루고 있는 법령은 「출판문화산업 진흥법」이다. 해당 법령에서 국가와 지방자치단체가 지역서점 활성화 정책 수립 및 지원을 하도록 규정한다. 이에 따라 지역서점인증제 업무는 광역자치단체, 기초자치단체, 한국서점조합연합회 등이 수행한다. 인증 기준이나 절차 등이 서로 상이하고 지자체마다 조건이 다르다.[28] 그러다 보니 이를 통합해 단일한 인증제를 도입해야 한다는 주장이 나온다. 도서문화비평가인 이용훈은 이렇게 제안하기도 했다.[29]

> "출판문화산업 진흥법에도 지역서점인증제도 관련 조항을 추가하고 이를 민간 단체를 통해 전문적이고 통일성 있게 운영해야 한다. 관광 분야에서 숙박업 등 4개 업종을 대상으로 한 국관광공사가 한국관광품질인증제도를 운영하는 것을 참고할 수 있다."

지자체가 지역서점 조례를 제정하고 지역서점을 인증해도 예산을 편성하지 않으면 아무런 의미가 없다. 대전시는 '대전시 지역서점 활성화 조례'와 '대전시 독서문화 진흥 조례'에 따라 지역서점을 위해 독서문화 진흥 활성화 사업을 지원할 수 있도록 규정하고 있다. 하지만 2024년 예산을 책정하지 않아 지원이 실질적으로 이루어지지 않았다.[30] 게다가 지역서점 활성화 사업은 정권에 따라 둘쭉날쭉하다. 서울 마포구가 대표적이다. 홍대 근처 '경의선 책거리'는 아예 '레드로드' 사업으로 변

경되었다. '책과사회연구소'의 백원근 역시 이렇게 평가한다.[31]

"2024년에는 정부 지원 정책의 축소로 인해 문체부와 한국출판문화산업진흥원의 지역서점 지원 정책 중 상당수의 지원사업들이 폐지"(되었고) "경기도, 대전시, 순천시, 전주시 등의 일부 지원사업을 제외하고는 지역서점인들이 피부로 체감할 수 있는 정책 지원의 실효성이 부족하다."

이처럼 서점 정책을 단기적이고 임시적으로 바라보는 시각은 서점 생태계에 아무런 도움이 되지 않는다. 이에 대해 도서문화비평가 이용훈은 명시적이고 직접적으로 지역서점 활성화를 위한 법적 기반을 마련해야 한다고 주장했다.[32]

"지역서점인증제 활성화를 위해서 법적 조항을 명확히 할 필요가 있다. 우선 실질적인 지원책이라고 할 수 있는 지역 내 도서관에서 도서 구매 시, 지역서점 우선 구매 과정에서 지자체 조례와 상위법인 지자체를 당사자로 하는 계약 관련 법률과의 충돌로 실질적인 도움이 안 되는 경우도 다수 발생하고 있다. 이러한 문제를 해결하기 위해서는 출판문화산업 진흥법 제7조의2 제5항에서 "지역서점 이용을 '독려하여야' 한다"라는 조항을 "지역서점을 '이용해야' 한다"로 개정해 법적 기반을 명확하게 해야 할 것이다."

"프랑스의 공인 동네책방 제도는 구체적인 세부 규정을 지녔다. 서점에게 실질적인 혜택을 주는 것은 물론 이를 통해 출판서점문화의 발전을 꾀한다. 서점을 출판 생태계의 중요한 한 축으로 인식하고 있다는 점 역시 중요하다."

국가가 자국의 대표적인 문화 자산이나 상품을 보호하고 육성하기 위해 정책을 펼친 사례는 적지 않다. 이탈리아는 에스프레소 문화를 국가적 자산으로 보호해왔고, 벨기에는 맥주 문화Belgian beer culture를 유네스코 무형문화유산으로 등재했다. 이러한 흐름에 자극을 받아 일본 역시 사케日本酒와 지역 전통 음식 문화를 유네스코 무형문화유산으로 등재하기 위해 지속적으로 노력해왔다. 한편 이탈리아는 파르미지아노 레지아노Parmigiano Reggiano 치즈에 대해, 그리스는 페타Feta 치즈에 대해 명칭 보호는 물론 관련 보호법을 제정했다. 프랑스 역시 로크포르Roquefort와 콩테Comté 등 자국의 대표적인 치즈뿐 아니라, 와인의 품질과 생산지를 보호하기 위해 원산지 통제 명칭AOC, Appellation d'Origine Contrôlée을 중심으로 엄격한 법과 제도를 시행·관리하고 있다. 이에 따라 프랑스 와인은 최고 등급인 AOC부터 뱅 드 프랑스Vin de France에 이르기까지 여러 등급으로 구분된다.

2009년 프랑스 정부는 지역 문화 거점으로서의 책방을 보호하기 위해 '리브레리 앵데팡당트 드 레페랑스'Librairie Indépendante de Référence, LIR 즉, 공인 동네책방 제도를 도입했다. 와인을 평가하고 보호하듯, LIR 라벨을 통해 책방을 평가하고 보호·육성한다. LIR 라벨은 3년 동안 유효

프랑스 국립도서센터CNL. 프랑스의 공인 동네책방 제도에 의한 책방 평가와 선정은 이곳 산하 심사위원회가 담당한다. 위키미디어.

2009년 프랑스 정부가 지역 문화 거점으로서의 책방을 보호하기 위해 도입한 공인 동네책방 인증 표시. 여기에 선정된 책방은 이 표시를 출입구 등에 부착한다. 프랑스 국립도서센터 홈페이지 centrenationaldulivre.fr.

하며, 엄격한 요건을 충족해야만 부여된다. 평가와 선정은 연 1회 실시되며, 업계·지방자치단체·국가 관계자 등으로 구성된 국립도서센터 Centre national du livre, CNL 산하 심사위원회가 이를 담당한다. 평가는 다음 기준에 따라 이루어진다.

- 해당 책방은 프랜차이즈가 아닌 동네책방이어야 하며, 자본의 50퍼센트 이상을 개인 또는 개인이 50퍼센트 이상 지분을 소유한 기업이 보유해야 한다. 또한 유럽연합 기준의 중소기업PME에 해당해야 하며, 중앙 집권적 구매 조직이나 대형체인에 종속되지 않은 독립적 운영 구조를 갖추고 있어야 한다.
- 책방의 전체 매출 가운데 최소 50퍼센트 이상이 신간 도서의 소매 판매에서 발생해야 한다. 이는 문구류나 기타 상품이 아니라 '책 판매' 자체가 책방 운영의 중심임을 전제로 한 기준이다.
- 책방은 독자가 자유롭게 출입할 수 있는 오프라인 매장을 상시 운영해야 한다. 온라인 판매만으로 운영되는 형태는 LIR 인증 대상에 포함되지 않는다.
- 연간 매출의 최소 12퍼센트 이상을 도서 판매를 담당하는 인력의 인건비에 사용해야 한다. 여기에는 급여뿐 아니라 각종 수당과 사회보험 부담금도 포함되며, 전문 인력이 안정적으로 책방을 운영하고 있는지를 중시한다.

- 책방은 연중 정기적으로 문화 행사를 운영해야 한다. 작가와의 만남·독서 모임·강연·토론회 등 다양한 형태의 행사가 대상이 되며, 단순 개최 여부가 아니라 그 내용과 지속성 역시 평가된다.

- 도서 보유 종수에도 기준이 있다. 전문서점의 경우 최소 3,000종 이상, 아동·만화 전문서점과 일반서점은 최소 6,000종 이상의 도서를 상시 보유해야 한다. 이는 책방이 충분한 선택지를 제공하는 문화 공간인지 판단하기 위한 기준이다.

- 연간 도서 매출이 60만 유로(한화로 약 10억 원) 이상인 일반서점의 경우에는 최소 1만 종 이상의 다양한 도서를 갖추고 있어야 한다. 매출 규모에 상응하는 도서 다양성을 확보하고 있는지가 중요한 평가 요소다.

프랑스의 LIR 제도는 이처럼 구체적인 평가 기준을 책방에게 실질적인 혜택을 주는 것은 물론 이를 통해 출판서점생태계의 발전을 꾀하려는 제도인데, 틈새를 파고들어 역효과를 불러오는 일을 방지하자는 뜻으로 해석된다.

책과 독서를 지원하는 공공기관인 프랑스 국립도서센터는 궁극적으로는 작가·출판사·책방·도서관 그리고 각종 문화 행사를 폭넓게 지원하기 위해 설립했다. 출판서점생태계가 건강해야 좋은 책이 출간되고 원활하게 유통되며, 독서문화 역시 함께 성장할 수 있다는 취지다.

이에 따라 다양한 책방지원사업을 관장할 뿐만 아니라 다양한 정책도 펼치고 있다. 책방 환경을 개선할 수 있도록 무이자 대출을 통한 자금 지원부터 낭독회나 문화 행사를 위한 지원금 지급까지 그 범위는 폭넓다. 특히 책방의 현대화와 시스템 구축을 위한 전용 대출 기금을 운영하고, 이와는 별도로 책방의 인수나 운영 주체 변경 시 보조를 위한 기금을 마련해두고 있다는 점은 주목할 만하다.[33] LIR 라벨을 받으면 실질적인 도움이 되는 혜택도 주어지는데, 예컨대 주요 공급사와 거래할 때 좀 더 유리한 조건을 적용받을 수 있다는 점 등을 꼽을 수 있다.[34]

프랑스의 이러한 정책에서 눈여겨봐야 할 점은 서점에 실질적인 혜택이 돌아간다는 것만이 아니다. 업계에서 갈등이 불거질 때마다 급한 불을 끄듯 임시방편으로 정책과 제도를 만드는 것이 아니라, 책방을 출판 생태계의 중요한 한 축으로 인식하고 있다는 점 역시 중요하다. 생태계의 한 축이 무너지면 전체 시스템 역시 건강할 수 없다. 프랑스의 정책은 바로 이 지점을 출발점으로 삼아, 그 한 축을 어떻게 보완하고 지지할 것인가를 꾸준히 고민해온 결과라 할 수 있다.

국내 지자체의 책방 진흥책은 과거에 비해 분명 진일보했지만, 한계 역시 뚜렷하다. 대표적으로 현행 서점인증제를 통한 납품 배분 방식만으로는 구조적인 한계를 넘기 어렵다. 현행 서점인증제는 이해관계가 충돌하며 분쟁을 낳기도 하고, 납품에만 특화한 서점을 조장하는 측면 또한 없지 않다. 이를 보완하기 위해서는 현장을 면밀하게 살피면서 더욱 더 폭넓은 의견 수렴과 충분한 조율이 필요하다. 정책을 위한 정책이 아니라, 현장에서 실제로 도움이 되는 정책을 만들겠다는 의지가 있다면 불가능한 일은 아니다.

앞서 살펴본 것처럼 프랑스에서는 LIR 라벨을 받으면 세제 감면, CET 면제, 정부 보조금, 문화 행사 지원 등 실질적인 혜택이 주어진다. 프랑스에서 경제 활동을 하는 법인이나 개인은 사업장이 점유한 부동산의 가치를 기준으로 한 일종의 지방세를 내야 한다. 하지만 LIR 인증을 받은 서점은 지방자치단체의 결정에 따라 부동산가치에 따른 분담금CET을 전액 면제받는다. 이런 세금 감면은 우리 입장에서도 주목할 만하다. 우리 역시 추천서점으로 인증된 지역서점에 세제 감면을 적용하는 정책을 만들어볼 수 있다. 서점에 실질적인 혜택을 주는 확실한 방법이다. 나아가 서점인을 체계적으로 육성하기 위한 서점학교를 만들어도 좋겠다. '한서협'에서 2016년 시작해 4년 동안 서점학교를 만들어 운영한 적이 있다. 하지만 중형서점의 경영 환경이 악화되면서 문을 닫았다. 경기도와 경기콘텐츠진흥원이 2017년 시작한 '북적북적 경기서점학교' 역시 지금은 운영하지 않는다.[35] 서점인들이 시작한 자발적인 민간 교육도, 지자체가 예산을 지원한 공공사업도 지금은 단절된 상태다.

"서점 상황은 땜질 처방이나 시행착오를 해도 될 만큼 한가하지 않다. 거리에서 서점이 사라진다면, 어린이와 청년 세대가 독서문화 진입 계기를 잃는다면, 미래의 책도, 독자도 사라진다. 근본적으로 패러다임이 바뀌는 이 시기, 그 어느 때보다 근본적인 질문과 정책이 필요하다."

서점인증제가 아니더라도 서점을 육성하고 지원할 방법은 있다. '진주문고'는 2010년대 중반 서점이 어려울 당시 경남에서 실시한 '여민동락 문화바우처 제도'로 어려움을 이겨냈다. 순천과 전주는 서점 육성 사업에서 빼놓을 수 없는 도시다. 순천은 도서관 대출 회원증을 보유한 시민을 대상으로 지역서점에서 도서를 구입하면 정가의 30퍼센트를 지원하는 '전 시민 좋은 책 지원사업'을 펼친다. 또한 '청년 꿈 찾기 필독도서 지원사업'을 통해 20대 이상 시민에게 1인당 도서 구입비의 50퍼센트를 최대 10만 원까지 지원한다. 이 같은 도서 바우처 사업을 지속해서 시행하면 운영에 큰 도움이 된다.

전주에는 전주책사랑포인트 '책쿵20' 서비스가 있다. 도서관에서 책을 빌리면 일정 포인트를 독자에게 지급한다. 참여 서점에서 책을 구입할 때 이 포인트로 20퍼센트를 할인받을 수 있다. 2021년 8월부터 시행한 '책쿵20'은 참여 서점에 큰 힘이 되고 있다. 2022년 7월까지 1만 3,100여 명이 '책쿵20'에 가입했고 참여 서점들은 13억 1,000만 원의 매출을 올렸다.

정책이 처음부터 일사천리로 진행된 건 아니다. 이 제도를 만든 김승수 전 전주시장은 이렇게 회고한다.[36]

"시민들이 동네책방이나 지역서점에서 책을 구입할 때 책값의 20~30퍼센트 정도를 우리 시에서 지원하는 방안을 찾아보면 어떨까요?"라고 제안하자 처음에 시청의 간부들이 난색을 표현했다."

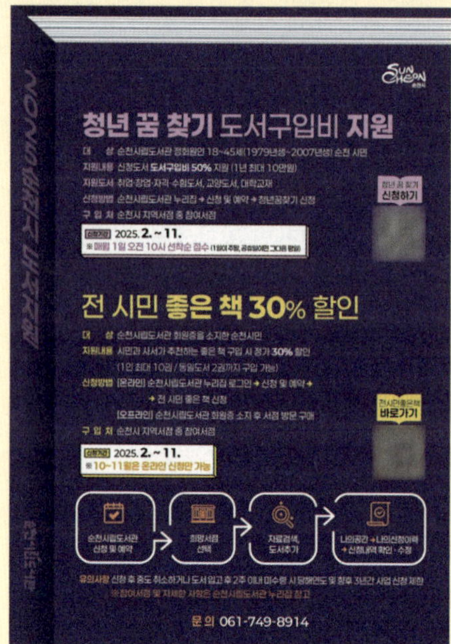

순천 '전 시민 좋은 책 지원사업' 홍보물.

전주 '책쿵20' 서비스 홍보물.

전남 순천에서는 2014년부터 시민들의 도서 구입비를 지원하는 '전 시민 좋은 책 지원사업'을
꾸준히 펼치고 있고, 전주에서는 도서관에서 책을 빌리면 받는 포인트를 도서 구입할 때
활용하는 '책쿵20'서비스를 제공한다.

대략 이런 내용이었다.

"시장님, 쉽지 않아 보이는데요. 일단 다른 소비재도 많은데 왜 책을 살 때만 시에서 지원하느냐고 반대도 많을 것 같고, 책값을 지원한다고 해서 시민들이 동네책방이나 지역서점을 찾을 것 같지 않아요. 책을 읽는 사람 자체가 많지 않기도 하고, 인터넷으로 주문하면 집에서 바로 받을 수 있잖아요. 읽고 싶은 책은 정말 빨리 받아보고 싶거든요. 돈도 돈이지만, 그런 편리함 때문에 온라인을 선호하는 거여서……."

막상 시행하자 결과는 예상과 달랐다. 2024년 말 '책쿵20' 참여 서점은 49개에 달하며 회원 수는 3만 명에 근접했다. 만족도에서 매출 증가 효과, 고객 증가 효과, 책방과 서점 홍보 효과 모두 80퍼센트를 넘었다. '책쿵20'의 성공은 시민·동네책방·지역서점·전주시가 연계하고 협력에 만들어낸 일이자, 책의 도시 전주라는 이미지를 책방 지원책으로 보여준 사례다. 처음 하는 일, 확신이 서지 않는 일을 시작할 때 하지 않아야 할 이유는 얼마든지 찾을 수 있다. 김승수 전 전주시장은 이렇게 말한다.

(결국) "정책이 만들어지려면 정책입안자의 의지와 그동안 축적된 성공의 경험과 자부심"(이 필요하다.)

정책이 시민들에게 실질적인 도움이 된다는 자부심과 실제적인 성공의 경험을 쌓아간다면 새로운 도전을 할 수 있다는 뜻이다.

안타깝게도 현장에서 책방지기들이 체감하는 정책은 퇴보할 때가 더 많다. '한국문화예술위원회'가 시행하는 문학 상주 작가 지원사업은 도서관, 서점, 문학관 등에서 작가가 일정 기간 상주하며 주민을 대상으로 문학 프로그램을 기획하고 운영하는 제도다. 작가는 활동비를 받고 새로운 공간에서 창작할 수 있으니 무척 소중한 기회다. 하지만 이 정책의 한 축인 서점에 대한 배려는 아예 없다. 지금까지 만난 서점인들은 이구동성으로 이 사업이 가장 복잡하고 어려운 서류 작업을 요구하고 있고, 설계 또한 너무 복잡하다고 했다. 게다가 1인 서점의 경우 작가보다 서점 대표의 급여가 높아야 한다는 원칙을 적용하면서 4대 보험료가 인상되는 어이없는 일까지 벌어졌다.

2025년 '한국출판문화산업진흥원'이 시작한 '권역별 선도서점 육성사업' 역시 마찬가지다. 전국의 지역서점을 대상으로 맞춤형 컨설팅을 진행한다는 의도는 좋았다. 그러나 프로그램의 설계에 규모에 따라 서점의 층위가 저마다 다르다는 기본적인 인식이 전혀 없었다. 지역서점, 동네책방, 중형서점은 주체마다 서점을 운영하는 방식도, 필요한 사업도 다르다. 당연히 그에 맞는 컨설팅의 내용도 달라야 한다. 업계 전반에 대한 거시적인 이해가 부족하거나, 현장의 상황을 세심하게 고려하지 않으면 피로감과 실망감만 누적된다. 정책을 위한 정책만으로 변화를 만들기에는 지금 서점의 상황이 한가하지 않다.

2023년 유럽의회는 문화·교육위원회CULT가 주도해 「유럽 도서 부

'한국문화예술위원회'가 시행하는
문학 상주 작가 지원사업 안내 포스터.

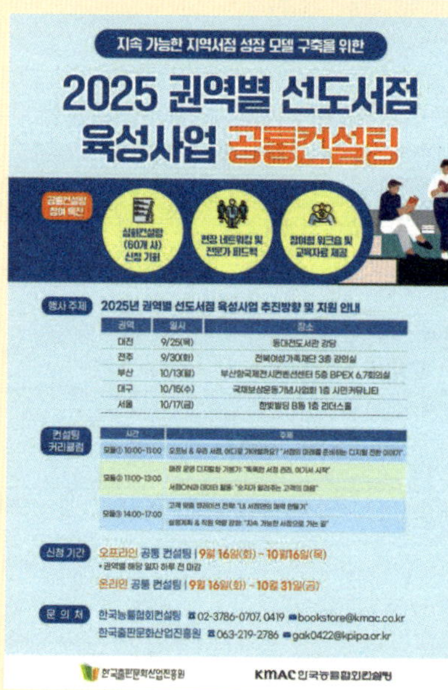

'한국출판문화산업진흥원'이
2025년 시작한 '권역별 선도서점
육성사업 공통컨설팅' 안내 포스터.

이탈리아 문화바우처 사업인 문화 보너스Bonus
Cultura를 이용할 수 있는 온라인 어플리케이션
18앱18app 로고.

프랑스 문화바우처 사업인
패스 컬처pass Culture 로고.

스페인 문화바우처 사업인 보노 쿨투랄
호벤Bono Cultural Joven 로고.

[표5-2] 유럽연합 회원국 청소년·청년 대상 문화바우처 시행 현황

국가	시작 연도	대상 연령	바우처 금액	주요 특징
이탈리아	2016	18세	500유로(2024)	선별적 복지로 전환 가구 소득 3만 5,000 유로 이하 해당
프랑스	2016	17~18세	50유로(17세) 180유로(18세)	전국적, 도서·만화 구입 비중 높음
스페인	2022	18세	400유로	코로나19 이후, 다양한 문화 소비

문의 미래에 관한 결의안」Resolution on the future of the European book sector을 채택했다. 핵심은 책이 필수재라는 점으로, 아래와 같이 강조했다. [37]

> "책이 지식·교육·문화·정보·오락의 귀중한 원천이자 유럽연합의 가치·문화적·언어적 다양성·문화유산을 보존하고 전파하는 중요한 수단이며, 책은 개인의 지적 역량 및 사회적 역량 발전에 기여하므로 어린이부터 성인까지 전 국민을 대상으로 국가가 나서 독서 장려 환경을 만들어야 한다."

이런 인식 아래 유럽연합 회원국들은 청소년과 청년을 대상으로 한 문화바우처 프로그램을 시행해왔다. 대체로 15~18세의 청소년을 대상으로 하며, 실물 카드나 디지털 카드 또는 모바일 앱 형태로 지급한다.[표 5-2] 정해진 기간 안에 사용해야 하고, 사용처가 제한된 일종의 현금성 지원이다. 이탈리아, 프랑스, 스페인, 독일(2026년 폐지) 등이 국가 차원에서 비슷한 문화바우처 제도를 도입해 운영했다. 2025년 지급된 우리의 민생지원금을 떠올리면 되겠다.

서점 입장에서 문화바우처의 가장 큰 효과는 매출이 늘어나는 데 있다. 하지만 궁극적으로 청소년과 청년 세대로 하여금 도서를 구입하고 독서를 향유하는 마중물 역할을 한다는 점이 중요하다. 책과 서점을 평생 즐기는 가장 간단한 방법은 경험이다. 한 번이라도 책을 즐겁게 읽은 기억, 한 번이라도 서점에서 충만한 시간을 누린 경험이 있는 사람이 평생 책을 읽고 서점을 방문할 가능성이 높다. 단순히 서점을 지원하는 차원이 아니라 미래의 독자인 청소년과 청년 세대에게 책과 서점을 향유할 기회를 제공한다는 중요한 의미를 갖는다.

국내에서도 서점 정책이나 바우처 제도가 없지는 않았다. 문제는 일시적으로 시행되었다 사라진다는 것이다. 물론 그때 잠깐 도움이야 되었지만 서점인들은 그렇게 한시적이고 근시안적인 정책은 차라리 없는 편이 낫다고 말한다. 생태계를 교란하기 때문이다.

사업의 규모가 작더라도 모든 서점인에게 골고루 혜택이 돌아갈 수 있는 장기적인 정책이 시급하다. 그렇다고 성급하게 땜질하듯 정책을 내놓기보다 궁극적으로 어떤 기대와 효과를 목표로 삼을 것인지를 숙고할 필요가 있다. 그렇지 않으면 필연적으로 문제가 생긴다.

예컨대 도서를 공공구매하는 도서관이나 학교는 납품 서점에 10퍼센트 할인 가격을 요구한다. 이는 현행 도서정가제에서 직접 할인을 10퍼센트로 제한한 배경을 모르기 때문이다. 10퍼센트 제한은 그만큼 할인해서 판매하라는 게 아니고, 지나친 할인 경쟁을 막기 위한 것이다. 기관에서는 합리적인 도서 구매라는 명분을 들 수 있겠지만 공공납품까지 10퍼센트 할인을 꼭 적용해야 하는가에 대해 고민해볼 필요가 있다. 또한 어디에서 납품을 받아도 할인율은 최대 10퍼센트로 동일하다. 예전처럼 납품 선정 과정에서 책값으로 경쟁 입찰을 할 수 없다. 다시 말해 도서의 납품가는 정가의 90퍼센트로 정해져 있다. 그럼에도 불구하고 대부분의 관공서에서는 복수 견적서 제출을 요구한다. 불필요한 요식행위다.

납품 도서에는 공공도서임을 알 수 있도록, 스티커나 라벨 형태의

식별용 마크mark를 부착한다. 공공기관은 이에 대한 문제의식 없이 당연하다는 듯 그 비용을 서점에게 부과하고 있다. 오래 유지해온 이런 관행의 개선도 필요하다. 이에 대해서는 이미 지난 2023년 '책방넷'에서 공식적으로 문제를 제기했다.[38]

"서점에서 학교도서관에 책을 납품할 때 정보 관리를 위한 마크 구축 용역을 함께 제공하는데, 실제로 드는 비용보다 훨씬 낮은 용역비를 책정하는 학교가 대부분"(이다.)

이런 문제제기에 과연 돌아온 답이 있었을까? 서점의 상황은 일시적인 땜질 처방이나 시행착오를 거듭해도 될 만큼 전혀 한가하지 않다. 관행을 되풀이하거나 의례적인 제도를 시행할 여유가 없다. 서점의 미래를 적극적으로 고민해야 한다. 거리에서 서점이 사라진다면, 어린이와 청년 세대가 독서문화에 진입할 계기를 마련하지 못한다면, 미래의 책도, 미래의 독자도 존재하지 않는다. 서점출판생태계의 패러다임이 근본적으로 바뀌는 이 시기, 그 어느 때보다 근본적인 질문과 정책이 필요하다.

제6부

동네책방의 지속을 꿈꾸다, 독자와 책의 미래를 희망하다

일본 서점들의 도전,
책 파는 장소 이상의
서점이 되는 것

"국내에 '쓰타야' 열풍이 불었을 때 전문가들은 '쓰타야'가 향후 서점문화에 긍정적 영향을 줄 수 있을지 우려했다. '쓰타야'는 서점에서 발을 빼는 모양새다. 대여 매장에서 시작해 다각적 라이프스타일 제안형 매장으로 진화하기 위해 서점을 선택했으니 어쩌면 변신은 당연한 모색이다."

고급 휴양·리조트 단지를 개발·운영하는 대기업 '아난티'Ananti에서 기획한 복합문화형 서점으로 부산 기장과 경남 남해 등에 지점을 낸 '이터널 저니'Eternal Journey, 공간 경험과 분위기·큐레이션 등을 특징으로 삼은 '스틸북스', 중심 상권에 여러 식음료 매장과 함께 구성한 '아크앤북'은 공통점이 있다. 문을 열 당시 '한국의 쓰타야서점'이라 불렸다.[1] 2022년 '교보문고'는 라이프스타일을 제안하는 '쓰타야'의 서점 모델에 영향을 받아 부분 리모델링을 단행했다. '쓰타야'는 일본 곳곳에 세련되고 스타일리시한 느낌의 서점 분위기를 확산시켰다. 일본뿐만 아니라 이처럼 국내의 서점에 적지 않은 영향을 미쳤다. 이를 두고 과연 우리가 참조해도 되는 것인가 하는 우려도 끊이지 않았다.

그렇다면 '쓰타야'의 현재는 어떨까? '쓰타야'는 CD 및 DVD를 대여하는 '쓰타야'와 도서를 판매하는 '쓰타야북스토어'로 운영되었다. 이 가운데 CD 및 DVD 대여는 스트리밍 서비스가 확산되며 매출이 급락했다. 전 세계 어디나 할 것 없이 '넷플릭스'를 비롯한 OTT 서비스·유튜브 등이 급성장했고, 급기야 엔터테인먼트 산업의 지형이 크게 변했다. 국내도 마찬가지다. 가장 피부에 와닿은 일은 관객이 영화관에 가

TSUTAYA BOOKSTORE

일본 도쿄의 긴자, 롯폰기, 시모기타자와, 다이칸야마, 후타코타마가와 등 지점마다 같은 듯
다르게 매장을 구성한 '쓰타야' 매장들. ©LEE

蔦屋書店
TSUTAYA BOOKS

TSUTAYA BOOKSTORE
PIZZERIA
BEER
WINE

Electrics
蔦屋家電
TSUTAYA ELECTRICS

고급 휴양·리조트 단지를 개발·운영하는 대기업 '아난티'에서 기획한 복합문화형 서점 '이터널 저니'가 등장했을 때 공간 경험과 분위기를 '쓰타야'에서 참고했다고 해서 '한국의 쓰타야'라는 평을 받기도 했다. 사진은 부산 이터널저니.

지 않는다는 사실이다. 2005년에는 정부가 영화 할인권을 대대적으로 배포해가며 독려할 만큼 영화산업의 존폐가 거론되는 위기의식이 팽배해졌다. 2025년 12월 '넷플릭스'가 '워너브라더스'의 스튜디오와 스트리밍 자산 인수를 추진한다는 소식이 들렸다. 최종적으로 '파라마운트-스카이댄스'로 인수합병이 결정되었지만 영화 산업의 중심 축은 확실히 달라졌다.

'쓰타야'가 책과 더불어 잡화와 생활용품을 판매하는 차별화된 방식에도 제동이 걸렸다. 할인점과 온라인 등으로 소비자의 수요가 분산되었다. '쓰타야'는 운영사인 '컬처 컨비니언스 클럽'Culture Convenience Club, CCC이 2011년 비상장사로 전환되어 재무제표 의무 공시가 없다. 다만 서적·잡지 매출액은 주기적으로 발표하고 있다. 그에 따르면 2013년 '쓰타야'의 서적·잡지 매출은 1,157억 엔(한화 약 1조 1,157억 원)을 기록하며 일본 서점체인 1위로 올라섰다.[2] 팬데믹 특수까지 더해져 2020년까지는 매출이 성장했으나 이후 '쓰타야'의 서적·잡지 매출은 하락세에 진입한다.

결국 '쓰타야'는 새로운 비즈니스 모델을 찾았다. 도쿄 시부야점의 변화가 이를 단적으로 보여준다. 시부야 스크램블 교차로 앞에 자리해 그 자체로 상징적이던 시부야점은 2023년 11월부터 리뉴얼을 위해 임시 휴업에 들어갔다가 2024년 4월 재개장했다. 우선 매출이 급락한 CD 및 DVD 대여 서비스를 종료했다. 대신 공유 라운지와 애니메이션 등 IP(지적재산) 콘텐츠가 가득한 체험 공간으로 바뀌었다. 이미 2019년 시부야점에 첫 번째로 공유 라운지를 만든 이래 다이칸야마점 등 여러 지점에서 확대 운영 중이었다. 재개장한 시부야점은 유료 복합문화 공간으로, 공유 라운지의 이용료는 시간당 1,600엔(한화 약 1만 6,000원)이며 음료와 간단한 다과를 무료 제공한다. 추가 요금을 내면 주류도 마실 수 있다. 다시 문을 연 이곳은 더이상 서점이라고 보기 어렵게 되었다.

2015년 무렵 국내에 '쓰타야' 열풍이 불었을 때 전문가들은 '쓰타야'가 향후 서점문화에 과연 긍정적 영향을 줄 수 있을지 우려했다. 문화평론가 장은수는 이렇게 말한 바 있다.[3]

"'쓰타야'의 성공이 정말 서점의 발견에 해당하는가 하는 불편한 의심이 든다. '쓰타야'가 서점을 더 높은 차원으로 진화시킨 것이 아니라 서점에서 벗어나는 형태로까지 나아가서 새로운 형태의 스페이스 비즈니스를 창조한 것이 아닐까 하는 생각을 떨칠 수가 없다. 한마디로 말하면, '쓰타야'는 더 이상 서점이 아닐지 모른다."

'책과사회연구소'의 백원근 소장도 이렇게 말했다.[4]

"'쓰타야'에는 두 가지 비즈니스 모델이 있다. '쓰타야'는 책과 영화·게임을 비롯한 각종 콘텐츠 상품을 판매·대여하는 프랜차이즈 매매를 통해 수익을 남기는 모델로 성공했다. 반면 책과 잡화를 결합해 '라이프스타일을 제안하는' 모델은 다이칸야마점을 필두로 화려한 겉모습과 달리 대부분 적자를 면치 못하고 있다.”

2017년 일본의 출판평론가 이시바시 다케후미는 『서점은 죽지 않는다』의 개정판 출간을 기념해 한국의 독자와 만났다. 이 자리에서 그는 '쓰타야'를 미래의 서점 모델로 보느냐는 취지의 질문에 이렇게 답했다.

“저는 '쓰타야'에는 관심이 없습니다. 제가 생각하기에 '쓰타야'는 부동산개발업에 가깝습니다.”

여러 전문가의 우려처럼 '쓰타야'는 서서히 서점에서 발을 빼는 모양새다. 하기야 원래부터 서점업을 해온 곳도 아니었다. 대여 매장에서 시작해 다각적 라이프스타일 제안형 매장으로 진화하기 위해 서점을 선택했다. 이 관점에서 보자면 변신은 당연한 모색이다. 어쨌거나 '기획의 달인'이라 불리는 '쓰타야'는 현재 세 가지 방향으로 공간을 바꾸고 있다. 우선 공유 라운지, 두 번째는 필라테스 등 웰니스 지향 쓰타야 컨디셔닝, 마지막으로 지역 백화점의 폐업이 잇따르자 아동복이나 유아복 등의 매장을 겸하는 협업매장이다.

“일본 지역서점은 폐업이 줄을 잇지만, 대형체인서점의 행보는 사뭇 다르다. 전통적인 서점의 틀을 비틀어, 단순히 책을 파는 곳을 뛰어넘는 새로운 서점을 모색하는 등 미래의 서점을 실험하고 가능성을 모색하고 있다. 구조 개혁과 신규 사업 강화라는 새로운 시도가 있어 가능했다."

일본의 서점들은 극심한 겨울을 맞고 있다. 특히 3~162제곱미터(약 1~49평) 규모의 소형서점이 2014년 5,194개에서 2024년 3,658개로 급격히 줄고 있다. 330~988제곱미터(약 100~299평) 규모의 중형서점도 2,847개에서 1,878개로 역시 감소했다. 그런데 특이하게도 991제곱미터(약 300평) 이상의 서점은 감소세가 적고 3,305제곱미터(약 1,000평) 이상은 소폭 증가했다.[표 6-1][5]

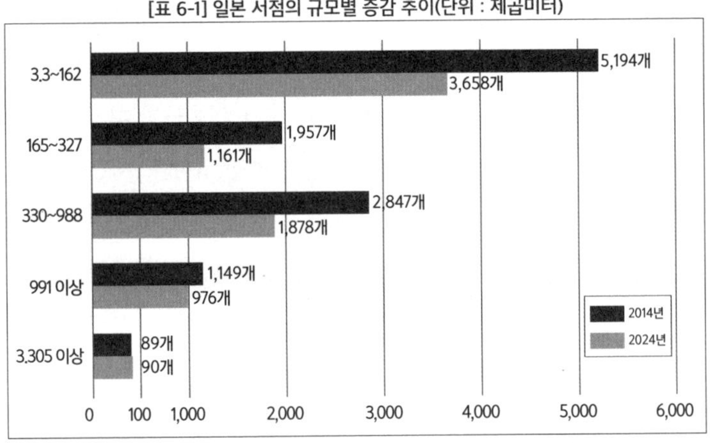

[표 6-1] 일본 서점의 규모별 증감 추이(단위 : 제곱미터)

출처: 출판과학연구소.

2024년 '기노쿠니야서점'은 전년보다 3.5퍼센트 증가한 1,352억

3,000만 엔(한화 약 1조 3,523억 원)을 기록하며 사상 최대의 매출을 기록했다. 이런 결과는 구조 개혁과 신규 사업 강화라는 새로운 시도가 있어 가능했다.

'기노쿠니야서점'은 2023년 '쓰타야'를 운영하는 'CCC' 그리고 대형 출판 도매상 '닛판'과 공동출자해 '북셀러즈&컴퍼니'를 설립해 유통 구조를 개혁했다. '북셀러즈&컴퍼니'는 물류를 담당하는데, 출판사에서 직접 도서를 공급받고, 인근 지역의 서점끼리 재고 데이터를 공유해 반품을 줄여 이익률을 높였다. 국내의 중형서점이 연합해서 '보인'이라는 유통회사를 설립하려던 사례를 떠올리게 한다. 특히 '기노쿠니야서점'의 성장에는 해외 점포의 성공이 뒷받침되었다. 일본계가 많이 거주하는 미국 샌프란시스코를 비롯해 싱가포르, 대만, 두바이 등 10개국에 약 43개 점포를 만들었다. 이런 부분이 매출 성장에 특히 기여했다.

일본 지역서점은 폐업이 줄을 잇지만, 대형체인서점의 행보는 사뭇 다르다. 여전히 미래의 서점을 실험하고 가능성을 모색하고 있다. 우선 '마루젠&준쿠도'는 2025년 도쿄 '도라노몬힐스'虎ノ門ヒルズ의 글래스록Glass Rock 2~3층에 새로운 형태의 서점 '마그마북스'magmabooks를 오픈했다. 내세운 콘셉트는 이것이었다.

"지식은 뜨거울 때 활용하라."知は熱いうちに打て

콘셉트에서 짐작할 수 있듯 지적 흥분과 창조성을 주제로 한 서점이다. 2층은 지의 숲知の森이라고 해서 책과의 우연한 만남을 염두에 두

일본의 대형체인서점 중 하나인 '마루젠&준쿠도'는 2025년 도쿄 '도라노몬힐스' 글래스록2~3층에
새로운 형태의 서점 '마그마북스'를 오픈하면서 '지식은 뜨거울 때 활용하라'는 콘셉트를 내세웠다.

고 과거·현재·미래로 분야를 나눠 서가 편집을 하고, 맥락 진열을 시도했다. 서가에 문구와 굿즈도 책과 함께 진열했다. 3층은 '쓰타야'처럼 라운지를 운영한다. 라운지는 포커스 존FOCUS ZONE과 캄 존CALM ZONE으로 나뉜다. 포커스 존은 반개인실 형태로 집중을 돕는 공간이며, 캄 존은 물방울이 떨어질 때마다 거문고 같은 소리가 굴속에서 은은하게 울려퍼지는 전통 정원 장치인 수금굴水琴窟의 울림을 재현해, 휴식과 이완을 돕는 공간이다. 60분 이용 요금이 1,100엔, 개인실을 원하면 2,100엔부터 이용 가능하다. 매장 내 서적을 세 권까지 1회 사용에 한해 자유롭게 반입할 수 있다.

한마디로 전통적인 서점의 틀을 비틀어, 단순히 책을 파는 곳을 뛰어넘는 새로운 서점을 모색하려는 시도다. 독자로 하여금 지적 흥분을 느끼게 하고 창의력을 자극하는 장소를 미래의 서점으로 상정하고, 이를 염두에 둔 큐레이션과 공간 설계를 펼쳐보인 듯하다.

"단순히 책을 파는 장소 이상의 서점이 되는 것, 이것이 교토 기반 '오가키서점', 요코하마 기반 '유린도'를 비롯한 일본 대형서점의 가장 큰 도전이다. 이러한 도전은 '아자부다이힐스', '미드타운', '도라노몬힐스' 등 도심 속 공간을 기획한 부동산 개발사와의 협력관계 속에 만들어진다."

일본에서 새바람을 일으키는 또 하나의 서점으로 1942년 교토에서 시작한 '오가키서점'을 손꼽을 수 있다. 간사이關西, 간토關東, 홋카이도北海

道 등에 23개 이상의 점포를 보유한 지역 기반 체인서점으로, 놀랍게도 지난 10여 년 동안 지점 수가 두 배로 늘었다. 최근 이곳이 주목을 받은 이유는 2023년 도쿄 '아자부다이힐스'麻布台ヒルズ에 입점했기 때문이다. '아자부다이 힐스'는 도쿄 미나토 구에 조성된 대규모 복합도시형 재개발 단지로, 현대 도쿄가 지향하는 새로운 도심 모델을 보여준다는 평을 받고 있다. 개발을 주도한 '모리빌딩'森ビル은 도쿄를 중심으로 '롯폰기 힐스', '아자부다이힐스' 등 대규모 도심 복합개발을 이끌어온 일본의 대표적 부동산 개발사다. '모리빌딩'이 도쿄의 새로운 프로젝트에 교토를 기반으로 한 '오가키서점'을 선택한 이유가 있다. '오가키서점'이 교토의 전통을 바탕으로 감각적인 서가를 구성하지만 읽는 공간이라는 서점의 본질을 놓치지 않아서다. 이미 교토의 '오가키서점' 신문화빌딩점으로 그 가치를 증명한 바 있다.

교토 시는 노후화된 호리카와堀川 상점가를 리뉴얼하면서 '오가키서점'에 출점을 제안했다. 2021년 오픈한 '오가키서점' 신문화빌딩점은 1층에 서점과 카페 그리고 인쇄공방을 두었다. 2층에는 갤러리를 만들었다. 다시 말해 서점을 책만 파는 장소가 아니라 지역주민과 창작자가 인쇄공방에서 책을 만들고 체험하는 공간으로 재정의했다. 서점에 온 누구나 용지, 제본, 디자인 등을 주문해 책을 제작할 수 있었다. 이렇게 만들어진 지역 예술가의 책은 전시와 판매로도 이어진다. 2층 갤러리가 교토의 신진 디자이너를 위한 전시 공간으로 자리를 잡았다. 교토라는 지역의 문화를 서점에서 가장 잘 살리되 감각적인 변화를 주는 것, '오가키서점'이 가장 잘 하는 일이다.

물론 '오가키서점'은 신문화빌딩점 오픈 이전부터 책 애호가들에게 유명했다. 신서는 신서대로, 잡지는 잡지대로 배치하는 대형서점의 공식과 달리, 진열대를 주제별로 나누고 신서와 잡지를 뒤섞는 맥락 진열을 시도했다. 이런 신선함 때문에 '오가키서점'에 가면 뭔가를 발견한다는 믿음이 독자들에게 자리 잡았다. 또한 철저하게 지역을 중심으로 한 행보를 보여주었다. 인근 대학에서 책 모임이 있다면 서점 입구에 관련 철학책이나 시집을 배치했다. 교토의 음식, 예술, 문화, 관광 등 다양한 테마를 다루며 더욱 풍성한 삶을 가꿀 수 있도록 돕는 계간지 『교토진』도 발행하고 있다. 지역 잡지 『Leaf』가 휴간하자 지역서점으로서 교토를 사랑하는 독자를 위한 잡지를 만들 필요가 있다고 판단한 것이다. 이런 이력을 통해 '오가키서점'은 서점으로서의 매력뿐만 아니라 지역의 예술과 문화를 가꾸며 지역 독자와 밀착한 서점으로 자리매김했다.

'아자부다이힐스'는 넓은 구역에 상업 시설 외에도 오피스, 의료 시설, 국제학교, 주택 등이 배치되어 있다. 단순히 재개발로 초고층 빌딩을 만든 게 아니라 사람이 자연 속에서 일하고 배울 수 있는 '도시 속의 숲'과 일상에서 예술을 경험하는 '현대적 도시의 마을'을 콘셉트로 내세운다. 지역 문화에 기반을 두되 예술성을 잃지 않는 '오가키서점'은 '아자부다이힐스'에 제격이었다. '오가키서점'이 도쿄 진출을 결정한 이유도 "마을 사람을 위한 서점, 이웃 사람들이 편안한 공간"을 만들어달라는 요구 때문이었다고 한다. [6]

요코하마에 본점을 둔 서점 '유린도' 역시 혁신적인 시도를 보여준다. 마쓰노부 다이스케松信 大助가 1909년 창업했으니 백 년이 넘은 서점

OGAKI BOOKSTORE

일본 도쿄 '아자부다이힐스'에 입점한 '오가키서점'은 교토를 기반으로 삼은
오래된 지역서점으로 최근 급성장세를 보이고 있다.

일본 교토 시내에서 흔히 볼 수 있는 중형서점 '오가키서점'.
도쿄 '아자부다이힐스' 지점과는 다르게 한자로 상호를 표시했다. ©LEE

이다. 2018년 부동산 개발사 '미쓰이三井 부동산'과 협업하여 도쿄 미드타운에 '히비야 센트럴 마켓'을 만들었다. 그뿐만 아니라 2019년 대만의 '청핀서점'과 손을 잡고 니혼바시점을 운영하고 있다. '미쓰이 부동산'은 자본 투자와 건물을 제공하며 '청핀서점'과 합작법인을 설립했다. '유린도'는 서점 유통을 책임지고 일본 시장에 맞게 '청핀서점'을 현지화하는 운영 실무자로서 참여했다.[7]

창업자의 후손으로, 7대째 가업을 잇고 있는 마쓰노부 겐타로松信健太郎 대표는 뒤늦게 '유린도'에 입사했다. 막상 서점에서 일을 해보니 너무 바빠서 책을 읽을 시간이 없었다. 서점에 근무하는 자신이 이 정도라면 보통의 독자는 어떨까 싶었다. 그는 이렇게 생각했다.

"책을 안 읽으면 서점에 가지 않게 되고, 서점에 가지 않으면 다시 책을 사지 않는 악순환이 일어난다. 그렇다면 맨 먼저 할 일은 예비 독자가 서점에 오게 만드는 일이다. 꼭 책을 사겠다가 아니라 다른 이유로 서점에 올 수 있도록 동기를 만들어주면 결국 책도 살 것이다."

기존의 '유린도'에서는 소량의 문구와 잡화를 취급했는데 이를 확대해 여러 상품을 갖추고 독자가 방문할 수 있는 동기를 만들기 시작했다. 일단 서점으로 고객을 부르고, 다음에는 서점원의 안목으로 골라 제안한 책을 살 수 있는 선순환을 만드는 시도였다.

'유린도'가 도쿄 '미드타운'에 만든 '히바시 센트럴 마켓'이 대표적이

'유린도' 유튜브 채널. 구독자가 50여 만 명에 이를 만큼 매우 인기가 높다. 2025년 11월에는 이 채널을 통해 『익스트림 티라노사우르스』 도감 4,000권을 10분 37초 만에 완판시켰다.

다. 이곳에는 마치 골목길의 가게들처럼 음식점, 펍, 이발소 그리고 서점이 한 공간에 들어섰다. '미드타운'은 도쿄의 대표적 상업공간으로 주변에는 마천루가 즐비하다. 이런 산업지구 빌딩 안에 옛 골목길의 정취가 느껴지는 작은 마을을 만들었다. 서점 공간은 축소했다. 독자를 불러 모을 수 있는 감성적 공간을 만든 뒤 책으로 이끄는 '유린도'의 전략을 반영했다. '유린도'는 서점으로는 드물게 유튜브에도 적극적이다. 유튜브 채널 '유린도만 아는 세계'有隣堂しか知らない世界@Yurindo_YouTube를 운영한다. 서점 채널이지만 인기가 높아서 구독자가 50여 만 명에 이른다. 2023년 10월 고베 한큐점 오픈 기념 특별 한정 상품을 판매했는데 이곳에 '유린도만 아는 세계' 구독자들이 모여들어 세 시간이나 기다려 상품을 구입하는 진풍경이 벌어졌다. 2025년 11월에는 이 채널을 통해『익스트림 티라노사우르스』도감 4,000권을 10분 37초 만에 완판시켰다. 마쓰노부 겐타로 대표는 최근 '유린도'가 보여준 변화를 이렇게 말한다.[8]

“나는 책의 힘을 무척 신뢰하고 책도 매우 좋아한다. 하지만 서점 비즈니스는 재미없다고 여겼다. 서점업은 그냥 진열만 하고 파는 일이었기 때문이다. 어디서나 같은 가격과 내용, 같은 방식으로 팔고 있으니 재미가 없다. 변해야 했다. 책의 힘을 제대로 어필할 수 있어야 서점이라고 생각을 바꿨다.”

일본 대형서점의 변화에는 공통점이 있다. 서점을 창의력과 지적 흥분을 일깨우는 곳으로 재정의한다. 당연히 독자적인 큐레이션과 진열이 요구되며 따라서 서점인의 전문성은 더욱 중요해졌다. 이들 서점은 책이 차지하는 공간 비중 축소, 공유 오피스 도입, 문구와 굿즈 판매, 전시공간 확대 등을 통해 서점의 모습을 다각화하고 독자 유입을 시도한다. 일련의 도전은 '아자부다이힐스'나 '미드타운', '도라노몬힐스' 등 도심 속 공간을 기획한 부동산 개발사와 유기적인 협력 관계 속에 만들어진다. 단순히 책을 파는 장소 이상의 서점이 되는 것, 이것이 현재 일본 서점의 가장 큰 도전이다.

국내 중형서점의 상황을 고려할 때 '유린도'나 '오가키서점' 같은 시도가 나올 수 있을까. 솔직히 어려워 보인다. 그래서인지 서점업이 손 놓고 망해가는 일이라고 생각하지 않고 "가장 새롭고 멋진 서점"을 만들겠다는 이들의 도전은 신선하다 못해 경이롭기까지 하다. 마쓰노부 겐타로 대표는 여기에 더해 이런 포부를 밝혔다.

"책만 파는 게 아니라, 사람들이 모이고 교류하며 성장하는 장으로. '유린도'의 가치를 재정의하고, 지역 지식 인프라로서 서점문화를 미래에 계승해 나가겠다."

포부만으로 혁신을 이룰 수 없다. 그동안 축적한 자본력이 뒷받침되어야 한다. 2024년 9월에서 2025년 8월까지 '오가키서점'의 전체 매출은 134억 엔(한화 약 1,340억 원) 수준이다. 같은 시기 '유린도'의 전체 매출은 520억 엔(한화 약 5,200억 원) 수준이다. 일본 서점의 사례를 들여다보고 있자니 입안이 씁쓸하다.

각국 동네책방들의
이구동성

"동네책방으로 시작해 성장한 가장 극적인 사례는 영국의 '돈트북스'다. '모든 서점은 동네책방처럼 되어야 한다'는 게 제임스 돈트의 지론이다. 어렵게 생각할 것 없이 지역에 있는 체인서점일지라도 동네책방이 되어야 한다는 의미다."

일본 서점의 굵직한 변화는 대형서점이 주도한다. 특히 '오가키서점'이나 '유린도'는 부동산 개발사와 협력한다. '오가키서점'은 '모리빌딩'과, '유린도'는 '미쓰이 부동산'과 손을 잡고 재개발이 이루어진 도쿄 도심 한복판에서 서점의 내일을 모색한다. 부동산 개발사가 서점 입점을 필수로 여겼기 때문이다.

국내에서도 비슷한 시도가 없지 않았다. 상업·복합공간을 개발·운영하는 부동산 개발사 '네오밸류'는 2019년 경기 수원의 라이프스타일 상업 시설 '앨리웨이 광교'를 조성하며 서점 '책발전소'를 핵심 공간으로 배치했고, 복합문화공간을 기획·운영해온 '오티디코퍼레이션'은 2017년 문을 연 '성수연방'에 문화형 서점 '아크앤북'을 들였다. 또한 고급 리조트와 복합휴양 시설을 운영하는 기업 '아난티'는 2018년 부산 기장의 '아난티 코브'를 시작으로, 이후 여러 리조트 단지에 라이프스타일 서점 '이터널 저니'를 조성하며 서점을 공간 경험의 일부로 적극 활용해왔다.

하지만 2025년 '앨리웨이 광교'의 '책발전소'는 문을 닫았고, '아크앤북스'와 '이터널 저니'를 지역에 기반해 오래도록 서점업을 이어온 '오가키서점'이나 '유린도'와 비교하기에는 무리가 있다. 동네책방으로 시작해 성장한 가장 극적인 사례는 영국의 '돈트북스'다. 서점이란 각국의 교육, 문화적 특징과 유통 그리고 독서 문화에 직접적인 영향을 받는다. 영국이나 일본의 사례와 국내의 서점을 일대일로 비교하는 것은 그러므로 무리다. 다만 거시적인 의미에서 서점의 성장 추이를 살피는 정도는 가능하다. 참고로 영국의 서점 환경과 '돈트북스' 그리고 제임스 돈트에 대해서는 『유럽 책방 문화 탐구』에서도 길게 살폈다.

제임스 돈트가 1990년에 런던 매릴러번에서 시작한 '돈트북스'는 런던을 중심으로 아홉 개의 지점을 운영 중이다. 이보다 더 극적인 건 제임스 돈트가 영국의 최대 체인서점인 '워터스톤스'와 미국의 최대 체인서점인 '반스앤노블'을 위기에서 구한 경영자로 활약하고 있다는 점이다. 동네책방 대표가 거대 체인서점을 살리는 구원투수가 된다니, 영국과 미국에서도 처음에는 반신반의했다. 하지만 영국의 '워터스톤스'를 살려냈고 이 경력을 바탕으로 제임스 돈트는 미국까지 진출했으며 현재 '반스앤노블'의 개혁을 진행 중이다.

제임스 돈트의 성공에서 가장 눈 여겨야 할 부분은 지역화 전략이다. 산업 시대에 소매 기업이 성장하는 방식은 표준화였다. '월마트'나 '맥도날드'는 기업을 운영하는 방식을 표준화하고 이를 프랜차이즈 방식으로 똑같이 찍어내 성공을 거두었다. 전 세계 어디를 가든 '맥도날드'의 방식 즉, 매장 배치·판매하는 햄버거·직원들의 유니폼 등이 같았다. 하지만 이제 '맥도날드'조차 이런 표준화 방식을 벗어나고 있다. 예컨대 창녕군과 농협·한국맥도날드가 손잡고 '창녕 갈릭버거'를 내놓는 식이다. 이른바 맥도날드의 글로컬라이제이션glocalization 전략이다. 맥도날드는 채식주의자가 많은 인도에서는 채식 버거를 선보이기도 했다. 표준화는 품질과 브랜드 이미지를 일관되게 유지하는 비결이지만, 이제 소비자는 다른 걸 원한다. 그렇다면 서점은 어떨까. 제임스 돈트는 이렇게 일갈한다.

"표준화의 시대는 끝났고 지역화가 현재의 당면과제"(이다.)

모든 서점은 동네책방처럼 되어야 한다는 게 그의 지론이다. 어렵게 생각할 것 없이 지역에 있는 체인서점일지라도 동네책방이 되어야 한다. 지역에 따라 가족 단위 독자의 방문이 많다거나, 젊은 층이 자주 찾는다거나, 직장인이 주로 오는 등 특징은 저마다 다르다. 따라서 지역서점이라면 크기와 관계없이 매장이 어디에 있고 누가 오는지에 따라 고유한 색깔을 유지해야 한다는 뜻이다. 동네책방 중 지점을 운영하는 '책방연희'의 홍대점은 지극히 동네책방답다. 하지만 광화문점은 다양한 책을 진열하고, 무엇보다 폭넓은 행사를 자주 연다. 서울의 중심, 광화문이라는 점이 사방팔방에서 사람을 부르고 모으는 데 적합할 뿐 아니라 홍대점과 달리 공간이 넓다는 점을 반영했다.

이처럼 서점을 지역에 맞게 운영하려면 서점인의 전문성이 필요하다. 매장에서 어떤 책을 추천하고 진열할지, 어떤 이벤트를 기획할지 등등 독자의 요구에 일대일로 대응할 수 있는 서점인이 필요하다. '돈트 북스' 매릴러번점은 총괄 매니저가 있고, 매니저 아래 어시스턴트 매니저가 있다. 매장에는 고객을 응대하고 상품 진열과 판매를 하는 북셀러

영국 런던 '돈트북스' 매릴러번점 내부. 런던을 중심으로 아홉 개의 지점을 운영 중인
이 서점은 어느 지점이나 체인이 아닌 그 지역에 어울리는 동네책방을 지향한다. ©LEE

가 있다. 이외에 교육 및 행사 담당자와 주문, 매입, 재고를 관리하는 담당자가 있다. 보통 이 정도의 업무를 담당하는 이들은 정직원으로 채용하고, 이외에 주 3회 정도 일하는 파트타이머를 활용한다. 그러나 국내 형편으로는 업무를 세분하는 것도, 업무별로 전문 서점인을 채용하는 것도 어렵다. 한 마디로 그럴 여력이 없다.

'진주문고'의 슬로건은 "진주 같은 동네서점 진주문고"이다. 평거동 본점은 1~3층까지 책방이며, 2층에 북토크와 기타 행사가 가능한 '여서재' 공간이 있다. '여서재'에서 이루어지는 행사는 작가와의 만남, 각종 워크숍과 모임 등을 합치면 한 달에 10여 회가 훌쩍 넘는다. 1층에도 전시 공간이 있는데, 지역 창작자들로부터 대관 문의가 끊이지 않는다. 이런 일을 감당할 수 있는 비결은 교육 및 행사를 전담하는 인력이 있기 때문이다. '삼일문고'조차도 김기중 대표가 행사를 직접 주관하고 진행하지만 '진주문고'에는 이병진 팀장과 김소담 직원이 여서재 팀에서 일한다. 지역서점에서는 예외적인 일이다.

"체감상 한국은 서점업을 하기에 가장 힘든 나라가 아닐까 싶다. 상대적으로 작은 도서 시장, 규모의 경제를 이루지 못한 지역서점, 온오프라인의 이중가격, 급격한 디지털화 등 다중고에 묶여 미래를 모색하기는커녕 현실적인 어려움에서 한 발짝도 나아가지 못하고 있다."

미국 플로리다 코럴게이블스Coral Gables에 있는 '북스앤북스'Books&Books

'진주문고' 평거동 본점에서 진행한 다양한 행사. 한 달에 10여 회가 훌쩍 넘는 행사가 가능한 것은 전담 인력이 있기 때문이다. 위에서부터 네 장은 로버트 파우저, 이유진, 김승복·이병률, 김민섭 작가와의 만남을 진행한 여서재 전경이고, 아래 두 장은 2025년 '진주문고' 40주년을 기념해 1층 전시장에서 진행한 〈고서와 헌책전〉 포스터와 전시장 전경이다. ©진주문고

는 1982년 미첼 캐플런Mitchell Kaplan이 설립했다. 현재 여러 개의 지점을 운영한다. 그는 미국 서점협회ABA, American Booksellers Association 회장을 지냈으며, '자유 표현을 위한 미국 서점재단'ABFFE, American Booksellers for Free Expression 이사회에도 참여했다. 2011년에는 미국도서재단National Book Foundation으로부터 '미국 문학 공동체에 대한 공헌상'Literarian Award을 수상했다. 이런 미첼 캐플런도 "서점업은 돈이 되는 일은 아니"라고 말한다.[9] 심지어 그는 농담처럼 이렇게 말한다.

"나는 비영리사업이 아니라, 수익 없는 사업을 하고 있다."

프랑스나 영국에서도 서점원은 전통적으로 낮은 급여를 받는다. 제임스 돈트조차도 이렇게 말한다.[10]

"서점을 운영해서 부자가 되기는 매우 어렵다."

팬데믹 이후 매출이 매우 증가한 2022년, 영국 '돈트북스'의 총매출은 약 1,310만 파운드(한화 약 245억 원)였다. 이 가운데 총이익은 566만 파운드로 매출 대비 약 43퍼센트다. 대략 평균 도서 공급률이 67퍼센트라는 걸 알 수 있다. 인건비는 약 303만 파운드로 매출 대비 23퍼센트를 차지한다. 또 일반관리비는 523만 파운드로 매출 대비 무려 40퍼센트에 이른다. 일반관리에서 가장 많은 비중을 차지하는 건 역시 임대료다. 런던의 임대료는 엄청나게 높은 데다 '돈트북스'가 지역의 중심지 건물을 임대하기 때문이다. 서점에서 임대료가 차지하는 부담은 어디서나 상당하다는 점을 확인할 수 있다. 이런 비용을 뺀 '돈트북스'의 영업이익은 약 3.3퍼센트인 43만 파운드(한화 약 8억 원)다.[11] 앞서 살핀 일본 '유린도'의 2022년 매출액은 522억 엔(한화 약 5,220억 원)이다. 이 가운데 경상이익은 5.1억 엔(한화 약 51억 원)으로 매출액 대비 1퍼센트 정도 된다. 2024년 '교보문고'의 경우 매출액은 9,770억 원인데 영업이익은 마이너스 122억 원이었다. 영국이나 일본의 서점과 국내 서점의 상황은 매출 규모나 영업이익에서 비교가 되지 않는다.

전 세계 어디에서나 서점 운영이 쉽지 않지만, 체감상 한국은 서점업을 하기에 가장 힘든 나라가 아닐까 싶다. 미국과 영국도 평균 독서량이나 독서율은 줄고 있다. 예를 들어 2019년 영국 성인 중 58퍼센트가 정기적으로 독서를 했다면 2023년 조사에서는 50퍼센트로 줄었다. 우리는 이 정도가 아니다. 아예 책 읽는 사람을 만나기가 어려워지고 있다. 변화가 워낙 빠른 한국 특유의 문화가 단단히 한몫을 하고 있다고 짐작한다. 이웃 일본은 우리와 달리 도서정가제를 시행 중이며 온라인서점의 점유율이 훨씬 낮다. 일본의 전체 서점 매출에서 온라인서점의 매출 비중은 20퍼센트 정도라고 알려져 있다.[12] 국내에서 온라인서점 3사의 비중은 70퍼센트 이상이다. 여기에 수치가 드러나지 않은 '쿠팡'의 도서 매출을 더하면 한국의 온라인 도서 판매 비중은 압도적이다.

상대적으로 작은 도서 시장, 규모의 경제를 이루지 못한 지역서점, 온오프라인의 이중가격, 급격한 디지털화 등 한국출판서점 생태계가 헤쳐가야 할 어려움은 차고 넘친다. 이런 다중고에 묶여 국내의 지역서점은 미래를 모색하고 변화를 꿈꾸기는커녕 현실적인 어려움에서 한 발짝도 나아가지 못하고 있다.

다시,
'그럼에도 불구하고',
동네책방 지속 탐구
EXIT
SORTIE

"책방에는 책방지기는 물론이고, 책방에서 만난 독자들이 성장해 가는 모습을 지켜보고 응원하는 즐거움이 있다. 독자들이 한 발씩 앞으로 나아가는 모습이야말로 책방지기가 만나고 싶은 세상을, 살고 싶은 세상을 응원하는 방식일지 모른다."

동네책방은 출판과 책의 생태계를 버티게 하는 대안이 될 수 있을까. 솔직한 심정을 밝히자면 지금껏 동네책방이 사라지지 않고 오히려 이렇게 많이 생긴 것만으로도 기적 같다. 소수를 제외한 대부분의 책방들은 책방지기의 자발성과 희생에 기대 운영되고 있다. 이런 구조가 언제까지 가능할지 알 수 없다. 다만 지금껏 책방을 지속해온 책방지기의 공통점을 한 번 살펴보기로 한다.

책방을 지속해서 운영하는 책방지기는 힘이 들지만, 책방을 운영하는 보람을 분명히 알고 있었다. 그들이 손꼽은 이유 중 빠지지 않는 것이 사람과 맺는 관계였다. 커뮤니티는 책방이 추구해야 할 중요한 목표이자 또한 책방의 생존이 달린 문제다. 커뮤니티가 생겨나지 않으면 동네책방을 지속할 수 없기 때문이다. 작은 책방을 찾는 이들은 사실 그리 많지 않다. 책방이 굴러가기 위해서라도 커뮤니티가 존재해야 한다. 그러니 책방의 시작과 끝이며, 존재해야 할 이유이자 동력이 커뮤니티다. 예컨대 39제곱미터(약 12평) 남짓한 '꿈틀책방'은 지금껏 독자와 함께 성장해왔다. '꿈틀책방'을 하는 보람이 무엇이냐고 묻자 이숙희 대표는 커뮤니티를 통해 "책방이 인큐베이터 역할을 하는 일"이라고 답했다.

'꿈틀책방'에는 '엄마의서재'라는, 10년 넘게 지속되고 있는 오래된 북클럽이 있다. 양육자가 육아서나 재테크 정보서가 아닌 자신을 위한 책을 읽기 위해 만들어진 독서모임이다. 초창기 멤버들은 모두 전업주부였다. 모두들 평범한 양육자로 참석했다. 북클럽을 이어가며 멤버들은 차츰 자신의 세계를 넓혀갔다. 책모임이 좋다는 걸 깨닫자 자녀와 친구를 모아 혹은 어린이와 10대들을 모아 책모임을 이끄는 회원이 생겨났다. 아예 일로 발전하거나 관련 공부를 더하기 위해 진학을 하는 이들도 생겼다. 혹은 읽고 쓰는 세계에 빠져 작가로 데뷔한 이들도 생겨났다.

최현옥 씨는 10여 년째 '꿈틀책방'의 독자이자, '엄마의서재'에 참여하고 있다. 처음 북클럽에 참여했을 때 최 씨 역시 전업주부였다. 아이들을 키우는 동안 책과 담을 쌓고 살았다. 우연히 북클럽에 참여하고 나서 그는 다른 세계를 만났다고 고백했다.

"꾸준히 읽었던 사람들은 빛이 났다. 사람이 빛이 날 수도 있구나."

이런 생각을 한 그는 곧 앎에 대한 갈증을 느꼈고, 지속해서 읽고 공부하는 사람이 되었다. 지금 최 씨는 김포에서 가장 바쁜 역사 논술 강사로 일한다. 2021년 김포에서 '책방짙은:'[13]을 시작한 최수이 대표는 '꿈틀책방'의 단골 독자이자 북클럽 리더로 활동했다. 책방의 애독자가 다시 책방의 주인이 되는 선순환이 일어난 것이다. 이처럼 책방은 커뮤니티를 통해 마음속에 품고만 있던 오랜 꿈을 펼치는 무대가 되기도 한다. 이숙희 대표가 자신의 책방을 인큐베이터라고 여기는 이유다.

'숲속작은책방'을 운영하는 백창화 대표는 책방지기 이전에 도서관 활동가였다. 작은도서관을 운영한 경험이 있다. 잡지 기자로 활동하다 아이를 키우며 어린이책에 눈을 뜬 게 계기였다. 2001년 가정문고를 열었고 이후 일산과 마포 성미산에서 '숲속작은도서관'을 10년 동안 운영했다. 이후 충북 괴산으로 이주해 가정식 서점이자 북스테이 서점인 '숲속작은책방'을 열었다. 백창화 대표는 독립잡지 『언니네 마당』과 인터뷰를 하며 동네책방을 하는 즐거움과 보람을 이렇게 말한 적이 있다.

"제가 도서관과 책방을 운영하면서 어린이와 양육자를 많이 만났어요. 제가 만났던 엄마들은 아이 교육에도 관심이 많았지만 독서모임이나 그림책모임 같은 엄마들의 소규모 커뮤니티를 만들어 자신의 배움과 취미 활동도 꾸준히 하더라고요. 제가 도서관을 운영할 때 종종 작은도서관이 엄마들을 성장시킨다는 얘기를 하곤 했어요. 엄마들이 도서관에서 품앗이와 공동체 활동을 하면서 아이와 함께 성장하는 것을 직접 보았거든요. 예를 들어 요리 잘하는 엄마가 아이들 간식거리를 챙겨 오다가 아이들 요리 선생님이 되고, 미대 나온 엄마는 미술 선생님이 되고, 손재주 좋은 엄마는 바느질 선생님이 되며 도서관에서 일자리를 창출하기도 하고요. 엄마들이 성장해서 자기 자신을 찾아가는 과정을 지켜보면서 아이의 성장을 지켜볼 때와 마찬가지로 보람을 느꼈답니다. (…) 기왕이면 아이들이 성장할 때 엄마도 함께 성장하면 좋겠어요. 엄마들이 자기 자신을 소중히 하고 꾸준히 발전시키면 좋겠어요."

나 역시 이런 질문을 종종 한다.

"책방이 힘들다면서, 책방에서 돈도 못 번다면서 왜 책방을 하나요?"

책방지기마다 돌아오는 답이 다르다. '책방연희'의 구선아 대표는 직장 생활 말고 자신이 온전히 책임질 수 있는 일을 하고 싶다는 소망이 컸다고 말한다. 또 작가로서의 구선아, 책방지기로서의 구선아, 문화콘텐츠 기획자로서의 구선아가 함께 책방을 통해 커간다고 했다. 많은 책방지기들은 "책방에서 함께 성장"하는 기쁨을 가장 큰 보람으로 꼽는다.

제주 애월읍 남읍리에서 '보배책방'을 운영하는 정보배 대표가 서점을 시작한 것은 2019년이다. 2018년 제주로 삶의 터전을 옮기고 하가리 더럭초등학교 근처에서 처음 시작했다. 정보배 대표가 책방을 시작한 이유는 또 다르다. 그는 "책방을 내면 나와 책으로 수다할 상대를 쉽게 찾을 수 있을 것 같았기 때문"[14]에 책방 문을 열었다. 평생을 편집자로 일했고, 독서가로 살아온 그는 제주라는 낯선 곳에서 함께 이야기를 나눌 상대를 찾기 어려웠다. 하지만 책방이라면 다르다. '보배책방'의 독서모임은 그렇게 책방과 함께 시작되었다. 현재 '보배책방'에서는 여러 개의 북클럽이 돌아간다. 정보배 대표가 처음 시작한 북클럽의 이름은 '보배살롱'이다. 여전히 '보배살롱'을 지속하지만 여기에서 파생한 여러 모임이 생겨났다. 과학책을 더 읽고 싶어 '과학보배'를 만들었다. 인근 학부모와 함께 진행하는 북클럽도 생겼고, 교육 잡지 『민들레』를 함께 읽는 양육자 모임도 있다. 여기에 원서 읽기 모임처럼 시기나 필요에 따라 생기는 모임도 있다. 그때그때 차이는 있지만 대략 책방에서는 상시 6~7개 정도의 독서모임이 돌아간다. 이만하면 '보배책방'은 북클럽 맛집이다.

'보배책방'에 갈 때면 으레 정보배 대표에게 "북클럽에서 읽은 책을 어디에 진열했어요?" 하고 묻는다. 연륜이 쌓인 '보배살롱' 멤버들은 독서 수준이 상당히 높다. 당연히 그들이 읽는 책을 따라가는 것만으로도 공부가 된다. 『전쟁 같은 맛』과 『정신병을 팝니다』처럼 평소에 잘 읽지 않는 의외의 책을 만나는 즐거움이 크다. 제주의 특성상 1~2년살이를 하러 왔다가 북클럽에 참여하는 이들이 있다. 이들 중에는 나처럼 '보배살롱'의 선정 도서를 따라 읽거나 북클럽 모임일에 맞춰 제주를 찾는 이들도 있다. 과거에야 책 읽는 사람을 만나는 게 어렵지 않았다. 지금은 다르다. 주위에서 책 이야기를 나눌 사람은 귀하다. 독서모임이 서로에게 얼마나 지적 자극을 주는지는 해보면 안다. 책방지기에게도 북클럽 멤버는 각별하다. 지금까지 '보배책방'의 시간을 공유한 사람들이자 가장 어려울 때 손을 잡아준 친구들이기 때문이다. 귀한 저자를 불렀을 때도 가장 먼저 북클럽 멤버를 떠올리는 건 당연지사다.

제주 '풀무질'의 은종복 대표 역시 독서모임에 진심이다. 은종복 대표가 독서모임을 하는 방식은 일반적이지 않다. 북클럽 선정 도서를 읽어오지 않아도 참석이 가능하다. 심지어 책방에서 책을 사지 않고 도서관에서 빌려와도 괜찮다. 리더 역시 돌아가며 맡는다. 책 선정 또한 함께 결정한다. 은 대표가 책방에 있는 책 중에서 몇 권을 골라 제시하면 멤버들이 최종 결정한다. 참석자가 단 한 명이어도 예외 없이 독서모임을 진행한다는 부분이 가장 놀라웠다. 심지어 한 명밖에 오지 않는 날 최고의 독서모임이 이루어진다고까지 했다. 독서모임 후에는 꼭 뒤풀이를 한다. 제주는 자가운전자가 많으니 각자 음식을 준비해 와서 함께 나눠 먹는다. 은 대표는 서점 일이 좋고, 손님과 이야기하는 게 좋은데, 독서모임을 하면 독자가 책방에 오고 함께 이야기할 수 있는 시간이 확보된다며 이보다 더 좋을 수 없다고 말한다. 은 대표는 '풀무질'에서 일곱 개 정도의 독서모임을 진행하고 있다.

책방지기는 돈을 벌지 못한다는 걸 알고 책방을 선택했다. 그렇기에 더더욱 책방지기는 자신이 책방을 하는 즐거움을 말할 수 있어야 한다. 책방이 자신과 독자가 성장하는 곳이 될 것인지, 책을 중심에 둔 콘텐츠 기획자가 될지, 책방을 평생의 직업으로 삼을지, 책방을 통해 글쓰는 사람이 될지, 인생의 후반기를 책방과 더불어 늙어갈지, 책을 읽고 함께 이야기할 책 친구를 만나는 곳이 될지, 책방이 지역의 공공장소이자 발언의 장이 되길 원하는지 등 책방을 하는 이유를 자신의 언어로 정의해야 한다.

유명세를 얻은 책방에는 어느 순간부터 대기업 직장인, 전직 대학교수 등 내로라하는 이력을 지닌 사람들이 일을 배우겠다며 연락을 해온다. 이들이 왜 책방 문을 두드리는지 이유야 다를 테다. 하지만 공통점은 있다. 책방이 지독한 경쟁사회와 다른 곳이기에, 무용한 곳이기에 문을 두드린다. 말하자면 우리 시대 책방은 피난처다. 피난처가 필요하다면 독자로서 책방을 찾으면 된다. 책방지기들은 피난처를 찾는 것에서 나아가 누군가에게 피난처를 제공하는 데서 보람을 찾고 있다.

책방에는 책방지기는 물론이고, 책방에서 만난 독자들이 성장해가는 모습을 지켜보고 응원하는 즐거움이 있다. 독자들이 한 발씩 앞으로 나아가는 모습이야말로 많은 책방지기들이 만나고 싶은 세상을, 살고 싶은 세상을 응원하는 방식일지 모른다.

"서점에서 일하는 재미와 보람을 정량적으로 보여줄 수는 없다. 구체적인 숫자로도 나오지 않는다. 책방 일이 얼마나 힘이 드는지, 매출이 얼마나 형편없는지 구구절절 말할 수도 있지만 보람은 절대 수치로 환산할 수 없는 즐거움이다."

구미에서 60년 이상 영업을 해오던 '춘양당서점'이 문을 닫자 김기중 대표는 2017년 '삼일문고'의 문을 열었다. 막상 시작은 했지만 앞날은 막막했다. 서점만으로는 뻔히 적자가 예상되었다. 오래 지속하기 어려울 게 뻔했다. 서점의 적자를 메워줄 다른 수입원이 필요했다. 그는 1층에 핸드폰 대리점을 함께 운영했다. 아니나 다를까. 매달 어마어마한 금액의 적자를 기록했다. 5년이 지나서야 가까스로 흑자로 돌아섰다. 서점이 간신히 적자를 면하자 김 대표는 가장 먼저 핸드폰 대리점을 정리했다. 그 자리까지 서점을 확장해 문학 전용관을 만들었다. "왜 그렇게까지 했느냐?"는 물음에 김기중 대표는 이렇게 답했다.

"서점이 적자가 나서 365일 동안 하루도 안 쉬고 일하던 시절이었어요. 서점 일을 하다가 월말이면 핸드폰 대리점에서 두 시간 정도는 일해야 했지요. 월말에는 결산도 하고 직원들 월급도 줘야 하니까요. 그런데 겨우 두 시간여뿐인데 핸드폰 대리점에서 일하기가 그렇게 싫었어요. 죽을 만큼 하기 싫었어요. 한데 서점에서는 열 시간이라도 일할 수 있어요. 저는 서점 카운터를 지키며 사람을 만나는 것도 재미있고, 서점의 큐레이션을 바꾸는 것도, 독자들이 서점에서 뭘 하는지를 관찰하며 서점을 바꿔 가는 일도 재미있어요. 서점의 일은 핸드폰 대리점과 본질에서 달라요. 서점의 일은 능동적입니다. 서점이 살아 있도록 가꾸는 일은 그래서 재미있어요. 서점은 매력적인 일이에요."

책방 대표들에게 거듭해서 "책방을 하는 보람이 뭐냐?"라고 질문했지만 비슷한 답변을 들었다. '진주문고' 여태운 대표는 이렇게 답했다.

"서점을 찾는 사람은 건강하다. 그들을 만나는 게 즐겁다."

서점에서 일하는 재미와 보람을 정량적으로 보여줄 수는 없다. 구체적인 숫자로도 나오지 않는다. 책방 일이 얼마나 힘이 드는지, 매출이 얼마나 형편없는지 구구절절 말할 수도 있지만 보람은 절대 수치로 환산할 수 없는 즐거움이다.

'책방사춘기'의 유지현 대표는 책방을 운영하며 어린이청소년책을 골라 추천해『오늘의 어린이책』을 펴내는 활동을 꾸준히 한다. 언뜻 생각하면 책방을 하기도 힘든데 보수도 없는 책방 외의 일을 왜 하나 싶다. 역시 짐짓 "힘들지 않느냐?"라고 이유를 묻자 이렇게 말했다.

"책방을 하는 이유도 결국은 제가 사랑하는 어린이문학의 세계를 지키기 위한 일이잖아요. 내가 사랑하는 세계에 집중하고 그 세계를 수호하며 이 세계의 즐거움과 가치를 한 사람에게라도 더 전달하고 싶어요."

"책을 쓰기 시작할 때 10여 년 동안 생존한 책방을 통해 그 지속 가능성을 모색해볼 수 있지 않을까, 하는 바람을 품었다. 지금은 조금 다르다. 지속 가능한 특별한 비법을 찾을 게 아니라, 지속 가능한 서점문화를 이제부터라도 만들어가는 일부터 시작해야 하지 않을까, 생각한다."

처음 이 책을 쓰기 시작할 때 마음속에 품은 화두는 '지속'이었다. 마치『동네책방 생존 탐구』를 쓸 때 동네책방이 하루가 다르게 생겨나니 희망의 증거를 찾을 수 있을 거라 생각했던 것과 비슷하다. 당시 쓰면 쓸 수록 책방은 생존하기 어렵다는 결론이 나왔고 결국은 '생존 탐구'라는 제목을 달 수밖에 없었다. 이 책도 시작은 비슷했다. 동네책방이 생겨난 지 10여 년이 넘었는데, 이 시간을 지속해온 이들에게는 뭔가 특별한 노하우가 있지 않을까, 혹은 반면교사로 삼을 만한 이야기를 모을 수 있지 않을까, 책방지기가 지난 세월을 살아온 이야기를 통해 지속 가능성을 모색해볼 수 있지 않을까, 하는 바람을 품었다.

잘 되는 서점이 없는 건 아니다. 하지만 '진주문고' 여태훈 대표의 말처럼 "책방을 운영해서 부를 이룰 수 있던 시기는 끝났다." 지금의 책방 운영은 분투에 가깝다. 역설적이지만 그렇기 때문에 10여 년을 버텨온 동네책방과 30~40년을 이어온 지역 거점서점에게 값진 의미가 있다.

자본주의는 사유재산을 바탕에 두고 발전했다. 책이라는 미디어는 그 자체가 반자본주의적이다. 책은 다른 소비재처럼 읽어도 줄지 않는다. 인쇄된 책은 혼자만 독점한다는 의미도 없다. 똑같은 책을 누구나 같은 가격에 공평하게 즐길 수 있다. 책의 대중화는 과거에 비해 저렴한 값으로 책이 공급되는 걸 넘어 새로운 생각을 전파하는 일이었고, 이는 곧 민주주의를 가져온 가장 강력한 촉매제였다. 그러므로 책이 있는 공간은 개방된 곳이자 공공성을 지닌다. 서점 역시 이윤 추구를 하는 업장이지만 공공성을 지닌다.

자본주의 시대, 책방은 보기 드문 반자본주의적인 공간이 아닐 수 없다. 책을 사지 않아도 누구나 서점에 와서 잠시 책을 살피고 즐기며 머물다 갈 수 있다. 서점은 훌륭한 만남의 장소이며, 술집이나 클럽보다 장점이 많은 상업공간이다. 서점을 한다는 건 "지적인 보람뿐만 아

니라, 정서적·영적·직업적으로도 보람 있는 일"이다.[15]

유럽에 가면 백 년이 넘은 책방을 지금도 만날 수 있다. 1729년부터 책을 팔았다는 기록이 있는 영국 최고最古의 서점 'P&G 웰스'P&G Wells나 1797년 문을 연 런던 최고最古의 서점 '해처드'는 말할 것도 없고, 프랑스 파리에는 1915년 문을 연 '셰익스피어앤컴퍼니'Shakespeare and Company가 지금도 센 강변에서 독자들을 맞이하고 있다. 유럽의 책방을 찾아다닐 때 처음에는 이런 서점들이 남아 있다는 것이 무척 경이로웠다. 알고보니 가족이 대를 이어 하는 경우는 거의 없었다. 창업자가 가장 열정적으로 서점을 할 수 있는 시기는 대략 30여 년이다. 그 이후에 서점을 매각하고 다른 이가 서점을 이어간다.

예외적으로 영국 옥스퍼드의 '블랙웰스'Blackwell's와 케임브리지의 '헤퍼스'Heffers는 한 가문이 대를 이어 백 년 넘게 운영해 왔다. 대학 도시라는 특수성 때문이 아니었을까 싶은데, 두 곳도 2000년 즈음 모두 매각되어 다른 이가 운영을 하고 있다. 전통을 자랑하는 서점 가문도 후손들이 가업을 이어받지 않는 모양새이다보니 역시 서점은 과거보다 덜 매력적인 일로 여겨지는 건 아닐까, 싶다. 비록 서점이 매각되어 주인이 바뀌지만, 유럽의 많은 서점은 창업자나 서점의 초창기 이름을 그대로 사용함으로써 그 역사를 이어간다. 이처럼 서점의 이야기가 단절되지 않고 다음 세대가 물려받아 전통을 만들어가는 일은 우리도 할 수 있다. 지속 가능한 특별한 비법을 찾을 게 아니라, 지속 가능한 서점문화를 이제부터라도 만들어가는 일부터 시작해야 하지 않을까.

1729년부터 책을 팔았다는 'P&G웰스'는 영국에서 가장 오래된 서점으로 꼽힌다.
지금도 여전히 영업 중이다.

WELLS
Booksellers
& Stationers

1915년 문을 연 '셰익스피어앤컴퍼니'는 여전히 건재할 뿐만 아니라 파리를 찾는 전 세계 여행자들을 강력하게 끌어당기는 역할을 톡톡히 하고 있다.

ARE AND COMPANY
ARE AND COMPANY
EXIT
SORTIE
Exit
Sortie
Camerado!
This is
no book;
Who touches
this, touches
a man;
(Is it night?
Are we here
alone?)
It is I
you hold,
And who
holds you,
I spring
from
the pages
into
your
arms...
Walt
Whitman

1797년 문을 열었다는 '해처드'는 런던에서 가장 오래된 서점으로 백 년을 거뜬히 넘기고 여전히 영업 중이다.

옥스퍼드의 '블랙웰스'와 케임브리지의 '헤퍼스'는 주인은 바뀌었지만
그 이름을 그대로 사용, 역사를 이어가고 있는 중이다.

10여 년째 고군분투 중인 동네책방이
만들어낸 놀라운 풍경

"기술이 발전하면서 삶은 편리해졌지만, 반경은 더 좁아졌다. 한 번이라도 '좋아요'를 누르면 알고리즘의 물결을 막을 수 없다. 비슷한 취향의 세계에 갇혀 버리거나 편향된 이데올로기의 담장 안에 머물게 된다. 벗어나려면 '진짜' 문을 열고 나가 '서드 플레이스'로 향해야 한다."

'책과생활'의 신헌창 대표는 책방지기이자 기획편집자로 일한다. 책방을 운영하며 생존하는 신 대표의 방법이다. 신 대표가 외주 편집을 맡은 테마북 건으로 연락을 해왔다. '만약 책이 사라진다면'이라는 주제의 원고를 청탁해왔다. '책이 사라진다면'이라는 화두를 붙잡고 보니 곧바로 '책이 사라지면 책방도 사라지겠구나' 하는 생각이 들었다. 그러자 생각이 꼬리에 꼬리를 물었다. 책방이 사라지면 이어서 골목이 사라지고, 그렇게 하나씩 사라지다보면 마지막에 가서는 '느슨한' 공동체 자체가 사라지지 않을까.

　'서드 플레이스'Third Place라는 개념이 있다. 미국의 사회학자 레이 올든버그Ray Oldenburg가 처음 언급했다. '스타벅스'가 여기에서 영감을 얻었다고 해서 널리 알려졌다. 올든버그는 사람에게는 사는 집과 일하는 직장 외에 갈 수 있는 제3의 장소가 필요하다고 했다. 카페, 펍, 공원, 서점 등 누구나 편히 갈 수 있고 비공식적으로 이웃을 만날 수 있는 공간을 말한다. 이런 공간에서 보통의 사람은 이웃과 교류하며 공동체의식을 형성하고 서로 연결된다.

　미국 시애틀에 갔다가 아예 이름을 '서드 플레이스'Third Place Books라고 지은 서점을 찾아간 적이 있다. 서점 대표 론 서Ron Sher 는 레이 올

광주에서 책방 '책과생활'을 운영하고 있는 신헌창 대표로부터
'만약 책이 사라진다면'이라는 주제의 원고 청탁을 받고 보니
책이 사라지면 책방도 사라지겠구나, 생각했다.
그렇게 점점 더 우리는 많은 것을 잃어가게 되는 게 아닐까, 생각했다.
사진 속 불빛이 비추는 게 꼭 어두운 밤거리만은 아닌 것도 같았다. ©책과생활든버그가 말한 '제3의 장소'에서 영감을 얻어 그 개념을 이름으로 정해 1998년 서점을 시작했다. 흥미롭게도 론 서는 서점인이 아니라 부동산 개발업자다. 그는 상업 시설을 만들며, 서점이 자연스럽게 커뮤니티 공간의 중심 역할을 해줄 거라고 생각했다. 시애틀에는 본점을 포함해 세 곳의 '서드 플레이스'가 있다. 이 가운데 시애틀에 처음으로 생긴 '서드 플레이스' 레이크 포레스트 파크점을 방문했다. 버스를 타고 40여 분을 갔는데 처음 맞닥뜨린 풍경은 좀 황량했다. 미국 교외에 가면 흔하게 볼 수 있는 커다란 쇼핑몰 안에 있는 서점이었다. 쇼핑몰 앞뒤로 넓은 주차장이 있고 '스타벅스', 마트, 아이스크림과 피자집 등이 입점해 있었다. 서점 공간은 딱 미국식 실용주의에 맞게 설계되어 있었다. 교외 쇼핑몰에 흔히 있던 '반스앤노블'과 다른 점이 뭘까 싶었다. 몇 해 전 돌아본 유럽의 여러 서점과 비교하면 공간의 아름다움이나 아기자기함도 없었다.

하지만 '서드 플레이스'에는 특별한 공간이 있었다. 그 공간은 서점 안이 아니라 서점 앞에 있었다. 바로 100여 명이 넘는 사람들이 거뜬히 앉을 수 있는 넓은 공간이었다. 카페·샌드위치 가게·아시안 식당까지 있어 음식을 주문해 먹을 수도, 그냥 책을 읽으며 쉴 수도 있다. 언뜻 푸드코트처럼 보이지만 그렇지는 않았다. 공연을 위한 무대가 있고, 지역에서 열리는 각종 행사와 모임을 알리는 게시물이 벽에 빼곡했다. 론 서는 이곳을 '커먼스'라고 부른다. '아마존'이 등장한 뒤 시애틀에서도 수많은 서점이 사라졌다. 하지만 '서드 플레이스'는 지점을 내면서 20년 넘게 버틸 수 있었다. 바로 이 공간 덕분이다.

10여 년째 고군분투 중인 동네책방이 만들어낸 놀라운 풍경

미국 시애틀 '서드 플레이스' 안팎.

기술이 발전하면 인간의 삶이 훨씬 풍요롭고 자유로울 거라고 막연하게 기대하던 시절이 있었다. 세탁기와 식기세척기와 스마트폰 등이 생겨나며 삶이 편리해졌지만, 삶의 반경은 더 좁아지고 협소해졌다. 한 번이라도 '좋아요'를 누르면 알고리즘의 물결을 막을 수 없다. 어제 들기름을 샀다면 오늘 참기름을 싸게 판다는 안내가 스마트폰에 뜬다. 의도적으로 초기화를 하지 않으면 좁은 세계를 끊임없이 맴도는 기분이 든다. 비슷한 취향의 세계에 갇혀 버리거나 편향된 이데올로기의 담장 안에 머물게 된다. 여기서 벗어나려면 문을 열고 나가야 한다. 비유적 표현이 아니라 실제로 걸어서 '서드 플레이스'에 가야 한다. 예전에는 동네마다 술집, 약방, 미장원, 서점 등이 '서드 플레이스' 즉, 사랑방 구실을 했다. 이곳에서 자연스럽게 동네 사람들의 소식을 접하고, 정치적 입장을 나누고, 동네에서 일어나는 크고작은 일에 관한 의견을 모았다. 사람은 물론이고 물건 또한 연결되었다. '서드 플레이스'에서 사람을 만나고 어려운 일을 서로 돕고, 대화를 할 수 있었다.

취향이나 정치색, 연령이나 성별조차 다른 사람이 모이고 머물고 만나는 장소에서 우리는 진짜 세상을 만날 수 있다. '서드 플레이스'를 경험하지 못하면 우리는 어울려 사는 법을 잃어버린다. '서드 플레이스'가 사라진다는 건 비공식적인 유대의 장소가 증발된다는 뜻이다. 여전히 카페와 술집 들이 주변에 많이 있지만 과거의 그곳들과는 다르다. 요즘은 그저 돈을 내고 서비스를 받을 뿐, 공공의 유대감을 이어주는 곳이 아니다. 상업공간이지만 공공성을 지닌 동네책방은 우리에게 마지막으로 남은 '서드 플레이스'일지도 모르겠다. 『골목길 자본론』을 쓴 모종린은 그래서 지역이 살아나려면 반드시 책방이 필요하다고 강조했다. 대학에서 은퇴하고 나면 자신도 적당한 지역에서 책방과 연구소를 겸할 생각이라고 말한 적도 있다.

"특정 지역의 환경 상태를 잘 나타내는 종을 지표종이라고 한다. 앞으로 동네책방이 지역의 지표종 역할을 하지 않을까. 실제로 서점이 없는 지역은 고령화와 인구 감소 등 지역 소멸의 위험에 처한 곳이 많다. 동네책방이 사라진 거리에서는 사람 역시 다정하게 살기 힘들다."

2000년대 초반부터 파주에 대규모 신도시가 개발되었다. 인구도 급격하게 늘어 파주 교하와 운정 지구에 20만 명이 산다. 기반 시설이 들어서지 않아 아무런 즐길 거리가 없는 신도시에 도서관이 생기자 주민들은 반겼다. 2008년 생긴 '교하도서관'이다. 2009년에는 도서관 안에 '책벗'이라는 독서동아리도 만들어졌다. 독서동아리를 함께 했던 주민 다섯 명은 책을 통해 삶을 고민하자는 생각에 2016년 책방을 시작했고 2018년에는 협동조합을 만들었다. 이렇게 생겨난 파주 '쩜오책방'은 조합원들이 돌아가며 책방을 지키는 보기 드문 서점이다. 대표 조합원 이정은 대표를 비롯해 한국 유학생을 만나 결혼해 두 딸과 함께 사는 챠미짱도 조합원으로 책방 운영에 참여한다.

'쩜오책방'에 갔던 날은 무더웠다. 음료를 권하기에 당연히 냉장고에서 꺼내줄 것으로 여겼다. 그날의 책방지기는 이웃 카페에서 음료를

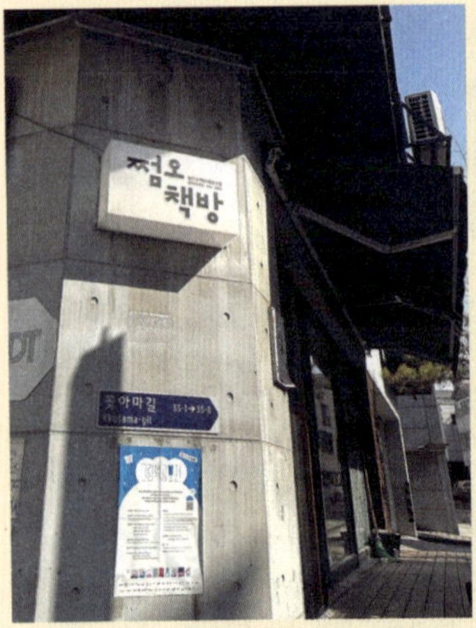

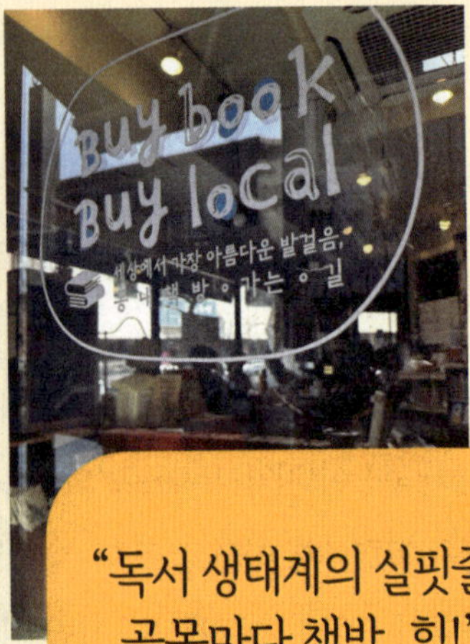

“독서 생태계의 실핏줄,
골목마다 책방, 힘!”

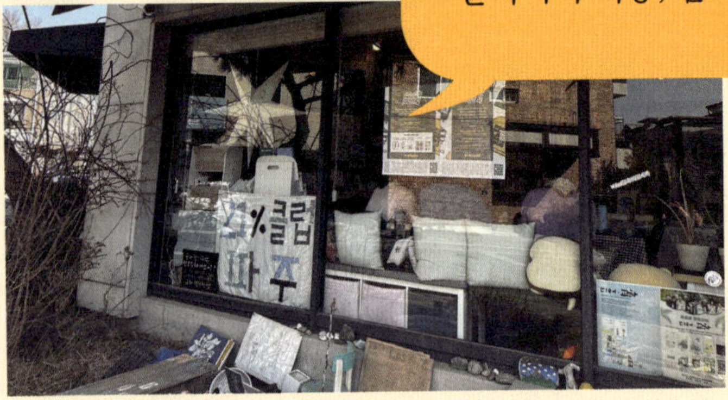

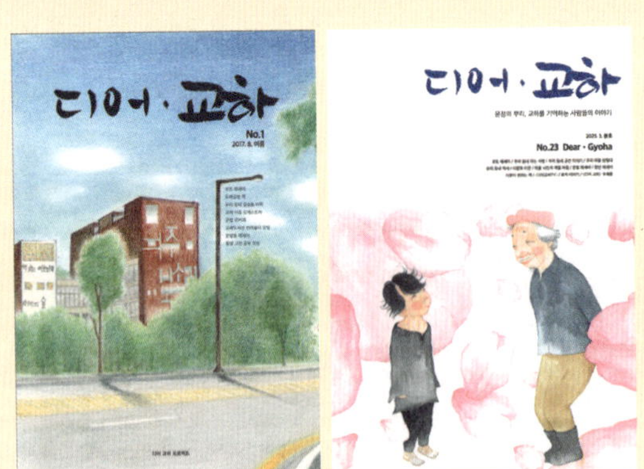

2008년에 생긴 파주 ‘교하도서관’에서 독서동아리를 함께 했던 주민들이 협동조합을 만든 뒤 문을 연 ‘쩜오책방’은 조합원들이 돌아가며 책방을 지키는 보기 드문 서점이다. ©쩜오책방

‘쩜오책방’ 조합원들이 함께 만드는 마을 잡지 『디어 교하』 2017년 여름 창간호와 2025년 봄에 만든 23호 표지.

주문했다. 알고 보니 이 또한 '쩜오책방'의 정신이었다. 마을 주민들이 모여 만든 책방이며, 이웃들과 더불어 살자는 뜻을 모아 시작했다. 그러니 '쩜오책방'에서는 음료까지 팔지는 않고 이웃 찻집에서 주문한다. 책방이 커피를 사면, 카페 주인은 책을 사러 오겠구나, 생각했다.

마을 이야기를 기록하는 작업은 특히 감동적이다. '쩜오책방' 조합원들은 2017년 창간한 마을 잡지『디어 교하』를 분기마다 발행한다. 조합원들이 참여해 마을 사람 인터뷰, 에세이, 동네의 공간, 권하는 책 등을 담아낸다. 사진도 글도 내용도 기대 이상이었다. 사진과 인터뷰 워크숍을 수강한 뒤 잡지를 창간했다고 했다. 내용을 만드는 건 조합원들의 재능 기부로 이루어지지만, 실물 제작비는 지원사업과 후원을 통해 어렵사리 마련한다. 잡지는 홈페이지deargyoha.kr에서 만날 수 있고, 정기 구독 신청도 할 수 있다.

부동산 개발사인 '미쓰이 부동산'이나 '모리빌딩'이 도쿄의 '미드타운'이나 '아자부다이힐스'를 개발할 때 굳이 서점을 포함시킨 데는 이유가 있다. 아무리 세련된 공간이라도 건물 자체가 모든 걸 해결해줄 수는 없다. 사람들이 오프라인 공간에 오는 이유는 장소와 장소가 이어지고 사람과 사람이 공간에서 어울리고 그러면서 결핍된 정서를 채우기 위해서다.

특정 지역의 환경 상태를 잘 나타내는 종을 지표종이라고 한다. 스모그가 심한 도시에서는 살 수 없는 지의류는 공기 중의 아황산가스 농도에 민감하다. 가재나 버들치 열목어가 살면 1급수의 가장 깨끗한 물이며 인간이 마실 수 있다. 앞으로 동네책방은 아마도 지역의 지표종 역할을 하지 않을까 싶다. 실제로 서점이 없는 지역은 고령화와 인구 감소 등 지역 소멸의 위험에 처한 곳이 많다. 동네책방이 사라진 거리에서는 사람 역시 다정하게 살기 힘들다.

"2015년 이후 동네책방은 자발적으로 생겨나 오늘에 이르렀다. 10여 년이 흐른 지금 동네책방과 지역서점은 먼 길을 천천히, 그러나 쉼 없이 걸어왔다. 책방 한 곳의 힘은 미약할지 모른다. 하지만 하나의 책방은 다른 책방에게 등불이 되고, 책방이 모인 거리는 사람을 불러 모은다."

군산에 처음 생긴 동네책방은 '마리서사'다. 임현주 대표는 편집자로 일하다 살고 싶은 도시를 찾아 나섰고, 군산을 택했다.[1] 2017년 군산 월명동에 있던 적산가옥을 책방으로 바꿨다. 과거 번성했던 군산 내항의 기능이 신항으로 이전하자 원도심은 인구가 감소하고 공동화현상이 일어났다. 그러다 2014년 월명동, 영화동 등 원도심 일대에서 도시 재생 사업이 시작되었고 가로街路가 정비되며 오래된 근대 건축물이 새롭게 단장했다. 남아 있는 근대 건축물과 적산가옥이 박물관이나 미술관 혹은 작은 가게로 변했다. 그러자 여행자들이 몰려들었다.

월명동 일대는 '군산근대역사박물관', '군산근대미술관', 신흥동 일본식 가옥, 국내 유일의 일본식 사찰인 '동국사'와 영화 〈8월의 크리스마스〉의 배경인 '초원사진관', 군산의 상징 '이성당' 빵집 등이 몰려 있는 군산 여행의 중심지다. 여기에 빼놓을 수 없는 게 '마리서사'다. 군산을

10여 년째 고군분투 중인 동네책방이 만들어낸 놀라운 풍경

찾는 여행자들은 '이성당'이나 '초원사진관'뿐만 아니라 '마리서사'를 꼭 가봐야 할 곳으로 여긴다. 이 가운데는 '마리서사'가 먼저인 여행자들도 있을 것이다.

실제로 책방이 사람을 불러 모으는 사례는 많다. 교토 이치조지一乘寺에 있는 '게이분샤'惠文社 이치조지점은 교토의 정취가 물씬 풍기는 기온祇園이나 가와라마치도리河原町通 같은 곳에서 한참이나 떨어져 있다. 정말 작은 기차역이 있는 한적한 동네다. 하지만 '게이분샤' 이치조지점이 의류를 전시 판매하거나, 겨울에는 정기적으로 '대大헌책시장'을 열고, 서점 뒤에 비어 있던 공간을 갤러리로 고쳐 기획전을 여는 등 기존의 서점이 하지 않던 일들을 벌이기 시작하면서 서점뿐만 아니라 동네도 주목을 끌기 시작했다. 2006년 생활관을 새로 열면서 『교토의 빵집』에 나오는 빵을 한정 판매하는 행사도 했다. 서점이 독특해지자 일부러 찾는 독자들이 생겼다. 영국 『가디언』이 이곳을 세계에서 가장 아름다운 서점 중 하나로 선정하자 찾는 이들이 급증했다. 근처에 잠시 앉을 카페 하나조차 없던 이곳에 2002년 처음으로 유기농 카페가 근처에 생기더니 천연 효모를 사용하는 빵집과 살림집을 개조한 잡화점이 문을 열었다. 이윽고 개성 있는 가게들이 더 늘었다. 그러자 '게이분샤' 이치조지점은 2006년부터 온라인숍에서 인근 가게들을 소개하는 '가게탐방'을 연재했다. 이즈음부터 지역의 정보지나 잡지에서 서점과 더불어 이 지역을 다루기 시작했다. 그저 대학가일뿐 관광지로 여겨진 적 없던 마을이 소상공인의 거리로 주목받기 시작했다. 나도 2016년 일부러 이곳을 찾았다.

편집자로 일하다 살고 싶은 도시를 찾아 나선 책방지기가 선택한 도시는 군산이었다.
월명동 오래된 적산가옥은 동네책방이 되었다. 이곳이 바로 군산을 찾는 많은 이에게
빼놓을 수 없는 장소가 된 '마리서사'다. ©마리서사

茉莉書舍

군산 '마리서사' 내부.

군산 '그래픽숍' 안팎.

'게이분샤' 이치조지점처럼 지역을 대표하는 서점은 여행자를 불러 모은다. 뉴욕의 그리니치 빌리지에는 '스트랜드'Strand Bookstore가, 소호SoHo에는 '맥널리 잭슨'McNally Jackson Books 같은 세계적인 책방이 있다. 이들은 세계의 독자를 끌어들이고 책방 여행을 이끈다. 문화유적과 더불어 책방을 테마로 한 지역 여행이 가능한 전주·군산·수원·제주뿐만 아니라 구미 '삼일문고', 진주 '진주문고', 대전 '다다르다', 광주 '책과생활', 통영 '봄날의책방'처럼 원도심에 자리 잡은 책방들 역시 독자를 부른다.

군산을 눈여겨보게 된 계기는 또 있다. 서울에서 '프로파간다' 출판사를 운영하던 김광철 대표가 2023년 가을 군산 영화동에 아트북 서점 '그래픽숍'을 열었다. '그래픽숍'이 제작한 '군산동네서점 지도'에 의하면 "2021~2023년 군산의 동네책방이 두 배"로 늘었다. 원도심에 '마리서사'와 '그래픽숍' 외에도 '심리서점 쓰담', '봄날의산책', '시간여행자의책방' 등이 생겼다. 나운동에 있는 전통의 중형서점 군산 '한길문고'와 기타 지역서점을 포함하면 군산은 점점 더 서점의 도시로 변하고 있었다.

이렇게 뭔가 변화의 기운이 감지되던 군산의 서점들이 새로운 일을 도모했다. 2024년부터 열린 '군산북페어'다. '군산북페어'의 중심에는 김광철 대표가 있다. 군산으로 이주한 김 대표는 책방을 열고 지속적으로 "군산의 책방들과 지역 문화계 인사들에게 북페어를 해보자는 공감대"를 넓혀갔다. 군산을 넘어 전국적으로 영향력 있는 문화적 자원, 즉 북페어를 만들고 싶었다. 하지만 가능할까, 싶기도 했다.

기회는 기적처럼 오는 법이다. 마침 리모델링을 마친 '군산회관'을

책을 좋아하는 이들이라면 교토에 갈 때 '게이분샤' 이치조지점을 동선에 넣는다. ©로버트 파우저

도심에서 한참 떨어진 것은 문제가 되지 않는다. 그렇게 여행자들의 방문이 늘자 책방 주위로 작은 가게들이 하나둘 문을 열었다. ©LEE

뉴욕에 가면 꼭 들르는 곳 중에 역시 '스트랜드'와 '맥널리 잭슨' 같은
세계적인 독립서점이 있다. 이들은 세계의 독자를 끌어들이고 책방 여행을 이끈다. ⓒ로버트 파우저

문화거점 시설로 활용하려는 "소통협력센터군산의 민간운영사 커넥트군산이 재정지원을 약속"한다. 나운동에 있는 '군산회관'은 건축가 김중업의 유작으로, 군산 시민들의 추억이 깃든 곳이다. 2000년대 들어 수송동 등의 개발, 2013년 군산 '예술의전당' 개관으로 '군산회관'이 오랜 쇠락의 길을 걸었던 역사가 숨어 있다. 이런 이야기가 있는 '군산회관'에서 북페어 행사를 개최해 군산의 어제와 오늘을 이었다는 의미도 획득했다.

이렇게 2024년 첫 번째 '군산북페어'가 탄생했다. '그래픽숍', '그림산책', '리루서점', '마리서사', '봄날의산책', '시간여행자의책방', '심리서점 쓰담', '양우당', '예스트', '조용한흥분색', '종이골짜기', '책봄', '한길문고' 등이 참여한 군산 책방 연합인 '군산책문화발전소'가 북페어 기획과 운영을 맡았다. '군산회관'은 서울 강남의 '코엑스'만큼 광활한 공간이 아니다. 하지만 '군산북페어'에는 물리적 조건을 넘는 탈중심적이고 신선한 매력이 있었고, 이에 호응한 국내외 100개 팀이 참여했고 이틀 동안 약 6,600명이 방문하며 대성황을 이루었다.

책방들이 친목 모임을 넘어 사업적 연대를 하는 건 쉽지 않다. 군산에서도 이전에 시도한 바가 있었다. 2023년 '마리서사'가 주도해 '군산초단편문학상'을 시작했다. 지원을 받지 못하자 군산 책방들이 십시일반으로 상금을 모았다. 하지만 재정문제가 해결되지 않자 지속은 불투명해졌다. 비슷한 이유로 '전주동네책방문학상' 역시 잠정 중단 상태다. 그런 이야기만 듣던 와중에 '군산북페어'의 탄생과 이후 이어지는 소식은 무엇보다 책방의 도시가 보여준 가능성에 주목하게 한다.

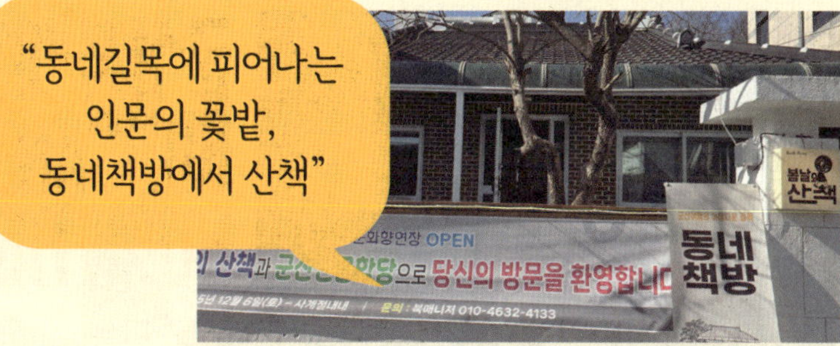

군산에는 몇 년 새 동네책방이 부쩍 늘었다. 그로 인해 군산은 서점의 도시로 변하고 있다. '봄날의산책'도 문을 열었다. 군산 책방 연합 '군산책문화발전소'에도 참여해 2024년 첫번째 '군산북페어'에 힘을 보탰다. ⓒ봄날의산책

군산 책방 연합 '군산책문화발전소'가 기획과 운영을 맡아 2024년 첫번째 '군산북페어'가 탄생했다. '종이골짜기'도 다른 여러 책방과 함께 참여해 힘을 보탰다. ⓒ종이골짜기

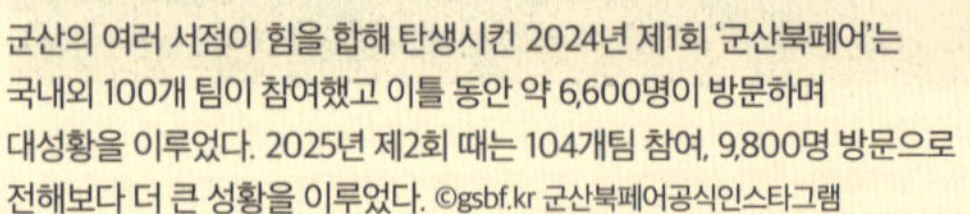

군산의 여러 서점이 힘을 합해 탄생시킨 2024년 제1회 '군산북페어'는 국내외 100개 팀이 참여했고 이틀 동안 약 6,600명이 방문하며 대성황을 이루었다. 2025년 제2회 때는 104개팀 참여, 9,800명 방문으로 전해보다 더 큰 성황을 이루었다. ©gsbf.kr 군산북페어공식인스타그램

이 뜨거운 열기 속에서 이루어지는 독자들과의 만남은 저절로 흥에 겨웠다.

'군산책문화발전소'는 2025년 제2회 '군산북페어'에 직접 참여하는 대신 '군산북페어운영위원회'라는 이름으로 힘을 보탰고 '군산회관' 3층의 공동 부스 존 '군산빌리지'에서 독자를 만났다. 전국적으로 입소문을 탄 '군산북페어'에는 104개팀이 참여했고, 9,800명이 방문하며 전해보다 더 큰 성황을 이루었다.

앞에서 언급한 바 있는 미국 플로리다 '북스앤북스'의 미첼 캐플런은 '마이애미 북페어'Miami Book Fair의 공동 설립자다. 1984년 초 마이애미는 범죄 이미지가 강했던 도시다. 미첼 캐플런은 이곳의 서점과 도서관이 각자 하던 축제를 하나로 묶어보자고 생각했다. 도시를 문학과 다문화가 만나는 공간으로 만드는 문학 축제를 꿈꾸었다. 동네책방, 사서, 교육자를 중심으로 마이애미 데이드 칼리지Miami Dade College의 울프슨 캠퍼스에서 1984년 '마이애미 북페어'가 처음 열렸다. 바르셀로나 도서 축제 같은 유럽의 모델을 참고해 미국에 없던 대규모 거리 북페어 모델을 시도했다. 결과적으로 북페어는 꾸준히 성장해 500명 이상의 저자, 20만 명 이상의 참석자, 200여 개 이상의 국내외 출판·도서 관련 부스가 참여하는 문학 행사가 되었다. 미첼 캐플런은 이렇게 말했다.[2]

"유통이 중앙 집중화될수록 생각과 목소리가 소수에 의해 통제될 위험이 크다. 다양하고 건강한 동네책방들이 존재해야만, 새로운 사상과 문학적 목소리가 세상에 닿을 수 있다."

그는 '마이애미 북페어'를 통해 "작가와 독자를 연결하고, 궁극적으

책방 한 곳의 힘은 미약할지 모른다. 하지만 하나의 책방은 다른 책방에게 등불이 되고,
책방이 모인 거리는 사람을 불러 모은다. 수원 행궁동에도 '경기서적'이 문을 연 한옥책방(위)을 비롯해
'브로콜리숲'(아래) 등 여러 책방이 있다.

로 책을 통해 공동체를 연결"할 수 있다고 믿는다.

일본 후쿠오카 지역의 책 축제 '부쿠오카'BOOKUOKA, ブックオカ는 국내에도 잘 알려져 있다. 2006년 시작한 뒤로 어느덧 20년이 넘었다. 지역의 서점원, 출판사, 편집자 등 책과 관련 있는 여러 주체가 운영위원으로 참여하지만, 중심에는 '북스큐브릭'Books Kubrick 서점 대표 오이 미노루大井實가 있다. '부쿠오카'에는 일반인이 참여하는 거리의 북마켓말고도 '서점원의 밤' 행사도 있다. 서점원들이 모여 자신의 경험을 나누고 다른 서점 관계자의 말을 듣는 시간으로, 서점인과 출판인이 모이는 자리다.

책방 한 곳의 힘은 미약할지 모른다. 하지만 하나의 책방은 다른 책방에게 등불이 되고, 책방이 모인 거리는 사람을 불러 모은다. 군산, 전주, 제주 그리고 수원 행궁동에도 책방이 많다. 행궁동에는 '브로콜리숲', '백년서점과작업실', '그런의미에서', '책쾌', '지혜의서재', '딱따구리책방' 등의 작은 책방이 모여 있다. 수원의 대표 지역서점인 '경기서적'을 대를 이어 운영하는 선국규 대표는 행궁동에 한옥책방을 열었다. 그는 책방을 열면서 이런 포부를 밝히기도 했다.

"사람들이 찾을 만한 수원 서점 골목을 만들고 싶다."

제주는 2022년 비영리 법인 형태로 출범한 '제주책방네트워크'가 있다. 제주 전역에 있는 20여 개 책방이 참여해 활동한다. 2025년 '제주책방네트워크'가 주축이 되어 제주 주민과 여행자를 위한 '제주책산책' 행사를 하기도 했다.

2015년 이후 동네책방은 자발적으로 생겨나 오늘에 이르렀다. 그때도 지금도 책방을 하기 좋은 시절은 아니다. 그럼에도 책방은 생겼고 10여 년이 흐른 지금 전주, 군산, 수원, 제주는 책방 탐방을 위해 여행을 떠나도 좋을 만큼 여러 책방이 자리 잡았다. 지역의 책방들은 때로는 머리를 맞대 연대하기도 하고, 또 생존을 위해 고군분투하며 각자의 자리를 지켜오기도 했다. 이 가운데 군산처럼 전국의 서점인과 출판인과 작가가 모이는 북페어 행사를 주최하는 곳도 생겼다. 작고 미약하다고 생각했지만 뒤돌아보면 동네책방과 지역서점은 먼 길을 천천히, 그러나 쉼 없이 걸어왔다.

서점을 36년이나 운영한 영국 '돈트북스'의 제임스 돈트는 서점업에 대해 여전히 낙관한다. 그는 "인터넷이 본격화되기 훨씬 이전부터, 전자책도 나오기 전에 오디오, 팟캐스트 같은 미디어도 등장하기 전부터 서점 일을 했다. 틱톡 같은 새로운 플랫폼의 등장도 마찬가지다. 이런 디지털 미디어의 등장 이후에도 사람들의 독서 시간이나, 독서에 대한 열정은 크게 변하지 않았다"고 말한다. 이 일을 오래 해온 서점지기의 말이니 귀를 기울일 법하다. '삼일문고'의 김기중 대표는 "서점업이 매력적이며" 돈을 많이 벌게 해주는 휴대전화 대리점과는 "비교할 수 없이 보람차다"고 말한다.

과연 그럴까, 반문하는 이들이 있을 것이다. 그렇지만 비록 소수지만 책방을 좋아하는 사람은 언제나 있다. 물론 하나의 서점이 비독자를 끌어들이는 일은 생각보다 오랜 시간이 필요하다. 그럼에도 분명히 책방을 좋아하는 사람은 존재한다. 제임스 돈트나 김기중 대표의 말처럼 서점을 하는 힘겨움은 "책방을 좋아한다면 받아들일 수 있는 시련"으로 받아들여야 할지 모른다.

서점은 탄생 이후 지금까지 상업 공간인 동시에 공공성을 부여받은 곳이었다. 단순히 책을 파는 공간만이 아니다. 오늘날처럼 극한의 자본주의와 첨단의 디지털 혁명이 공존하는 시대에 좀처럼 만나기 어려운 공공의 장소이며, 책을 매개로 공동체를 형성할 수 있는 거의 유일한 공간이다.

이런 공간을 꾸리는 책방지기들은 독자들이 책을 매개로 대화하고 성장하며, 스스로 자신의 삶을 변화시키고 이들이 모여 다양한 목소리를 낼 때 비로소 보람을 느끼며 먼 길을 오래오래 갈 수 있는 힘을 얻는다. 모두가 힘들 거라고 고개를 내저었던 지난 10여 년 동안 곳곳의 책방들은 생존하고 지속의 역사를 써왔다. 각자의 책방에서만이 아니라 책방 밖으로 나와 더불어 힘을 모아 지역의 콘텐츠를 만들어가기 시작했다. 각자의 생존을 이어나가는 동시에 한 발 더 나아가 그것이 무엇이든 스스로 새로운 역할을 만들어나가는 동네책방은 그 자체로 아름답다. 이들이 그 길을 오래 갈 수 있게 하려면, 우리는, 우리 사회는 무엇을 해야 하는 걸까.

부록

주
주요 참고문헌
책에 나온 동네책방 목록

제1부. 책방, 같은 이름 다른 얼굴

1 모종린, 『머물고 싶은 동네가 뜬다』, 알키, 2021.

2 고지마 슌이치, 양필성 옮김, 『2028 거리에서 서점이 사라진다면』, 마인드빌딩, 2025.

3 같은 책.

4 호리베 아쓰시, 정문주 옮김, 『거리를 바꾸는 작은 가게』, 민음사, 2018.

5 물론 최근에는 '기노쿠니야서점'과 '닛판' 그리고 '쓰타야'를 운영하는 '컬처 컨비니언스 클럽'과 공동으로 '북셀러즈&컴퍼니'를 설립하고 자체 유통망을 구축해 출판사와 서점 간 직거래를 도입하기도 했다. 이를 통해 반품 문제를 일부 해소하고 있다.

6 사용료는 2만 1,000원(2인은 3만 1,500원)이며 130분 동안 이용할 수 있다.

7 장상민, 「머물고 싶다, 이 책방」, 『문화일보』, 2025. 2. 25.

제2부. 탄생의 이유, 탄생 이후의 시간을 견디는 법

1 유수연, 「노홍철, '연 매출 6억' 빵집 문 닫는다」, 『조선일보』, 2024. 12. 15. 김소영 전 아나운서는 '책발전소'를 시작으로 화장품 등을 판매하는 사업가로 변신했다. 방송인 노홍철은 해방촌 신흥시장에 열었던 '철든책방'을 2020년에 문 닫았다. 그 사이 부동산의 가치가 높아져 노홍철은 이득이었지만 그가 빠져나간 신흥시장은 젠트리피케이션이 우려되었다. 이후 그는 후암동과 김해에서 '홍철책빵'을 재오픈했다. 책과 빵을 파는 '홍철책빵'은 연 매출 6억 원을 기록할 정도로 성황을 이룬다고 한다.

2 '책방연희'의 구선아 대표, '책방심다'의 김주은 대표가 책방과 함께 출산과 양육의 과정을 통과한 드문 책방지기다.

3 안재명, 「'지속 가능한 적자' 보겠다는 서초동 골목 헌책방」, 『법률신문』, 2025. 6. 21.

4 모종린, 앞의 책.

5 고봉선, 「"책은 똥이다. 생각의 똥"」, 『제주의 소리』, 2021. 11. 9.

6 김세희, 이용관, 「제주에서, 책으로 불어오는 어떤 바람」, 『한겨레신문』, 2023. 4. 21.

7 2000년 초반 『문화일보』는 '한국의 출판기획자'라는 시리즈 기획을 연재했다. 내로라하는 출판기획자들에 이어 마지막으로 미래의 주역이 될 젊은 기획자를 소개했다. 이 자리

에 초청된 이들 중 한 사람은 당시 '작가정신'의 주간으로 근무하던 김채수 대표다. 김 대표는 '이마고' 출판사를 창업하고 시대를 앞선 인문서를 여럿 출간하며 정력적으로 일했다. 올리버 섹스의 『아내를 모자로 착각한 남자』나 『유혹의 기술』 같은 책은 독자들에게 좋은 반응을 얻었다. 제주로 이주한 뒤 지역문화진흥원, 제주유네스코협의회, 서귀포 문화도시와 협력해 제주의 기억과 모습을 기록으로 남기는 일을 꾸준히 하고 있다. '북살롱이마고'는 제주아카이브센터를 겸하고 있다. 책방이자 전시장이다. 문을 열고 들어가면 처음 만나게 되는 공간에 '제주오일장 에디션' 전시를 만나게 된다. 진짜 제주 브랜드가 무엇일까를 고민하다가 제주 전역의 오일장을 돌며 첫 번째로 '원일대장간', '유성쌀집', '대건상회'를 발굴해 전시하고 있다. 이외에도 '이마고'에서 진행한 아카이빙이 책방의 주요한 콘텐츠로 자리하고 있다. 2025년에는 아주 오랜만에 출판사 '이마고'의 이름을 달고 신간이 나왔다. 재일제주인센터의 지원으로 『오사카의 제주인 마을, 이카이노 이야기』를 출간했다. 재일한국인이자 논픽션 작가였던 고 김찬정 선생이 1980년대 일본에서 출간한 책을 번역, 출간한 것으로, 일본으로 건너가 오사카에서 살던 제주 사람들의 이야기를 담았다.

8   안양 인근의 도시들은 뭔가 정체성이 확실하고 문화도시로 거듭나려는 의지를 표명한다. 수원은 문화도시를 내걸고 있고, 과천은 다양한 공공기관과 미술관이 있고 교육 환경도 뛰어나다. 군포는 그림책 특화 복합문화공간인 '그림책꿈마루'를 통해 책 읽는 도시를 내걸었다. 의왕시도 매년 한글날에 시민 주도형 한글 축제인 '의왕한글한마당'을 주최한다. 민관학 협업으로 30여 개의 단체가 참여하는 행사다.

9   이연호, 「서점의 노동이 위태롭다」, 『출판N』, 2023. 5.

10   임정만, 『당신은 당근을 싫어하는군요 저는 김치를 싫어합니다』 밑줄, 2020.

11   초기 동네책방은 도매상 '웅진북센'을 통해 책을 공급받고 반품하던 시절을 거쳤다. 당시 '북센'에 도서를 반품하면 처리까지 6개월이 넘게 걸린다는 소문이 파다했다. 동네책방은 큐레이션 서점을 지향하고 처음부터 그다지 많은 재고를 둔 것도 아니라 반품할 책도 거의 없었다. 아직 동네책방을 위한 유통시스템이 정비되지 않은 시기라 차라리 반품하지 않는 방법을 택한 곳도 있었다. 이제 동네책방은 10여 년의 시간이 흘렀고, '북센'의 시스템도 달라졌다. 무엇보다 오래된 책방의 서가에 책이 쌓이고 적체되기 시작했다.

12   구선아, 「'책방 연희'가 알려주는 서점 창업 노하우」, 『KB의 생각』, 2024. 10. 17.

13   2024년 '다다르다'가 서점원 한 명, 파트타이머 서점원 두 명을 채용하기 위해 공지한 내용을 통해 평균적인 근로환경을 확인할 수 있다. 이에 따르면 서점원은 주말 및 공휴일 우선 근무, 주 40시간 근무다. 파트타이머 서점원은 주말 출근, 주 14시간 근무가 기본이다. 급여는 서점원은 시급 1만 1,832원, 4주 근무 시 190만 원 정도다. 수습 2개월 후 정식 계약을 논의할 때 급여를 결정하는 듯하다. 파트타이머 서점원(시급 10,000원)의 업무 범위는 다정한 서점을 위한 환대(입장 안내 및 인사, 계산 및 응대), 입고 도서 및 서가 정리, 커피 추출 및 음료 제조, 화분 물주기 및 청소 등이다.

14 서점이 재해를 입으면 시민들이 나선다. 2012년 8월 기습 폭우가 들이닥쳐 지하에 있던
    군산 '한길문고'가 침수되었다. 7만 5,000여 권의 도서와 문구류가 물에 잠겨 약 7억 원
    상당의 재산 피해를 보았다. 그러자 한 달여 동안 매일 200여 명의 시민이 찾아와 복구
    작업을 도왔다. 2021년 제주 그림책방 '노란우산'에서 화재가 발생했다. 이 소식이 알려
    지자 시민들이 서점 복구 작업을 도왔고, 후원과 모금 활동이 이루어졌다.

제3부. 생존을 향한 변신과 모색의 고군분투

1   황지윤, 「몸의 병은 약으로, 마음은 책으로⋯약국과 서점의 특별한 공생」, 『조선일보』,
    2025. 3. 11.

2   2017년 시작했는데, 2018년 1월 이미 구독자가 200명이나 되었을 만큼 초반부터 인기
    를 끌었다.

3   구선아, 「오늘도 읽고 쓰는 시간을 만듭니다」, 『출판N』, 2022. 4.

4   서경리, 「터무니없는 사람들의 터무니 되어주기」, 『톱클래스』, 2023. 7.

5   최홍익, 「철학의 빈 자리에 그림책이 있기를」, 『파주신문』, 2025. 3. 25.

6   오늘의 '책방사춘기'가 있기까지 우여곡절도 많았다. '스토리지북앤필름'과 서울도서관
    의 책방 창업 과정을 듣고 나서 2017년 어릴 때부터 살던 광진구에서 처음 책방을 열었
    다. 간판도 없었다. 유지현 대표의 전 직장인 『아침독서신문』의 한상수 대표가 책방을 방
    문한 뒤 "일을 잘하던 직원이었는데 책방이 아직 자리를 잡지 못해 걱정"이라고 말한 적
    도 있다. 광진구 시절은 유 대표에게 어려운 모색기였다. 고민 끝에 지인과 함께 사용하
    기로 하고 망원동에 여섯 평 공간을 얻어 이전했다. 독자들은 문을 열자마자 "정말 책방
    이 작네요"라고 했지만, 이 작은 공간을 지키기 위해 유 대표는 열심히 일했다. 잡지에
    서평을 쓰고 책에 추천사도 쓰고, 방송도 하며 부업을 했다.

7   유지현 대표는 성산동에서 '마트마트홈마트', '북스피리언스', '사춘기'와 함께 '마바사'
    라는 이름으로 공간을 공유했다. 이 가운데 '마트마트홈마트'가 철수를 하며, 두 곳의 책
    방이 함께 공간을 운영한다. 성인 도서를 취급하는 '북스피리언스'와 어린이청소년 도서
    를 전문으로 하는 '책방사춘기'는 책방 공간의 변화뿐 아니라 콘셉트의 변화까지 모색할
    예정이다. 한정된 공간에서 원화 전시를 하다보니, 정작 어린이청소년 문학이 들어올 자
    리가 없다는 고민을 하고 있다.

8   야나시타 교헤이, 「책을 파는 서점을 위하여」, 『책방산책2-서울』, 서울도서관 지음, 서울
    책방, 2018. 야나시타 교헤이는 만약 '가모메북스'가 직장인이 많은 이다바시역 인근에
    자리를 잡았다면 어떤 모습이었을까 하고 물었다. 비즈니스 서적 중심으로 큐레이션을
    한 말끔한 서점이 어울렸을 거라고 했다. 반면 와세다역 근처라면 대학생과 교수가 드나
    들 만한 헌책방이, 유흥가인 다카다노바바역 부근이라면 다양한 사람이 방문하는 '교보

문고' 같은 대형 서점이 어울린다. 그러나 '가모메북스'가 있는 가구라자카역 근처는 주택가이자 작고 개성 있는 가게가 모인 거리다. 그래서 '가모메북스'는 생활, 요리 같은 분야의 책을 중심으로 큐레이션하고 30~40대 여성들을 주요 타깃으로 삼았다. 문구와 잡화도 진열했다. 야나시타 교헤이는 이렇게 말한다. "어떤 지역인지를 정하고 그곳에 가장 잘 어울릴 만한 책방을 궁리하고 공간에 최적화되도록 모색하는 과정이 중요하다."

9 2023~2024년 '진주문고'는 본점과 지점을 합쳐 네 곳에서 총 100억 원의 매출을 기록했다.

10 서울 신촌에서 뮤지션 요조가 운영하는 '책방무사'는 '삼일문고'의 친구 서점이다. '책방무사'를 만드는데 '삼일문고'를 설계한 '에이라운드건축'과 가구를 맡은 '아이네클라이네'가 참여해 했기 때문이다. '책방무사'는 요조와 현대카드, 네이버 등에서 일한 '아이브코퍼레이션' 송주환 대표가 공동 운영한다. 요조에게는 책방 10주년을 맞아 새로운 동력이 되어주었고, 아이브코퍼레이션이 발행한 인터뷰 잡지 〈IVE〉의 커뮤니티공간이자 쇼룸 역할도 병행한다. 요조는 책방 운영을, 송 대표는 공간 관리와 운영 지원울 담당한다.

11 '북바이북'은 동네책방 1세대다. '책맥'과 '작가번개'라는 아이디어로 큰 인기를 모았다. 상암동에서 분식집을 개조해 시작한 책방은 8개월 만에 2호점을 내고, 5년 차에 판교점을 오픈할 만큼 사세를 확장했다. 자매가 함께 했는데 김진양 대표가 판교점을, 김진아 대표가 상암점을 맡아 운영했다. 2018년 판교점을 폐쇄하고 나머지 서점도 매각했다. 지금은 동생 김진양 대표가 삼송역 근처에서 '북바이북'을 이어가고 있다. 안타깝게도 "사업이 실패하고 김진아 씨는 건강이 무너졌다. 일하다가 병원에 실려가서야 암이라는 걸 알았다." 그림을 그리며 투병생활을 하던 김진아 대표는 『오늘도 그림』이라는 책을 냈다. 그의 유고집이다.

12 김슬기, 「'책맥', '책바'…. 기업과 만난 특별한 동네책방」, 『매일경제』, 2018. 5. 31.

13 최문섭, 「책방 운영, 재미 없었다면 이미 그만두었을 것」, 『오마이뉴스』, 2025. 2. 17.

14 https://brunch.co.kr/@kimjuntae/126 '도시여행자 CITY TRAVELLER' 지적재산권 침해 관련한 입장문.

15 '동네건축가 캠프'라는 수업은 실질적이고 통합적인 건축 교육을 제공하기 위해 마련되었다. 지역조사에서부터 사업 기획·디자인·시공에 이르기까지 직접 공간을 완성하고, 팝업 운영을 통해 사용자 피드백을 받는 공간 창출의 전 과정을 수행하도록 짜여졌다. 나흘 동안 운영한 팝업서점에서는 블라인드북과 수박 주스를 함께 팔았다.

16 서울시 도시재생 초기 사업인 '서울로 7017'(서울역 고가 공원) 프로젝트의 초기 기획자 및 민간 협력 단체 책임자였고 노들섬, 돈의문 박물관 등 도시문화공간 및 재생사업에도 기획자로 참여했다.

17 책방 대표이자 프리랜서 기획자이자 에디터로 일하는 이의성 대표 역시 다양한 일을 한다. 평일에는 공유오피스 및 서점인 '시일북스앤 웍스'를 운영하고, 주말에는 문화예술 커뮤니티 플랫폼 '안티에그'의 시니어 에디터로 출판 및 문학과 관련한 다양한 글을 발행한다.

18   임정만, 앞의 책.

제4부. 우리의 중형서점은 지금, 어디에 서 있는가

1   김수연, 「설 자리 잃어가는 일본 책방들」, 『출판N』, 2025, 5+6.

2   고지마 슌이치, 양필성 옮김, 앞의 책.

3   여기에서 자본과 시스템으로 움직이는 대형체인서점은 다루지 않는다. 서점을 운영하는
     방식이 지역서점 혹은 동네책방과는 근본적으로 다르기 때문이다.

4   민병선, 「동네책방의 희망, 문화사랑방에서 찾다」, 『동아일보』, 2014. 1. 10.

5   여기에 '계룡문고'가 서점을 운영하던 긴 세월 동안 어쩔 수 없이 발생한 부채가 있었다.

6   김대섭, 「한국의 백년가게 - 64년째 이어온 속초 동네서점」, 『아시아경제』, 2019. 6. 24.

7   김영건, 『우리는 책의 파도에 몸을 맡긴 채』, 어크로스, 2022.

8   서울시도심권50플러스센터·패스파인더, 『강릉에서 살아보기』, 퍼블리터, 2022.

9   서점에서 한 권의 책을 정가의 70퍼센트로 입고해 판매하면 서점에는 30퍼센트의 이익
     이 남는다. 이렇게 생긴 1차 이익을 매출총이익(마진)이라고 한다. 마진에서 판매관리비
     (인건비, 임대료, 운반비, 소모품비 등)를 뺀 금액을 영업이익이라고 한다. 영업이익에서 대출
     이자 등 영업외 비용과 소득세를 뺀 그야말로 남는 돈을 순이익이라고 부른다.

10   『소상공인 동향 리포트 (2024년 3분기)』, 한국신용데이터, 2024.

11   『출판시장 통계 보고서』, 대한출판문화협회, 2024.

12   2017년 충주 '책이있는글터'의 참고서 비중은 약 25퍼센트 정도였다. 어린이책이 15퍼
     센트, 인문서가 10퍼센트 정도의 판매를 점유했다. 장은수, 「대화와 공존과 평화의 공
     간」, 『기획회의』 438호, 2017. 8.

13   백원근, 「일본 출판유통 개혁에 시동 건 '북셀러즈앤컴퍼니'」, 『출판N』, 2023.

14   한국출판문화산업진흥원, 「단행본의 반품 및 재생 실태 조사 연구」, 2021.

15   구미 '삼일문고'의 회원은 1만 명이 넘기까지 대략 1년 반 정도 이상의 시간이 걸렸는데,
     4만 명에서 5만 명을 넘어서는 데 걸린 시간은 채 1년이 되지 않았다. 서점을 아끼는 마
     니아 독자를 넘어 보편적인 구미 시민들이 서점을 찾는다고 판단하자 '삼일문고'에는 새
     로운 코너가 생겼다. 베스트셀러와 작은 문구 코너다. 말하자면 지역서점에 걸맞는 변화
     를 시도한 것이다.

16   우치다 다쓰루, 박동섭 옮김, 『도서관에는 사람이 없는 편이 좋다』, 유유, 2024.

17   박용희, 「돌아가고 싶은 시간의 공간, 책방 만일」, 『내가 사랑한 서점』, 서점을 잇는 사람
     들 지음, 니라이카나이, 2025.

1   '송인서적'은 이미 IMF구제 금융 사태 때 1차 부도가 났었다. 이후 정상화되었지만 2016년 12월 다시 부도가 났다. 2017년 온라인서점 '인터파크'에서 '송인서적'을 인수한 뒤 '인터파크송인서적'으로 이름을 바꾸었지만 결국 역사 속으로 사라졌다.

2   도진호, 「북플러스 파산을 통해 본 한국 출판도매」, 『출판N』, 2025, 5+6.

3   류영호, 「대형 이커머스 기업들의 도서 유통 강화에 따른 업계 변화 전망」, 『출판N』, 2021. 2.

4   '쿠팡'은 직매입(로켓 배송)과 제휴 셀러 판매 두 가지 방식으로 책을 팔고 있다. 통상적인 출판계의 물류와는 다른, '쿠팡' 물류에 맞게 납품해야 하기 때문에 규모가 작은 출판사들은 대응하지 않는 경우가 많다. 예를 들어 출판사 '안전가옥'은 '쿠팡' 물류에 맞게 납품해야 하기 때문에 직거래하지 않는다. 하지만 아동·교육 부문, 특히 전집 분야에서 '쿠팡'의 위력이 절대적이다. 이 성장세를 감안하면 몇 년 내로 '쿠팡'은 '예스24'마저 넘어설 거란 전망이다. 이제 '쿠팡'에서 책을 산다는 사람들이 적지 않다. '쿠팡'의 도서 판매 방법은 두 가지다.

    - 직매입: 출판사로부터 직접 도서를 매입해 '쿠팡' 물류 센터에서 로켓 배송한다.

    - 제휴 판매: '예스24' 등과 제휴하여 '쿠팡'은 플랫폼 역할만 한다. (로켓배송이 안 되는 책들은 대부분 제휴 판매다.) https://blog.naver.com/sttora2/223910272708?trackingCode=rss참조

5   이주빈·서혜미·이우진, 「쿠팡의 도서시장 교란…납품가 후려치고, 구매자 정보 보려면 '월 600'」, 『한겨레신문』, 2025. 9. 2.

6   같은 글.

7   김동혁, 「출판유통통합전산망 판매데이터 리포트」, 『출판유통통합전산망』, kpipa.or.kr. 2025. 8.

8   최석구, 「출판전산망 그리고 출판·서점·독서를 위한 '독서문화안전망' 구축 필요-개똥이네책놀이터 정영화 대표」, 『출판전산망 사용자 인터뷰』 6화, 2025.

9   2021년 '교보생명'이 자금을 대서 '교보문고'가 1,500억 원을 유상증자한다는 발표가 있었다. 유상증자로 물류 센터 등 인프라를 확충하겠다는 계획도 발표했다. 이 무렵 유튜브 'B급 경제학'에서 고태순 회계사가 '교보문고'의 재무제표를 분석한 바 있다. 2019년 매출액은 6,099억 원이고 2020년 매출액은 6,941억 원으로 연 성장률은 무려 13.8퍼센트나 되었다. 팬데믹 와중이라는 점을 감안하면 훌륭한 실적이다. 하지만 2020년 영업이익률은 0.1퍼센트였다. 한 해 동안 6,941억 원의 도서와 기타 문구 등을 팔았는데 이런저런 경비를 제하고 남은 돈이 6억 원에 불과했다. 같은 시기인 2020년 '예스24'가 87억 8,000만 원의 영업이익을 기록한 걸 고려하면 '교보문고'의 영업이익률은 상당히 낮다. 영업이익이 적다는 건 그만큼 지출한 돈이 많다는 뜻이다. '교보문고'의 자회사인 '핫트

랙스'는 한때 영업이익률이 13퍼센트에 달했지만 2018년부터는 매출이 하락세로, 2020년에는 영업손실이 무려 82억 원에 이르렀다.

10 장혜승,「교보문고 도매 진출, 도서 유통 시스템 개선 꾀하는 계기로 삼아야」,『교수신문』, 2020.

11 「2020 출판산업 실태조사」,『한국출판문화산업진흥원』, 2021.

12 박익순,「2024년 출판시장 통계」,『대한출판문화협회』, 2025. 4.

13 이은주,「예스24 책 도매업 진출 "도서 유통 난제 푼다"」,『조선일보』, 2021. 4. 29.

14 '알라딘'은 카드 결제가 가능하다.

15 지역에 많은 지점이 있는 '교보문고'는 지역 거점서점 입장에서 엄연한 경쟁자다. 과거 '교보문고'의 지점 진출 당시 겪었던 교훈도 있다. '한서협'은 '교보문고'와의 논의 이전에 출판계 및 도매유통과 합리적 유통을 위한 대안 마련이 선행되어야 한다. (…) 도매유통을 무시하고 차별적 공급 구조의 최대 수혜자인 '교보문고'를 통해 이 문제를 해결하겠다는 주장은 배고픈 고양이에게 생선을 맡기는 격으로 자신의 생존 가능성을 포기한 최악의 선택"이라고 우려했다. 그만큼 지역서점이 건강하게 유지되기 위해서는 도매유통이 중요하다.

16 이 시점에 도매업체 '교보문고'에 한강의 책을 주문했다가 분통을 터트린 책방 대표들의 이야기를 종합하면 이렇다. 한강 작가의 노벨문학상 수상 속보가 뜨자, '교보문고' 주문 시스템에 접속, 한강 작가의 책 재고를 확인한 뒤 선결제를 하고 주문을 했다. 다음날 도착할 것으로 알고 있던 책은 오지 않았다. 그 시간 광화문 '교보문고'는 한강의 소설을 사려는 독자들로 인산인해를 이루었다. 간단히 말해 동네책방으로부터 책값은 먼저 현금으로 받고 책은 출고하지 않은 것이다. 도매처로서 동네책방에 책을 공급하는 대신 자사의 소매 매장에서 책을 판 것이다. 광주 '책과생활' 역시 책을 구할 수 없었다. 다른 곳도 아니라 광주에서 한강 작가의 책을 팔지 못한다는 게 안타까워 여러 곳의 도매업체에 현금 결제를 했다. 여기저기 빌려 결제한 금액이 2천만 원에 이르렀다. 동네책방 대표들이 분통을 터트린 이유 중 선결제 금액이 환불되지 않고 예치금으로 묶였다는 점도 크다.

17 '북플러스'처럼 '웅진북센' 역시 도매업은 적자다. 도매의 불안정성은 장기적으로 지역서점은 물론이고 동네책방의 불안 요인이 될 수밖에 없다. "기존 도매상의 도산"과 "공룡화된 대형서점들의 납품가 인하" 같은 문제는 언제든 발생할 수 있기 때문이다.

18 공급률을 결정하는 요인 중 '매절'이 있다. 도서는 기본적으로 위탁 판매한다. 위탁委託이란 출판사가 상대 업체인 도매상이나 서점에게 책을 맡겨 판매를 부탁한다는 뜻이며 팔리지 않는 책은 반품을 받기로 협의한 거래 방식이다. 반면 매절買切은 현금결제를 전제로 위탁보다 낮은 공급률로 책을 받으며 대신 반품하지 않는다는 게 조건이다. 보통 위탁보다 5퍼센트 낮게 공급된다.

19 출판사에서 차지하는 온라인서점의 비중은 갈수록 높아져 2025년 매출의 3분의 2 정도에 이른다.

20 지역 중형서점의 모임인 '한서협'이 '교보문고'의 도매 진출을 두고 "차별적 공급 구조의 최대 수혜자"라는 표현을 사용한 데는 이런 배경이 있다.

21 詹正德, 「獨立書店的光明燈 : 如何判斷書店「獨立」與否？」, 『報導子』, 2019.11.16. 글의 제목은 우리말로 옮기면 '독립 서점을 비추는 희망의 등불: 서점의 '독립성'을 어떻게 판단할 것인가' 정도가 되겠다.

대만에서는 온라인서점인 '보커라이'와 '청핀서점'의 가격 경쟁이 격화되며 독립서점과 출판사가 크게 반발하고 대응 마련을 요구했다. 2013년 설립한 대만 독립서점 협동조합인 '대만 독립서점 문화협회'台灣獨立書店文化協會는 공동구매와 공동마케팅을 시도했다. 하지만 이런 시도는 할인경쟁이 심해지며 큰 의미를 거두지는 못했다. 협회는 이어서 정부에 유통 독과점 방지를 위한 정책 지원과 도서정가제를 요구했다. 대만 문화부는 2023년 공공도서관 입찰 시 정가의 70퍼센트 이상을 보장하도록 의무화했다. 추가 보조금 1억 대만달러를 조성해, 저자와 출판사가 전자책이 대출될 때마다 수익을 얻는 공동대출권을 실시했다. 하지만 대만의 도서정가제 입법화는 여전히 논의중이다.

22 성재범, 조원진, 『스페셜티 커피, 샌프란시스코에서 성수까지』, 따비, 2022.

23 도서정가제는 크게 세 차례에 걸쳐 개정한 결과 지금에 이르렀다. 처음 법제화할 때부터 근시안적으로 접근해 큰 혼란을 야기했으며, 여전히 온갖 편법 할인의 온상이 되고 있다. 예컨대 2020년 문체부가 제시한 도서정가제 개선안은 노골적으로 디지털 콘텐츠의 가격할인에 힘을 실어주는 모양새였다. 전자책과 웹툰, 웹소설을 포함한 디지털 콘텐츠가 도서정가제의 적용을 받을 것이냐 혹은 그렇지 않을 것이냐를 두고 첨예하게 대립했다. 2020년 웹툰의 시장 규모는 1조 원 정도였고, 여기에 가격할인이 더해지면 대량 판매가 가능한데 할인을 제한하는 도서정가제를 족쇄로 여기는 분위기였다. 결국 논란이 커지자 최소 범위로 개정안을 결정했다.

24 지역서점의 공공납품이 의무 사항으로 법제화되어 있는 곳은 없다. 다만 일본 홋카이도의 마쿠베쓰초 지역의 성공 사례처럼 지자체에서 자발적인 협력과 지역 상생 프로그램을 만든 사례는 있다. 2014년을 기점으로 기존에는 대형 도서관 전문 업체(주로 도쿄 소재)를 통해 입찰·도서를 구입했으나, 도시 내 지역서점에서 직접 모두 정가로 구입하는 방식으로 전환했다. 마쿠베쓰초 지역의 도서관 도서 구매 예산의 96퍼센트 이상이 지역에 환류되어, 지역 경제 활성화와 동네서점의 생존에 크게 기여했다. 고지마 순이치, 양필성 옮김, 앞의 책.

25 2018년부터 경기도의 지역서점인증제가 도입되었다. 이에 따라 2024년 고양 공공도서관의 자료 구입 예산인 20억 2,000만 원을 지역서점인증 서점을 대상으로 진행한다. 즉 인증을 받은 고양시 서점 27곳에 수의계약 방식으로 집행했다. 한 곳의 서점이 약 7,500만 원 가량의 도서를 납품한다. 여기에 우수 평가 서점에는 인센티브를 부여, 예산을 추가 배분하는 방식으로 집행했다. 특히 수의 계약을 가능하게 하기 위해 고양시 도서관 센터에서 구입예산을 1,100만 원 이하로 쪼개서 계약하는 방식을 시도했다. 고양시 도서관센터 홈페이지(goyanglib.or.kr)의 도서관 정책 카테고리에는 지역서점활성화사업이 소개되

어 있다.

26 박경민, 「사라져 가는 동네 책방…고양선 되레 느는 까닭은?」, 『한겨레』, 2022. 2. 22.

27 한국출판문화산업진흥원은 2019년 나라장터에서 도서 낙찰 실태를 조사했다. 서점 사업자의 비율이 51퍼센트, 타 업종 사업자의 비율이 40퍼센트였다. 서적 외 업종 낙찰자의 경우 교육청이 전체 76.6퍼센트, 지자체는 14.1퍼센트였다. 교육청에서 비도서 업체가 더 많이 낙찰되었다. 2023년 광주 남구에서는 지역 서점이 감소하는데도 불구하고 2020년부터 타 자치구에 있는 서점에서 일반 도서를 구입한 건수가 17건, 금액으로 1억 8,600여 만 원에 달했다는 보도가 나오기도 했다.

28 서울 마포구는 "주민을 대상으로 독서 동아리 운영, 저자 초청 특강, 전시 및 공연 등 생활문화 향상을 위한 프로그램 연 2회 이상 운영 또는 구에서 개최하는 각종 축제에 참여하는 서점"을 지역서점의 기준으로 삼는다. 특히 서울시청, 마포, 경기 과천, 강원 속초, 전북 군산은 조례에 지역서점이 생활문화공간으로서의 역할을 해야 한다고 강조한다. 전북 군산의 지역 서점 조례에서는 서점 전용면적의 10분의 1 이상의 공간이 있고, 5인 이상 수용이 가능한 테이블 및 의자가 있어야 생활문화 시설로 인정받을 수 있다고 고시했다. 경기 화성은 특히 지역서점 지원 조례에서 요건 및 기간 등을 상세하게 규정하고 있다. 전북 전주는 2024년 지역서점 활성화 및 지원에 관한 조례를 제정했다. 제6조에서 지역서점의 요건을 모두 충족해야 해야 한다고 명시한다. 이 가운데 화성과 전주의 조례는 아래와 같다.

　• 경기 화성시 지역서점 인증 및 지원에 관한 조례

　1. 서점업 등록 업체. 2. 사용면적의 50퍼센트 이상 오프라인 방문매장을 운영하며, 도서를 구비하여 판매하는 서점. 3. 화성시에서 6개월 이상 영업을 지속하고 있는 서점. 4. 불특정 다수를 대상으로 영업하고 있는 서점.(학원, 납품 위주 업체, 유통사, 도매업, 종교 서적 전문서점, 어린이 전집 할인 매장, 2개 이상의 지사 및 지점을 둔 대기업 체인화 서점 등 제외.)

　• 전북 전주의 지역서점인증 및 지원에 관한 조례

　1. 시에 본사를 두고 20제곱미터(약 6평) 이상의 방문용 매장을 운영하는 서점. 2. 매장 면적 대비 30퍼센트 이상의 면적에 도서를 소유 또는 진열한 서점. 3. 서점 간판을 설치한 서점. 4. 사업자등록증의 사업의 종류가 소매 서적업으로 등록되어 있고 도서 판매를 주종으로 하는 서점. 5. 불특정 다수를 대상으로 영업하고 있는 서점.(학원, 납품위주 업체, 도매업, 종교 서적 전문서점, 어린이 전집 할인매장 등은 제외한다.)

29 이용훈, 「지역서점 인증제와 도서관 등록제」, 『출판N』, 2024, 11+12.

30 한지혜, 「대전 계룡문고 폐업, 지역서점 외면 행정 후폭풍」, 『디트NEWS24』, 2024. 10. 2.

31 백원근 외 7명, 『지역서점과 문화를 살리는 지역서점의 미래』, 스토리하우스, 2024.

32 이용훈, 같은 글.

33 서점 대출기금에 대해 말하자면, 프랑스 국립도서센터는 독립서점의 재정 안정 및 경영 재개를 위해 매우 큰 규모의 기금을 운영해왔다. 2020년 6월 2,500만 유로(한화 약 362억 5,000만 원) 규모의 특별 기금을 조성해 독립서점의 재개와 현대화 투자 및 전자상거래 시스템 구축 등을 포괄적으로 지원했다. 또한 2020~2021년에는 서점의 IT·현대화 투자 목적으로 1,200만 유로(한화 약 174억 원)를 추가 배정했다. 이외에도 일반 지원금 예산(직접 보조금)은 연평균 400~600만 유로(한화 약 58~87억 원) 수준으로 집행한다. 서점 인수·변경 기금은 책방을 인수하거나 주인이 교체되는 경우 지원하는 별도 기금이다. 프랑스 정부는 2013년 기준 '독립서점발전협회'(Association pour le Développement de la Librairie de Création, ADELC)와 연계하여 서점의 인수·변경을 돕는 자금으로 400만~700만 유로(한화 약 58~101억 원) 규모로 예산을 증액했다. 이러한 자금은 기존 ADELC 보조금 외에 대출·지원금 형태로 제공된다.

34 Dennis Abrams, "Can Government Intervention Save Bookstores? Maybe in France", Publishing Perspectives, 2013. 3. 28. 제목을 우리말로 옮기면 "정부 개입이 서점을 살릴 수 있을까? 프랑스에서는 가능할지도 모른다" 정도가 되겠다.

35 흥미롭게도 개인 책방이 운영하는 창업스쿨 혹은 경기 서점학교를 다닌 예비창업인들 중 상당수가 서점 창업을 하지 않기로 결심한다. 결국 출판학교는 전문서점인을 육성하는 노력과 예비 창업자에게 내실 있게 서점을 운영하는 기초 교육, 이렇게 두 가지로 이루어져야 맞겠다.

36 김승수, 『도시의 마음』, 다산기획, 2025. 이 책의 마지막 점검을 하는 중에 문화체육관광부가 김승수 전 전주시장을 신임 '한국출판문화산업진흥원' 원장으로 임명했다.

37 한국저작권위원회, 「유럽 출판시장의 현재와 미래」, 『저작권 이슈 트렌드』, 2023.

38 김남중, 「학교 도서관들, 납품 동네책방에 도서정보 구축 비용 떠넘겨」, 『국민일보』, 2023. 1. 27.

제6부. 동네책방의 지속을 꿈꾸다, 독자와 함께 책의 미래를 희망하다

1 '스틸북스'는 영업을 종료했다. '아크앤북' 을지로점은 문을 닫았지만, 부산·경기도 용인의 수지·서울 여의도 등 중심 상권에 지점을 여럿 내고 운영 중이다.

2 'CCC'는 매년 『TBN(TSUTAYA BOOK NETWORK) 연간 서적·잡지 판매액』을 발표했으나 사업 구조조정 이후 성격이 달라져 2023년 이후로는 매출액보다 '시부야 쓰타야 리뉴얼'이나 신규 사업 위주로 변했다.

3 장은수, 「쓰타야 서점 비판」, 『북에디티』, 2017. 5. 31.

4 백원근, 「매대 판매와 대형 서점의 정체성」, 『교수신문』, 2017. 10. 10.

5 출판과학연구소 https://shuppankagaku.com/knowledge/bookstores/

6 「本売るために愚直に。知のインフラ守る…. 大手チェーンが探る書店の進路」, METI Journal, 2025. 3. 28. 제목을 우리말로 옮기면 "책을 팔기 위해 묵묵히. 지식의 인프라를 지킨다… 대형체인이 모색하는 서점의 진로" 정도가 되겠다.

7 「미쓰이 부동산 공식 보도자료」(Decision Made on the Development Outline for eslite spectrum nihonbashi). 2019. 5. 16.

8 "'本屋のビジネスはつまらない' 斜陽産業なのに、過去の栄光にしがみついた老舗書店を変えた7代目", 『賢者の選択サクセッション』, 2025. 3. 19. 제목을 우리말로 옮기면 "서점 비즈니스는 재미없다' 쇠퇴하는 산업임에도 과거의 영광에 매달려 있던 오래된 서점을 변화시킨 7대 경영자" 정도가 되겠다.

9 Mitchell Kaplan, "Mitchell Kaplan - Books&Books", LEADERS, 2020.

10 "Chapter 141: James Daunt on bespoke bookselling building Barnes and bonds", 3books.co., 2024. 10. 17. 우리말로 제목을 옮기면 "제141장: 제임스 돈트가 말하는 맞춤형 서점 경영과 '반스앤노블' 재건" 정도가 되겠다.

11 「Dount Books Limited Financials 」(돈트북스 유한회사 재무제표), https://pomanda.com/company/03068928/daunt-books-limited.

12 일본의 2023년 전자출판 매출액은 5,351억 엔(한화 약 5조 3,510억 원)인데 이 가운데 약 90퍼센트인 4,830억 엔(한화 약 4조 8,300억 원)을 만화책이 차지했다. 다시 말해 독자들이 만화책을 중소형서점에서 종이책으로 사지 않고 전자책으로 읽는 소비 스타일이 정착되었다. 이는 만화책 판매에 기댄 소형 서점의 생존을 위협했다.

13 '책방질은:'은 언제나 열 개 이상의 프로그램이 운영되는 모임 맛집으로 유명하다. 독서, 고전 낭독, 시, 그림책, 글쓰기, 커피 등의 상시 모임과 현대 시 강독, 고전문학 강의, 과학책 읽기, 사진 수업, 그림책 테라피 등의 수업이 있다. 이런 점을 높이 사서 2023년 '오늘의 서점' 사업 우수 서점으로 선정되기도 했다.

14 강맑실 그리고 엮음, 『세상에서 가장 아름다운 곳, 동네책방』, 사계절, 2022.

15 제임스 돈트, 앞의 글.

에필로그. 10여 년째 고군분투 중인 동네책방이 만들어낸 놀라운 풍경

1 실제로 도시가 아닌 작은 마을에 독립서점이 문을 여는 게 세계적 추세다. 프랑스 국립도서센터는 "2017년 이후 출범한 서점 중 절반이 1만 5,000명 미만 마을에, 4분의 1은

5,000명 미만 마을에 자리 잡았다"고 발표했다. Nicolas Montard, "Ils ont ouvert des librairies au cœur de petits villages ruraux", Le Pèlerin, 2024. 3. 1. 우리말로 제목을 옮기면 "그들은 작은 농촌 마을의 한가운데에 서점을 열었다" 정도의 의미다.

2   Mitchell Kaplan, 같은 글.

3   서점을 36년이나 운영한 '돈트북스'의 제임스 돈트는 서점업에 대해 여전히 낙관한다.

> "인터넷이 본격화되기 훨씬 이전부터, 전자책도 나오기 전에 오디오, 팟캐스트 같은 미디어도 등장하기 전부터 서점 일을 했다. 틱톡 같은 새로운 플랫폼의 등장도 마찬가지다. 이런 디지털 미디어의 등장 이후에도 사람들의 독서 시간이나, 독서에 대한 열정은 크게 변하지 않았다."

비록 소수지만 책방을 좋아하는 사람은 언제나 있다. 물론 하나의 서점이 비독자를 끌어들이는 일은 생각보다 오랜 시간이 필요하다. 그럼에도 분명히 책방을 좋아하는 사람은 존재한다. 제임스 돈트나 김기중 대표의 말처럼 서점을 하는 힘겨움은 "책방을 좋아한다면 받아들일 수 있는 시련"으로 받아들여야 할지 모른다. 제임스 돈트의 말에서 오래된 책방지기의 태도를 읽을 수 있다.

주요 참고문헌
(참고문헌 가운데 단행본은 주제별 특성을 기준으로 분류했다. 저자 주)

1. 단행본
1) 국내 책방의 현황을 돌아보는 책

강맑실 그리고 엮음, 『세상에서 가장 아름다운 곳, 동네책방』, 사계절, 2022.

구선아, 『바다 냄새가 코끝에 - 우리가 아끼는 제주 책방 17』, 북노마드, 2017.

(사)한국출판학회 출판정책연구회 · 김정명 외 7명, 『지역과 문화를 살리는 지역서점의 미래』, 스토리하우스, 2024.

서울도서관, 『책방산책2-서울』, 서울책방, 2018.

서점을 잇는 사람들, 『내가 사랑한 서점』, 지음, 니라이카나이, 2025.

우치누마 신타로 · 아야메 요시노부, 김혜원 옮김, 『책의 미래를 찾는 여행, 서울 - 일본의 북 디렉터가 본 서울의 서점 이야기』, 컴인, 2018.

한미화, 『동네책방 생존 탐구』, 혜화1117, 2020.

2) 국내 책방지기의 분투기(저자 이름 옆 괄호는 책방명)

구선아(책방연희), 『책만 팔지만 책만 팔지 않습니다』, 책세상, 2024.

김미자(그림책꽃밭), 『그림책꽃밭에 살다』, 나는별, 2025.

김영건(동아서점), 『당신에게 말을 건다』 - 속초 동아서점 이야기, 알마, 2017.

손정승 · 음소정(땡스북스), 『고마워 책방 - 홍대 앞 동네서점 땡스북스 10년의 이야기』, 유유, 2021.

신현훈(미스터 버티고), 『버티고 있습니다 - 대책 없이 부족하지만 어처구니없이 치열한 책방 미스터버티고 생존 분투기』, 책과이음, 2022.

이지선(잘익은언어들), 『책방련 - 위로와 공감의 책방, 잘 익은 언어들 이야기』, 오르골 , 2021.

이혜미(그림책방 근근녕녕), 『엄마는 그림책을 좋아해』, 톰캣, 2024.

정지혜(사적인서점), 『사적인 서점이지만 공공연하게 - 한 사람만을 위한 서점』, 유유, 2018.

정한샘(리브레리아Q), 『고르는 마음 - 리브레리아Q 서점원 노트』, 오후의소묘, 2025.

조예은(버찌책방), 『버찌책방은 다 계획이 있지』, 초록비책공방, 2025.

3) 동아시아 지역 책방 관련 책

고지마 슌이치, 양필성 옮김,『2028 거리에서 서점이 사라진다면』, 마인드빌딩, 2025.

김경일,『도쿄를 걷다 서점을 읽다 - B급 디자이너의 눈으로 읽은 도쿄 서점 이야기』, 디앤씨북스, 2024.

박순주,『하나의 거대한 서점, 진보초』, 정은문고, 2024.

쓰지야마 요시오, 정수윤 옮김,『작은 목소리, 빛나는 책장 - 도쿄 독립 서점 Title 이야기』, 돌베개, 2023.

아오키 미아코, 이지수 옮김,『나는 숲속 도서관의 사서입니다 - 치유의 도서관 '루차 리브로' 사서가 건네는 돌봄과 회복의 이야기』, 어크로스, 2025 .

우치누마 신타로, 양지윤 옮김,『앞으로의 책방 독본 - 실현 가능하고 지속하기 쉬운 앞으로의 책방』, 터닝포인트, 2019

우치누마 신타로, 아야메 요시노부, 이현욱 옮김,『책의 미래를 찾는 여행, 타이베이』, 컴인, 2020

우치다 다쓰루, 박동섭 옮김,『도서관에는 사람이 없는 편이 좋다』, 유유, 2024.

이시바시 다케후미, 박선형 옮김,『서점은 왜 계속 생길까』, 유유, 2021.

『제일재경주간』미래예상도 취재팀, 조은 옮김,『미래의 서점』, 유유, 2020.

호리베 아쓰시(교토 이치조지 게이분샤), 정문주 옮김,『거리를 바꾸는 작은 가게』, 민음사, 2018.

4) 국내 책방 대표의 책들(저자 이름 옆 괄호는 책방명)

구선아(책방연희) · 박훌륭,『책 읽다 절교할 뻔』, 그래도봄, 2024.

김기중(삼일문고),『행복한 고통 - 한국 최초 미대륙 횡단 자전거 레이스에 도전하다』글로세움, 2014

김미정(밤의서점),『비포 선라이즈 게임』, 밤의서점, 2025.

김영건(동아서점),『우리는 책의 파도에 몸을 맡긴 채』, 어크로스, 2022.

＿＿＿＿＿＿＿＿＿,『 속초』, 21세기북스, 2019.

김영미(녁점반),『그림책이면 충분하다』, 양철북, 2018.

김진아(북바이북),『오늘도 그림』, 리토스, 2023.

5) 그외

김승수,『도시의 마음』, 다산북스, 2025.

김찬정, 김순임 · 강경희 옮김,『오사카의 제주인 마을, 이카이노 이야기』, 이마고, 2025.

모종린,『머물고 싶은 동네가 뜬다』, 알키, 2021.

______, 『크리에이터 소사이어티』, 김영사, 2024.

서울시도심권50플러스센터·패스파인더, 『강릉에서 살아보기』, 퍼블리터, 2022.

성재범, 조원진, 『스페셜티 커피, 샌프란시스코에서 성수까지』, 따비, 2022.

임정만, 『당신은 당근을 싫어하는군요 저는 김치를 싫어합니다』 밑줄, 2020.

한미화, 『유럽 책방 문화 탐구』, 혜화1117, 2024.

2. 관련 기사 및 칼럼

고봉선, 「"책은 똥이다. 생각의 똥"」, 『제주의 소리』, 2021. 11. 9.

구선아, 「'책방 연희'가 알려주는 서점 창업 노하우」, 『KB의 생각』, 2024. 10. 17.

구선아, 「오늘도 읽고 쓰는 시간을 만듭니다」, 『출판N』, 2022. 4.

김남중, 「학교 도서관들, 납품 동네책방에 도서정보 구축 비용 떠넘겨」, 『국민일보』, 2023. 1. 27.

김대섭, 「한국의 백년가게-64년째 이어온 속초 동네서점」, 『아시아경제』, 2019. 6. 24.

김세희, 이용관, 「제주에서, 책으로 불어오는 어떤 바람」, 『한겨레신문』, 2023. 4. 21.

김수연, 「설 자리 읽어가는 일본 책방들」, 『출판N』, 2025, 5+6.

김슬기, 「'책맥', '책바'…. 기업과 만난 특별한 동네책방」, 『매일경제』, 2018. 5. 31.

도진호, 「북플러스 파산을 통해 본 한국 출판도매」, 『출판N』, 2025, 5+6.

류영호, 「대형 이커머스 기업들의 도서 유통 강화에 따른 업계 변화 전망」, 『출판N』,

박경민, 「사라져 가는 동네 책방…고양선 되레 느는 까닭은?」, 『한겨레』, 2022. 2. 22.

백원근, 「매대 판매와 대형 서점의 정체성」, 『교수신문』, 2017. 10. 10.

______, 「일본 출판유통 개혁에 시동 건 '북셀러즈앤컴퍼니'」, 『출판N』, 2023.

서경리, 「터무니없는 사람들의 터무니 되어주기」, 『톱클래스』, 2023. 7.

안재명, 「'지속 가능한 적자' 보겠다는 서초동 골목 헌책방」, 『법률신문』, 2025. 6. 21.

유수연, 「노홍철, '연 매출 6억' 빵집 문 닫는다」, 『조선일보』, 2024. 12. 15.

이연호, 「서점의 노동이 위태롭다」, 『출판N』, 2023. 5.

이용훈, 「지역서점 인증제와 도서관 등록제」, 『출판N』, 2024, 11+12.

이은주, 「예스24 책 도매업 진출 "도서 유통 난제 푼다"」, 『조선일보』, 2021. 4. 29.

이주빈, 서혜미, 이우진 기자, 「쿠팡의 도서시장 교란…납품가 후려치고, 구매자 정보보려면 '월 600'」, 『한겨레신문』, 2025. 9. 2.

장상민, 「머물고 싶다, 이 책방」, 『문화일보』, 2025. 2. 25.

장은수, 「대화와 공존과 평화의 공간」, 『기획회의』 438호, 2017. 8.

______, 「쓰타야 서점 비판」, 『북에디티』, 2017. 5. 31.

장혜승, 「교보문고 도매 진출, 도서 유통 시스템 개선 꾀하는 계기로 삼아야」, 『교수신문』, 2020.

최문섭, 「책방 운영, 재미 없었다면 이미 그만두었을 것」, 『오마이뉴스』, 2025. 2. 17.

최석구, 「출판전산망 그리고 출판·서점·독서를 위한 '독서문화안전망' 구축 필요-개똥이 네 책놀이터 정영화 대표」, 『출판전산망 사용자 인터뷰』 6화, 2025.

최홍익, 「철학의 빈 자리에 그림책이 있기를」, 『파주신문』, 2025. 3. 25.

한지혜, 「대전 계룡문고 폐업, 지역서점 외면 행정 후폭풍」, 『디트NEWS24』, 2024. 10. 2.

황지윤, 「몸의 병은 약으로, 마음은 책으로…약국과 서점의 특별한 공생」, 『조선일보』, 2025. 3. 11.

"'本屋のビジネスはつまらない' 斜陽産業なのに、過去の栄光にしがみついた老舗書店を変えた7代目", 『賢者の選択サクセッション』, 2025. 3. 19.

本売るために愚直に。知のインフラ守る…. 大手チェーンが探る書店の進路」, METI Journal, 2025. 3. 28.

詹正德, 「獨立書店的光明燈：如何判斷書店「獨立」與否？」, 『報導子』, 2019. 11. 16.

Dennis Abrams, "Can Government Intervention Save Bookstores? Maybe in France", Publishing Perspectives, 2013. 3. 28.

James Daunt on bespoke bookselling building Barnes and bonds", 3books.co., 2024. 10. 17.

Mitchell Kaplan, 10 "Chapter 141: "Mitchell Kaplan-Books & Books", LEADERS, 2020.

Nicolas Montard, "Ils ont ouvert des librairies au cœur de petits villages ruraux", Le Pèlerin, 2024. 3. 1.

3. 관련 자료

김동혁, 「출판유통통합전산망 판매데이터 리포트」, 『출판유통통합전산망』, kpipa.or.kr. 2025. 8.

「미쓰이 부동산 공식 보도자료」(Decision Made on the Development Outline for eslite spectrum nihonbashi). 2019. 5. 16.

박익순, 「2024년 출판W시장 통계」, 『대한출판문화협회』, 2025. 4.

『소상공인 동향 리포트 (2024년 3분기)』, 한국신용데이터, 2024.

『출판시장 통계 보고서』, 대한출판문화협회, 2024.

한국저작권위원회, 「유럽 출판시장의 현재와 미래」, 『저작권 이슈 트렌드』, 2023.
한국출판문화산업진흥원, 「단행본의 반품 및 재생 실태 조사 연구」, 2021.
「Dount Books Limited Financials」, https://pomanda.com/company/03068928/daunt-books-limited.

부록
●
주요 참고문헌

(순서 : 이름 | 주소 | 인스타그램 또는 기타 홈페이지 및 SNS 계정)

<ㄱ>

갈다 | 서울 종로구 삼청로10길 18(삼청동) | @galdarbookshop

강아지똥 | 부산 북구 산성로 27(화명동) | @ gangddong_books

개똥이네책놀이터 | 서울 마포구 월드컵로 128-3(성산동) | @book338_0478

경기서적 호매실점 | 경기 수원시 권선구 금곡로 112(금곡동, 이수프라자 2층) | @ourggbookshop(경
기서적 통합 계정)

경기서적 천천점 | 경기 수원시 장안구 천천동 524-3

경기서적 행궁점 | 경기 수원시 팔달구 신풍동 75-1

계절책방 낮과밤 | 서울 마포구 월드컵로 113 3층 301호 | @natbambooks

고래책방 | 강원 강릉시 율곡로 2848(옥천동) | @gore_bookstore

고요산책 | 제주 제주시 중앙로12길 5 1층 | @goyowalk_jeju

고요서사 | 서울 용산구 신흥로 15길 18-4(용산동2가) | @goyo_bookshop

고정순책방 | 경기 파주시 탄현면 헤이리마을길 48-48 2층 | @ssoon75

공독서가 | 경기 남양주시 화도읍 비룡로33번안길 2(마석우리) 1층 | @gongdockbooks

국자와주걱 | 인천 강화군 양도면 강화남로 428번길 46-27(도장리) | @9ookja_jooguk.bookstay

굼벵책방 | 경기 연천군 연천읍 동막로 109 | @goom_bang

그래픽숍 | 전북 군산시 구영4길 16-2 1층 | @propaganda_publishers

그런의미에서 | 경기 수원시 팔달구 화서문로72번길 12 3층 | @2nd_his_meaningshop

그림산책 | 전북 군산시 팔마로 118 | @picturebook_walk

그림책꽃밭 | 충남 당진시 송악읍 계치길 143-12(월곡리) | @grimbook_garden

그림책산책 | 경북 구미시 원남로10길 19(원평동) 1층 | @walk_picturebook

근근넝넝 | 경기 광주 순암로36번길 56-18(역동, 퓌르센트188) 1층 상가 | @ggnnbooks

꿈틀책방 | 경기 김포시 봉화로163번길 10(북변동) 1층 | @dreambookshop.sh

꿈틀책방 운양점(구 코뿔소책방) | 경기 김포시 김포한강11로438번길 123 상가동 109호 |
@dreambookshop.rhino

<ㄴ, ㄷ>

넉점반그림책방 | 대전 중구 보문산로227번안길 50 | @nukjeomban

다다르다 | 대전 중구 중교로73번길 6(은행동) 2층 | @differeach
다시서점 | 서울 강서구 공항대로8길 77-24(공항동) 1층 | @dasibookshop
대동문고 | 경기 안양시 만안구 안양로 316 본프라자B01호 | daedongbook.alltheway.kr
도그책방 | 전남 순천시 도서관길 15(동외동) | @dogbookshop_
동아서점 | 강원 속초시 수복로 108 | @bookstoredonga
동원어린이책방 | 경기 광명시 오리로 854번 길 21
동주책방 | 부산 서구 동대신동2가 265-20 | @science_dongju
딱따구리책방 | 경기 수원시 팔달구 정조로796번길 9 1층 101호 | @ddackddaguri__books
땡스북스 | 서울 마포구 양화로6길 57-6(서교동) | @thanksbooks
뜻밖의여행 | 경기 안양시 동안구 경수대로 713-1(호계동) 1층 | @surprising.books

<ㄹ, ㅁ>

리루서점 | 전북 군산시 구암3.1로 116(경암동, 철학관) 1층 | @lirbookshop
마그앤그래 | 경기 수원시 권선구 세권로 316번길 49 상가 201호 | @magandgra
마리서사 | 전북 군산시 구영5길 21-26(월명동) | @mariebookstore
마이시크릿덴 | 서울시 중구 덕수궁길 9 401호 | @ my.secret.den
문우당서림 | 강원 속초시 중앙로 45 | @moonwoodang_bookshop
문학소매점 | 인천 중구 신포로 27번길 89(중앙동1가, 현대상사) 1층 | @munhaksomae
미스터리 유니온 | 서울 서대문구 이화여대길 88-11(대현동) | @mysteryunionbook
미스터버티고 | 경기 고양시 덕양구 꽃내음2길 79(향동동) 지하 1층 | @mr.vertigo2015

<ㅂ>

바라타리아 | 강원 춘천시 당간지주길74번길 5(근화동) | @barataria.bookstore
바름책방 | 강원 원주시 무실로55번길 28 1층 | @bareum_book
밤의서점 | 서울 서대문구 성산로 309-51(연희동) | @librairie_de_nuit
백년서점과작업실 | 경기 수원시 팔달구 신풍로 52(장안동) 1층 | @century_bookshop
버찌책방 | 대전 유성구 반석로142번길 15-38(반석동) 1층 | @cherrybooks_2019
벨벳왓 | 제주 제주시 송당3길 21-20 | @bellbellwhat
보배책방 | 제주 제주시 애월읍 납읍로2길 15-1(납읍리) | @bobae_books
봄날의산책 | 전북 군산시 구영1길 65 | @bomnalsan.book
봄날의책방 | 경남 통영시 봉수1길 6-1(봉평동) | @bomnalbookshop
봄날의책방 나무들의 밤 | 전남 순천시 황금2길 14-1 | @namubam.books
북바이북 | 경기 고양시 덕양구 신도2길 30(삼송동) 1층 | @book_by_book

부록
●
책에 나온 동네책방 목록

북살롱 오티움 | 서울 종로구 삼일대로15길 6 3층 | @booksalon.otium

북살롱 이마고 | 제주 서귀포시 표선면 세화강왓로 78(세화리) | @booksalonimago

북스피리언스 | 서울 마포구 연남로 11길 60(성산동) 2층 마바사 내 | @booksperience

북티크 | 서울 마포구 독막로31길 9(신수동) 2층 | @booktique_bookshop

브로콜리숲 | 경기 수원시 팔달구 화서문로 32번길 21-10 2층 | @broccoli_soop

블루도어북스 | 서울 용산구 이태원로 239 우리은행 주차장 쪽 지하 1층 | @bluedoor_books

<ㅅ>

사적인서점 | 경기 파주시 돌곶이길 180-38 지층 | @sajeokinbookshop

살림책방 | 전북 전주시 완산구 전주천동로 58-2(교동) | @sallim_books

삼일문고 | 경북 구미시 금오시장로 6(원평동) | @samilbooks

서울의시간을그리다 | 서울 서대문구 독립문로 31-6 한옥 | @seoul.timesketch

서점리스본 | 서울 마포구 성미산로 147(연남동) 1층 | @bookshoplisbon

서점카프카 | 전북 전주시 완산구 풍남문4길 32 2층　 | @bookstore_kafka

서초동 그책방 | 서울 서초구 반포대로28길 71-9 지층 | @seochobooks

서촌그책방 | 서울 종로구 자하문로 5가길 30-1 | seochonbooks

소란서림 | 충남 예산군 삽교읍 애향 14길 34 1층 | @soran_books

소심한책방 | 제주 제주시 구좌읍 종달동길 29-6(종달리) | @sosimbook

소요서가 | 서울 중구 청계천로 160(산림동, 세운청계상가) 바열 309호 | @soyoseoga

소전서림 | 서울 강남구 영동대로 138길 23(청담동) 지하 1층 | @sojeonseolim

숲속작은책방 | 충북 괴산군 칠성면 명태재로미루길 90(사은리) | @supsokiz

스토리지북앤필름 | 서울 용산구 신흥로 115-1(용산동2가) | @storagebookandfilm

시간여행자의책방 | 전북 군산시 월명로 487-2 | @timetravelers_bookshop

시일북스앤웍스 | 서울 광진구 뚝섬로24길 40 1층 | @siil_official

심리서점 쓰담 | 전북 군산시 구영3길 31-16(월명동) | @bookshopssdam

아직 독립 못 한 책방 | 서울 마포구 마포대로 190 푸른약국 안 | @a_dok_bang

<ㅇ>

양우당 | 전북 군산시 대학로 172 Digital

어떤바람 | 제주 서귀포시 안덕면 산방로 374 | @jeju.windybooks

영광도서 | 부산 부산진구 서면문화로 10 | https://www.ykbook.com/

예스트 | 전북 군산시 수송로 72

완벽한날들 | 강원 속초시 수복로 259번길 7(동명동) | @perfectdays_sokcho

우분투북스 | 대전 유성구 어은로 51번길 53(어은동) 1층 | @ubuntubooks
위트앤시니컬 | 서울 종로구 창경궁로 271-1(혜화동) | @witncynical
유어마인드 | 이전 예정 | @your_mind_com
이후북스 | 서울 마포구 망원로 4길 24(망원동) 2층 | @now_afterbooks
이후북스 제주점 | 제주 제주시 관덕로 4길 3 | @jeju_afterbooks
인디문학1호점 | 강원 영월군 무릉도원면 무릉법흥로 785 | @ 1st.indimunhak
인스크립트 | 서울 종로구 율곡로 225 3층 | @inscriptbooks
일년서가 | 제주 제주시 구좌읍 해맞이해안로 1142 2층 | @oneyearjeju

<ㅈ>

자작나무책방 | 서울 용산구 후암로 36 제2층 | @jajaknamu_books_
잘익은언어들 | 전북 전주시 덕진구 거북바우로 68-1(인후동2가) | @well_books
제주 풀무질 | 제주시 구좌읍 구좌로 53 | @jejupulmujil_pulsee
조용한흥분색 | 전북 군산시 옥구읍 옥구남로 11(선제리) | @colors.ordinaryday
조은이책 | 서울 마포구 월드컵북로 27길 6 1층 | @chouni.chaeg
종이골짜기 | 전북 군산시 계산로 71(지곡동, 지곡쌍용예가) 동쪽상가 | @paper_valleybookstore
진주문고 본점 | 경남 진주시 진양호로240번길 8 진주문고 | @jinjumoongo
진주문고 혁신점 | 경남 진주시 에나로127번길 30 드림어반스퀘어 1층
진주문고 엠비씨점 | 경남 진주시 가호로 13
진주문고 초전점 | 경남 진주시 초전북로 61번길 10 A동 1층
쩜오책방 | 경기 파주시 꽃아마길 35 | @booksdot5

<ㅊ>

책거리 | 일본 도쿄도 지요다구 간다 진보초 1-7-3 산코도 빌딩 3층 | @chekccori
책과생활 | 광주 동구 제봉로 100-1(장동) 2층 | @chaekand
책과아이들 | 부산 연제구 교대로 16번길 20(거제동) | @booknkid
책발전소 | 서울 마포구 월드컵로 14길 10-8 | danginbookplant
책방무사 | 서울 마포구 서강로 121 맹그로브 신촌 106 | @musabooks
책방사춘기 | 서울 마포구 연남로 11길 60 2층 마바사 | @sachungibook
책방연희 | 서울 마포구 와우산로35길 3(서교동) 지하 1층 | @chaegbangyeonhui
책방연희 광화문점 | 서울특별시 종로구 새문안로5길 19 1층
책방오늘, | 서울 종로구 자하문로6길 11 1호 | @onulbooks_in_seochon
책방짙은: | 경기 김포시 김포한강2로 76 402호 | @zitnbookshop

부록
•
책에 나온 동네책방 목록

책보 | 전북 전주시 완산구 풍남문 4길 26-5 1층 | @chaek_bo

책봄 | 전북 군산시 궁포1로 46 2층 | @book79_

책이있는글터 | 충북 충주시 국원대로 191 | @ibookm4256

책쾌 | 경기 수원시 팔달구 신흥동 139-3

초방책방 | 서울 서대문구 연대동문길 63 | @chobang22

최인아책방 | 서울 강남구 선릉로 521(역삼동) 3-4층 | @inabooks

<ㅋ, ㅌ>

콕콕콕 | 서울 구로구 고척로 8 | @cokcokcok_book.doll

탐조책방 | 경기 수원시 팔달구 수성로 92(화서동, 농민회관) 제1별관 210호 | @_bird_books

터득골북숍 | 강원 원주시 흥업면 대안로 511-42(대안리) | @tudeukgol_bookshop

터무니책방 | 이전 예정 | @termunibookshop

티티새와나무 | 부산 수영구 수영로588번길 27 | @titisae_tree

<ㅍ, ㅎ>

평산책방 | 경남 양산시 하북면 평산마을 1길 17(지산리 298-3) | @pyeongsanbooks

포도책방(강화) | 인천 강화군 강화읍 강화대로 378-16 | @ganghwa_podo_books

포도책방(광주) | 광주 북구 독립로 402번길 5 | @podo.books.1

포도책방(목포) | 전남 목포시 수강로4번길 19(행복동1가) 2층 | @podo.books.1

피프티북스 | 서울특별시 마포구 성미산로27길 67 201호 | @fiftybooks_yn

하동책방 | 경남 하동군 악양면 악양동로 176 악양생활문화센터 1층 | @hadongbooks

한길문고 | 전북 군산시 하나운로 38 나운프라자 | @3131book

한양문고 주엽점 | 경기 고양시 일산서구 중앙로 1388 지하 1층 | @hanyangbook

한쪽가게 | 대전 서구 신갈마로181번길 24-23(갈마동) | @joyfulcoffee_andbooks

행복한책방 | 경기 고양시 일산서구 성저로46번길 55 1층, 우측 | @ happybookshop_1

행복한책방 파주점 | 경기 파주시 가람로21번길 27-38

이 책을 둘러싼 날들의 풍경

한 권의 책이 어디에서 비롯되고, 어떻게 만들어지며,
이후 어떻게 독자들과 이야기를 만들어가는가에 대한 편집자의 기록

2018년 여름. 모든 이야기의 시작은 바로 이때로부터 비롯하다. 1인 출판사 '혜화1117'을 시작한 지 얼마 되지 않은 편집자를 응원하기 위해 와준 저자와 오랜만에 만나 혜화동로터리 칼국수집에서 점심을 먹고 차 한 잔을 나누다. 이 자리에서 그동안 저자가 써온 책방 인터뷰 원고에 관해 이야기를 나누다.

2020년 4월. 2년 가까이 시간이 흐르는 동안 원고는 변신을 거듭하여 동네책방 생태계 전반을 소상하게 다룬 구성안을 거쳐 애초 '동네책방 전성기 탐구'에서 '동네책방 생존 탐구'로 방향을 정비하여 마감에 이르다.

2020년 8월 5일. '혜화1117'의 열 번째 책 『동네책방 생존 탐구』 초판 1쇄본을 출간하다.

2020년 8월 24일. 일본 '쿠온'출판사와 일본어판 번역 출간에 관한 계약을 체결하다. 이로써 '혜화1117'의 책이 최초로 한국 밖의 독자들을 만날 날을 기약하게 되다.

2020년 12월 15일. '쿠온'출판사로부터 『서점은 죽지 않는다』의 저자 이시바시 다케후미 선생이 이 책의 일본어판의 편집과 해설을 맡고 있다는 소식을 전해 듣다.

2022년 3월. 초판 이후 2년에 가까운 시간 내내 이 책을 둘러싼 매우 다양한 풍경이 이어지다. 이에 관하여는 『동네책방 생존 탐구』 4쇄본에 모두 기록해두다. 그 사이 이 책은 책방을 좋아하는 독자들은 물론이고 책방을 시작하려는 분들, 책방을 운영하는 분들의 필독서로 점차 자리를 잡아가다. 1쇄본이 거의 소진이 되어 2쇄본을 준비하다. 기본적인 오탈자 정도만 바로잡으려던 편집자의 예상과 달리 저자는 1쇄본 출간 이후 약 2년여 동안 이어진 책방들의 고군분투의 현실이 고스란히 담겨 있는 수정 파일을 보내오다. 간단한 수정에 그칠 수 없다는 걸 깨달은 편집자는 본문 전체를 다시 점검하여 있는 그대로의 변화를 최대한 담기로 하다.

2022년 3월 25일. 2쇄본을 출간하다. 시간이 흐르면서 책방의 변화는 계속 될 것으로 예상한 편집자는 한국 동네책방의 시간을 기록한다는 의미에서라도, 조금 더 시간이 흐른 뒤

에 그동안의 변화상을 반영한 이 책의 개정판을 꼭 출간하고 싶다는 바람을 품다.

2022년 5월. 일본 '쿠온' 출판사에서 『동네책방 생존 탐구』 일본어판 『韓国の「街の本屋」の 生存探求』가 출간되다.

2022년 5월 27일. 『동네책방 생존 탐구』 일본어판 출간을 기념하여 『한겨레』에서 한미화 선생과 이시바시 다케후미 선생의 인터뷰 기사가 실리다. 한미화 선생은 한겨레신문사 본사에서, 이시바시 다케후미 선생은 일본 도쿄 진보초 한국책방 책거리에서 각각 온라인으로 인터뷰를 진행하다. 편집자는 이날 처음으로 이시바시 다케후미 선생을 만나다.

2022년 6월 4일. 서울국제도서전 한국출판협동조합 부스(F9)에서 일본어판 출간을 기념하여 한국의 출판평론가 한미화 선생과 일본의 출판평론가 이시바시 다케후미 선생의 대담이 이루어지다. 애초 이시바시 다케후미 선생의 방한을 기대하기도 했으나 '코로나19'팬데믹의 영향으로 방한 대신 줌을 통한 온라인 대담으로 대신하다.

2024년 7월 5일. 2023년 저자가 출판계 입문 30년을 스스로 기념하기 위해 다녀온 유럽 책방 여행의 기록을 바탕으로 쓴 『유럽 책방 문화 탐구』를 출간하다. 편집자는 『동네책방 생존 탐구』와 달리 『유럽 책방 문화 탐구』를 컬러판으로 만들면서 『동네책방 생존 탐구』의 전면 개정판에 대한 다짐을 되뇌였으며, 그때는 꼭 올컬러로 만들어야겠다고 마음을 먹다.

2024년 11월 7~10일. 일본 도쿄의 진보초에 있는 한국 책방 '책거리'에서 저자가 일본의 독자들을 만나다. 이 자리에는 이시바시 다케후미 선생이 대담자로 함께 하다. 독자와의 만남을 전후해 이시바시 다케후미 선생의 안내로 진보초의 여러 서점을 방문하다. 편집자는 한국과 일본의 출판평론가가 책을 매개로 이야기를 나누는 모습을 지켜보면서 책과 책을 둘러싼 여러 공간에 대한 책을 출간할 의지를 품게 되다. 『동네책방 생존 탐구』가 출간 이후 꾸준히 관심을 받고 있는 것에서 나아가 책방에 관심과 뜻을 둔 독자들의 필독서로 자리를 잡아가고 있다는 점, 저자의 새 책 『유럽 책방 문화 탐구』가 예상보다 훨씬 큰 관심을 받고 있다는 점이 새로운 기획의 원동력이 되어주다. 편집자는 『동네책방 생존 탐구』의 개정판과 함께 책, 책방, 도서관, 책을 통해 성장한 이들의 이야기를 통해 새로운 방식의 책을 동시에 만든다는 원대한 포부를 이 책을 통해 품게 되다. 그 구체적인 실현의 과정을 통해 또 하나의 이야기를 만들어보기로 마음을 먹기에 이르다. 그 시점은 2025년 하반기로 예정하다.

2025년 2월 5일. 편집자의 예상보다 훨씬 빨리 『동네책방 생존 탐구』 초판 3쇄본을 제작하게 되다. 2025년 하반기에 전면 개정판을 출간할 계획을 가지고 있기에 하반기까지 예상하는 판매 부수 정도로만, 수정을 최소화하여 3쇄본을 제작하다.

2025년 4월. 편집자는 이 책과 함께 일본 출판평론가 이시바시 다케후미 선생의 새 책을 함께 출간, 진행할 뜻을 품고 도쿄로 건너가 이시바시 선생과의 계약서를 작성하다.

2025년 6월 24일. 편집자의 예상보다 훨씬 빨리 초판 3쇄본이 소진되다. 초판 4쇄본을 추가로 제작하지 않고 독자들께 이 책의 개정판 출간 계획을 알리고 초판본 유통을 중단하다.

2025년 8월. 개정판을 준비하던 저자가 원고 수정의 범위가 매우 방대하여 개정판을 내기보다 동네책방에 관한 완전히 다른 새 책으로 출간하는 것이 좋겠다는 입장을 전해오다. 편집자 역시 끊임없이 이어지는 『동네책방 생존 탐구』 주문에 응대하지 못하는 아쉬움이 컸던 터라 개정판 출간 대신 이 책의 초판본으로 4쇄를 제작하기로 결정하다. 저자에게 이런 뜻을 전하고 『동네책방 생존 탐구』 본문의 수정사항 정리를 요청하다. 새로 출간할 책의 제목은 『동네책방 생존 탐구』와 짝을 이룬다는 뜻을 담아 『동네책방 지속 탐구』로 일찌감치 정해두다.

2025년 9월. 저자로부터 지난 2022년 초판 2쇄본 이후 소량 제작한 3쇄 때 수정하지못한 부분까지 포함하여 『동네책방 생존 탐구』 4쇄를 위한 수정사항을 받아본 편집자는 개정판 대신 초판 4쇄본을 출간하기로 결정한 것이 잘한 선택이었음을 확인하다. 그 사이 문을 닫거나 공간을 이전한 책방에 대해 촘촘히 기록한 『동네책방 생존 탐구』의 존재가 책의 제목처럼 동네책방들의 생존 탐구의 결과물이라는 사실을 새삼 확인하다. 2020년 8월 5일 초판 1쇄본 출간 이후 5년여 동안 우리를 둘러싼 책방들의 변화를 이 책이 말해주고 있다는 사실에 편집자는 한 권의 책이 갖는 역할의 무거움을 다시 한 번 돌아보게 되다. 사라질 뻔하던 초판본의 표지를 애틋한 마음으로 어루만지다.

2025년 9월 15일. 『동네책방 생존 탐구』 4쇄본을 준비하는 동안 『유럽 책방 문화 탐구』의 3쇄본을 출간하다. 편집자는 책방에 대한 독자들의 꾸준한 관심을 확인하고, 새 책의 출간을 누구보다 고대하는 마음을 갖게 되다.

2025년 9월 30일. 『동네책방 생존 탐구』 초판 4쇄본을 출간하다. 오래오래 독자들 곁에 남아 있기를 바라는 마음으로 일반적인 증쇄 수량보다 훨씬 많은 부수를 제작하다. 저자는 어쩌려고 그러느냐며 걱정하는 낯빛을 감추지 않았으나 편집자는 책의 효용을 믿어보기로 하다. 이후 기록은 5쇄본에 추가하기로 하다. 그런 한편으로 저자는 『동네책방 생존 탐구』 개정판이 아닌 새 책으로 만들기 위해, 2011년부터 탐구를 시작해온 한국 동네책방의 어제와 오늘을 원고에 담아내기 시작하다.

2025년 11월. 저자로부터 『동네책방 지속 탐구』 초고를 받고, 편집자는 구성을 포함한 원고 전반에 관한 의견을 담아 회신하다. 저자와 어느덧 세 번째 책을 만들게 되어, 서로의 작업 방식에 익숙해진 덕분에 원고의 완성도는 물론이고, 책에 들어갈 요소를 포함한 원고의 전반이 잘 갖춰져 있음을 확인하는 정도에 그치다.

2025년 12월 17일. 저자로부터 보완을 마친 최종 원고를 받다. 책에 들어갈 사진까지 모두 포함한 상태로, 새해가 되면 바로 편집에 들어가는 것으로 일정을 정리하다. 연말이면 일종의 의식처럼 치르는, 혜화1117 저자 중 한 분인 최현미 선생님과 저자와 편집자의 광화문 연말 모임에서 새 책을 둘러싼 덕담과 기원과 응원을 나누다.

2025년 12월 21일. 오래전부터 예정되어 있던 독일 출장을 떠나는 편집자는 노트북에 원고를 담아 독일로 향하는 비행기 안에서 최종 원고를 읽다. 평소라면, 원고 검토 중간중간 전화와 메신저 연락을 비롯한 기타 업무를 동시에 처리해야 했으나 비행 시간 동안 일체의 방해 없이 집중하여 원고를 읽다. 원고를 집중하여 읽어서 좋고, 원고와 함께 보낼 수 있어 비행기 안의 지루함을 이길 수 있어 일거양득의 시간을 누리다.

2026년 1월. 독일에 머무는 동안 화면초교를 모두 마치고, 돌아와서 곧바로 조판용 파일을 넘기기 전 최종 단계의 점검을 저자에게 요청하다. 저자의 회신을 받은 뒤 디자이너 김명선에게 조판용 파일을 모두 넘기다. 편집자는 한편으로 모종의 프로젝트를 구상하다. 2011년 이후 국내에 등장하기 시작한 '동네책방'의 생존과 분투에 관한 내용을 담은 이 책을 저자와 출판사만이 아니라 책의 주인공이라 할 수 있는 동네책방들이 함께 참여하여 만들 수 있기를 바라는 마음으로, 편집자는 1차 원고에 언급되어 있는 책방들에게 프로젝트를 알리는 공문을 발송하여, 참여를 요청하다. 이를 위해 확보하고 있는 책방의 이메일, 인스타그램의 계정, 포털 등에 노출되어 있는 연락처 등을 통해 최대한 많은 책방에 공문을 띄우다. 각 책방에 띄운 공문의 전문을 여기에 싣다.

2026년 3~4월 중 출간을 예정하고 있는 도서 관련 아래와 같은 프로젝트를 준비하고 있습니다. 다음의 내용을 살피시고, 바쁘시겠지만 의미 있는 결과가 만들어질 수 있도록 참여를 정중히 요청 드립니다.

　-다음-

1. 출간 도서 : 출판평론가 한미화 선생의 『동네책방 지속 탐구』(가제)
　　2020년 출간한 『동네책방 문화 탐구』, 2024년 출간한 『유럽 책방 문화 탐구』에 이은 신간. 동네책방의 지난 10여 년의 의미를 돌아보고, 책방들의 지속을 향한 응원과 애정을 담은 온기 높은 관찰의 기록.

2. 참여 요청 프로젝트명 : 동네책방 지속을 응원하는 동네책방 동시다발 메시지

3. 프로젝트 참여 내용
　1) 2월 2일(월)~2월 13일(금), 이 기간에 촬영한 각 동네책방 외부 사진 2장.(가로, 세로 각 1컷)
　　반드시 이 기간에 촬영한 사진으로 요청합니다. 같은 기간 전국 방방곡곡 많은 책방 사장님들이 같은 마음으로 책방 사진을 찍는다는 취지를 살리기 위한 것이니 이해를 요청합니다.
　2) 책방 창립 후 장소를 이전한 경우 초창기 사진 1장.(생략 가능.)
　3) 동네책방 지속을 향한 응원 메시지 한 줄.(15글자 내외)
　4) 책방명, 대표자 성함, 주소, SNS계정 1곳, 연락처.
　5) 참여 기한 : 2026년 2월 2일(월)~14일(토) 자정까지.(일찍 보내주시면 페이지

확정에 도움이 됩니다.)
　6) 파일 첨부 방식
　　사진 파일명 : 동네책방명01.jpg 동네책방명02.jpg
　　메시지 및 책방 정보 : 별도 파일 첨부 없이 메일 텍스트로 작성 요망
　7) 보내실 곳
　hyehwa11-17@naver.com 혜화1117 이현화
　메일 제목 : 동네책방지속응원참여_책방명

　4. 참여 후 반영 내용
　1) 보내주신 사진 및 응원 메시지는 본문에 수록합니다. 이미지는 편집에 따라 가
　　로와 세로 중 최소 1컷을 사용합니다. 판면 배치에 따라 트리밍이 있을 수 있고,
　　인쇄 상태를 고려한 후보정이 있을 수 있습니다. 보내주신 메시지는 오탈자와
　　띄어쓰기 통일을 제외한 교정 없이 그대로 수록합니다.
　2) 보내주신 사진 및 응원 메시지는 수록 도서의 온오프라인 홍보 등에 출처와 함
　　께 사용할 수 있습니다.
　3) 책 출간 후 증정용 도서 1권을 발송합니다.
　4) 책 출간 후 입고를 희망하시는 참여 책방에 우선 출고 예정입니다. 출간 일정
　　및 가격 등 기본사양 확정한 뒤 다시 안내 드리겠습니다.

　작은 출판사에서 떨리는 마음으로 제안을 드리는 프로젝트이니 모쪼록 각별한 관
　심과 참여를 정중히 요청합니다.

2026. 1. 29.
혜화1117 대표 이현화

2026년 2월. 많은 책방에서 참여하겠다는 회신을 보내왔으며, 날짜에 맞춰 대부분 사진
과 응원 메시지를 보내오다. 몇몇 책방에서는 책방에 관한 책을 낸다는 소식에 따로 각별
한 마음을 담은 선물을 보내오기도 하다. 편집자는 참여해준 책방들에 대한 감사의 마음
을 책에 잘 담기 위해 고심하다. 한편으로 공문을 수신하지 못한 책방, 공문 발송 이후 원고
에 추가한 책방 등에 대해서는 일일이 참여 여부를 확인하거나 추가 요청을 하지 못하여
이 부분에 대한 아쉬운 마음을 여기에 밝히다. 조판을 모두 마친 교정지가 완성이 되고, 초
교와 저자 교정에 이르기까지의 과정이 순조롭게 이어지다. 초기 기획 단계에서 생각했던
것보다 페이지 수가 많아졌으나, 편집자는 책이 두꺼워지는 것에 대해서는 신경을 쓰지 않
기로 하다.

2026년 3월. 재교를 거쳐 마무리 단계에 접어들다. 다만, 교정을 보는 동안에도 책에 언급한 책방의 상황은 계속 변화하다. 어디는 문을 닫고, 또 어디는 이전을 예고하고, 또 어디는 새로 생기고, 또 어디는 확장하는 등 변화의 양상도 다양하여 최대한 출간 직전까지의 변화상을 담기는 하겠으나, 일정 순간에는 멈출 수밖에 없음을 받아들이다. 교정 작업이 계속 거듭되다. 편집자는 여기에 더해 이 책의 출간을 동네책방들과 축제처럼 즐길 수 있는 방법을 고민하다. 여러 고민과 생각 끝에 출간 전 '동네책방 에디션'을 구상하여 몇몇 책방 대표들께 아이디어를 의논하다.

2026년 4월 8일. '동네책방 에디션'을 둘러싼 구상의 범위가 점점 더 넓어지다. 편집자는 하고는 싶으나 혼자 하기는 버거운 이 일을 함께 하자고 '전국동네책방네트워크'(책방넷)에 손을 내밀다. '책방넷'의 일원이자 '쩜오책방'과 'gaga77page' 책방을 운영하는 이정은, 이상명 대표가 손을 잡아주다. 편집자는 이를 위해 본책의 표지 외에 앞서 시행한 '동네책방 지속을 응원하는 동네책방 동시다발 메시지'에 참여해준 전국 방방곡곡 책방들이 보내준 응원문구로 별도의 커버를 디자인해 제작하기로 하다. 더 많은 책방들의 참여를 기대하며 선주문 예약 판매를 공지하다. 페이스북, 인스타그램, 블로그, 트위터 등에 공지문을 올리다. 언제나 그렇듯 읽는 사람이 심히 부담스러울 정도로 애절하고 간곡한 마음을 깊이 담아 올린 안내문을 여기에 남겨 기록하다.

***유리병에 쪽지 넣어 바다에 띄우는 마음으로 시작합니다.**

지난 2020년 『동네책방 생존 탐구』, 2024년 『유럽 책방 문화 탐구』에 이어 한미화 선생님의 새 책 『동네책방 지속탐구』 마무리 작업이 한창입니다. 2011년부터 하나둘 생기기 시작하더니 2015년부터 본격 등장하기 시작한 우리의 동네책방에 어느덧 10여 년의 역사가 쌓였습니다. 이 책은 초창기부터 지금까지 꾸준한 관심을 보여온 한미화 선생님의 동네책방을 향한 온도 높은 애정의 산물입니다.

이 책을 만들면서 각 처에서 고군분투하시며 자리를 지켜오신 여러 책방분들의 지난 시간을 새삼 깊이 돌아보게 되었습니다. 그동안, 각자의 자리를 지키기 위해 애써주신 책방과 책방을 사랑하고 아껴주신 독자분들을 내내 떠올리며 책을 만들었습니다.

최근 출판계는 물론 동네책방들도, 새삼스러울 것도 없지만, 전쟁이며 선거 국면으로 더 고단한 듯합니다. 그러려니, 하고만 넘어갈 수가 없는 게…일종의 무기력증이 퍼져 나가는 게 아닐까 싶은 느낌이 커져서 마음이 무겁기도 합니다. 책을 만들고 독자분들께 알리고 판매하고 독자분들 사이에서 회자되는 일련의 흐름이 멈추지 않고 이어져야 할 텐데, 그게 참 쉽지가 않아 보입니다.

그런데!! 그렇게 축 처진 어깨를 그대로 두어서는 어떤 길도 보이지 않을 거 같다는 생각이, 이 책을 만들면서 제 마음속에 피어올랐습니다. 어떻게든, 활력을 되찾을 계기를 만들어보고 싶다는 짱짱한 마음이 솟아올랐다고 해야 할까요.
그래서, 저 혼자 일하는 작은 출판사로서는 감당해야 할 일의 목록이 겁이 나긴 하지만!! 그럼에도 불구하고 한 번 으랏차차 기운을 내보자고 세상을 향해 호소를 해보고 싶었습니다. 그래서 감히, 두 주먹 불끈 쥐고, 한미화 선생님의 새 책으로 이른바 동네책방 에디션이라는 것을 시도합니다.

간단히 말씀을 드리면, (안 간단할 거 같아요...)
1. 본책에 동네책방 에디션용 특별 제작 커버를 씌운 책을 동네책방 한정으로 배포합니다. 이 특별제작 커버는 양면입니다.

* 앞면 : 전국 방방곡곡 동네책방분들께 미리 받은 응원문구로 구성한 디자인.
* 뒷면 : 요즘 '다꾸'(다이어리 꾸미기)를 넘어 '백꾸'(가방 꾸미기)까지 온갖 꾸미기 열풍이 범람하는 것에 착안한 '책꾸'용 디자인.
독자분들이 직접 스탬프를 찍거나, 손글씨를 쓰거나, 그림을 그리거나, 스티커를 붙이는 등 다양한 방식으로 꾸밀 수 있도록 했습니다.
'책꾸'용 커버 양 날개에는 자신만의 책방 탐방기의 목록을 기록할 수 있는 공간으로 구성을 했습니다. 요즘 책방 여행자들이 많이 찾는 여러 도시를 다닐 때 이 커버를 들고 다니며 채우는 독자분들을 상상하며 저 혼자 살짝 설레기도 했습니다.

2. 이 커버는 한정판입니다. 사전 예약으로만 판매하고 준비한 물량이 소진이 되면 이후 재주문은 어렵습니다.
물론 본책 표지의 책은 여느 책과 동일하게 꾸준히 공급합니다.
저는 이 책의 출간이, 책과 책방을 좋아하는 분들에게 다시 한 번 동네책방의 존재를 널리 알릴 수 있는 계기가 되기를, 책을 만들고 알리고 파는 우리 모두가 한목소리로 세상을 향해 여기, 우리가 있다고 외치는 소리가 되었으면 좋겠습니다. 그동안 동네책방에 가보지 않으신 분들께는 이 책이 가까이에 있는 동네책방을 찾는 계기가 되면 얼마나 좋을까, 꿈을 꿉니다.
혜화1117 출판사는 혼자 일하고 있습니다. 저 혼자 감당하기 어려운 일이라서 전국 동네책방네트워크(책방넷)에서 힘을 보태주셨습니다. 아무래도 버거워서 도움을 요청했고, 흔쾌히 손을 잡아주셨습니다.

특별 커버 한정판을 구매하고 싶은 독자분들은 가까운 동네책방을 찾아주세요. 가까이에 있는 동네책방에 참여를 요청해주세요. 책방넷에 문의하면 된다고 전해주세요. 단 한 권도 주문 가능하다고 전해주세요.
몇 개월 동안 마음으로 몇 번을 썼다가 지웠다가 하면서 준비한 이벤트입니다. 잘 될까 하는 불안과 염려, 냉소와 패배감을 떨치고, 무조건 잘 될 거야, 하는 마음으로 최면을 걸듯 시작합니다. 작은 출판사 혜화1117의 목소리는 작지만, 함께 하는 분들이 계시면 그 소리가 커지겠지요. 따뜻한 응원의 마음, 더불어서 함께 세상을 향해 책과 책방을 아끼고 사랑하는 우리가 여기 있다고 외치는 소리가 널리 퍼져나가도록, 관심을 가져주시길 진심으로 청합니다.

혜화1117 이현화 드림

2026년 4월 9일. 봄의 기운이 완연한 계절에 책상 앞에서 드디어 마지막 작업을 마무리하다.

2026년 4월 10일. 모든 작업을 완료하다. 표지 및 본문 디자인은 김명선이, 제작 관리는 제이오에서(인쇄: 민언프린텍, 제본 : 소노마엠지, 용지 : 특별 커버 아르떼160그램, 표지 스노우250그램, 본문 : 클라우드 80그램, 면지 화인페이퍼 110그램), 기획 및 편집은 이현화가 맡다. 과연 동네책방 에디션은 어떤 이야기를 만들어낼 것인가를 떨리는 마음으로 지켜보다.

2026년 4월 25일. 혜화1117의 서른여덟 번째 책, 『동네책방 지속 탐구』가 출간되다. 이로써 저자와 세 권의 책을 만들어 세상에 내놓게 되다. 동네책방 에디션의 결과를 포함하여 이후의 기록은 2쇄 이후 추가하기로 하다.

"험한 세상의 다리 되어 그대 지킬 우리!" _강화포도책방

"언제든 들를 수 있는 곳으로 계속 함께 하길" _땡스북스

"다양한 빛을 발하는 지속가능한 책방, 오래 함께 만들어 가요." _꿈틀책방

"책과 사람을 잇는 영혼의 해방처, 작은 책방은 지속될 거라 믿습니다." _버찌책방

"함께 가꾸고 자라는 서점 되기를 바라요!" _다디르다

"책방은 나를 돌보고 주위를 돌아볼 수 있는 공간입니다" _보배책방

"책방이 있는 동네가 더 많아지기를!" _근근녕녕

"책방이 살아야 동네가 산다!" _최인아책방

"책의 힘을 믿습니다. 책은 더디더라도 세상을 바꿔나간다고 믿습니다" _평산책방

"자연스럽게 책 이야기 할 수 있는 공간을 응원합니다!" _서울의시간을그리다

"동네길목에 피어나는 인문의 꽃밭, 동네책방에서 산책" _봄날의산책

"동네책방의 이야기가 계속되길 바랍니다!" _바람책방

"사람과 책 사이의 따뜻한 연결, 동네 책방이 있습니다." _소심한책방

"동네 책방은 재미가 가득한 곳! 오래오래 함께 해요" _인스크립트

"독서 생태계의 실핏줄, 골목마다 책방, 힘!" _쩜오책방

"책방 있는 마을 위해 걷는 우리, 힘내요!" _어떤바람

"책이 사람을 부르고, 책방은 사람을 모은다" _서촌그책방

"우리는 세상에 꼭 필요한 일을 하는 중입니다" _잘익은언어들

"동네서점, 책으로 동네를 밝히는 작은 불빛" _책과생활

"백화만발! 로컬의 꽃 동네서점!" _터득골북숍

"잘 키운 책방 하나 열 카페 안 부럽다!!!" _포도책방

"여러분이 펼칠 꿈의 첫 장이 되는 동네책방! 책방에서 만나요" _진주문고

"동네책방에 켜켜이 쌓인, 작고 빛나는 이야기를 지켜주세요." _책거리

"사람사이의 온기를 잇는 동네책방을 응원합니다" _종이골짜기

"도시에서 숨과 틈을 만드는 건 동네책방입니다" _책방연희

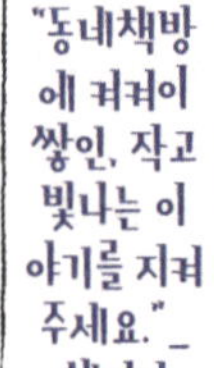

출판평론가 한미화의 동네책방 어제오늘 관찰기+내일의 안녕 염원기

동네 책방 지속 탐구

한미화 지음

이 책을 출간하면서 진행한 '동네책방 지속을 응원하는 동네책방 동시다발 메시지' 프로젝트에 참여해준 전국 방방곡곡 동네책방들로부터 받은 응원문구로 구성한 특별 커버 표지 이미지다. 이 커버는 이 책의 출간을 앞두고 동네책방에서만 한정하여 판매하기 위해 따로 제작했다.

내가 사랑하는 동네책방 나만의 탐방기
동네 책방 에디션
특별 커버 표지 뒷면 이미지. 요즘 '다꾸'(다이어리 꾸미기)를 넘어 '백꾸'(가방 꾸미기)까지 온갖 꾸미기
열풍이 범람하는 것에 착안한 '책꾸'용 디자인이다. 독자분들이 직접 스탬프를 찍거나, 손글씨를 쓰거나,
그림을 그리거나, 스티커를 붙이는 등 다양한 방식으로 꾸밀 수 있도록 했다. 책방을 좋아하는 분들이
이 커버를 들고 다닐 것을 상상하며 편집자는 혼자 살짝 설레기도 했음을 여기에 밝혀둔다.

동네책방 지속 탐구

2026년 4월 25일 초판 1쇄 발행

지은이 한미화
펴낸이 이현화
펴낸곳 혜화1117 **출판등록** 2018년 4월 5일 제2018-000042호
주소 (03068)서울시 종로구 혜화로11가길 17(명륜1가)
전화 02 733 9276 **팩스** 02 6280 9276
전자우편 ehyehwa1117@gmail.com
블로그 blog.naver.com/hyehwa11-17 **페이스북** /ehyehwa1117
인스타그램 /hyehwa1117

ⓒ 한미화

ISBN 979-11-91133-41-7   03300